ROE | RR

财务视角下的房地产运营管理

引领·管控·赋能

郭仕明 编著

·北京·

房地产行业竞争日趋激烈，为了在市场中保持竞争力，众多房企都在尝试提升自身的运营管理能力。本书以财务视角阐述了适应当下背景的房地产运营管理模式，以"大运营"为切入点对业财融合、全面预算管理、投资策略、合作开发、高周转、规模化发展、激励机制等一系列热点问题进行深入剖析，深入浅出地讲解了一线房企的实际操盘案例，为读者全面展示了房地产运营管理的实战经验。本书作者来自一线房企，具有丰富的地产营销及运营管理实战经验。

本书内容紧密围绕实际工作中经常遇到的问题进行展开，实用性强，对地产企业各级管理者、房地产行业爱好者具有较大参考价值。

图书在版编目（CIP）数据

财务视角下的房地产运营管理：引领·管控·赋能/郭仕明编著．—北京：化学工业出版社，2019.9（2022.3重印）
ISBN 978-7-122-34506-6

Ⅰ.①财… Ⅱ.①郭… Ⅲ.①房地产企业-运营管理-研究-中国 Ⅳ.①F299.233.3

中国版本图书馆CIP数据核字（2019）第092801号

责任编辑：王 斌 孙晓梅 毕小山　　　　装帧设计：王晓宇
责任校对：王素芹

出版发行：化学工业出版社（北京市东城区青年湖南街13号　邮政编码100011）
印　　装：大厂聚鑫印刷有限责任公司
710mm×1000mm　1/16　印张18$\frac{1}{2}$　字数359千字　2022年3月北京第1版第7次印刷

购书咨询：010-64518888　　　　　　　　售后服务：010-64518899
网　　址：http://www.cip.com.cn
凡购买本书，如有缺损质量问题，本社销售中心负责调换。

定　　价：78.00元　　　　　　　　　　　　　　版权所有　违者必究

序 — Preface

我和仕明的相识，缘自2006年年初启动的中国建筑工程总公司整体重组改制上市工作，需要从下属公司遴选优秀人才加入上市工作小组，共襄盛举，时任中国建筑第八工程局有限公司某子公司副总经理的仕明脱颖而出。在之后的五年多时间里，仕明所展现出来的敏而好学、勇于任事的工作能力，简单务实、富有激情的工作作风，赢得了同志们的交口赞誉，也给我留下深刻的印象。

在竞争日趋激烈的行业背景下，众多房企对通过运营管理提升组织竞争力寄了更高的期待，运营管理也正在从传统的计划运营迅速向经营运营迈进。在运营管理职能升级的过程中，业内提出了"大运营"的概念，试图以更宏大的格局去统筹推进公司战略目标的达成，筑起公司竞争的"护城河"。但业内对"大运营"的概念莫衷一是，具有营销、运营、投资等领域丰富实战经验，兼具深厚财经背景的仕明，对"大运营"也提出了自己的看法，即"财务+运营"的深度融合，以财务来引领、驱动运营管理，以运营的管控、赋能等手段来支撑财务目标的达成，即为"大运营"。

仕明的新书《财务视角下的房地产运营管理：引领·管控·赋能》，体现了他一以贯之的行文风格，简洁明快，大开大合，对大运营如何落地进行了全面的解读，总体来说，有四个特点。

一是先策后控，策划先行。即充分运用现有管理工具，将全面预算管理和项目经营计划作为大运营的两大策划抓手。全面预算管理通过资源分配来承接公司战略目标，而项目经营计划对全面预算的主要指标进行承接。两者的协同运用可以实现从战略到执行再到考核的管理闭环。同时，这两个管理工具已经被大多数人所了解和接受，推行起来将事半功倍。

二是化繁为简，指标管控。书中提出以ROE、IRR指标来统领整个大运营的过程。首先，大运营要为ROE服务，仕明从投资和融资节奏把控、合作开发、高周转、激发潜能等方面提出了改善ROE的具体措施；其次，项目运营要牵住IRR"牛鼻子"，通过多收、少支、早收、缓支等措施来提高项目静态、动态收益水平进而提高项目IRR；最后，在ROE、IRR两个总体指标引领下，通过对业务逻辑的抽丝剥茧，形成了大量的业务指标来监控运营过程，通过对业务指标的把控来实现对运营结果的把控。

三是列举了众多优秀房企的运营管理实践案例，这些房企对运营管理"高山仰止，景行行止"的不懈追求，成为其从优秀走向卓越的重要原因，相信读者会从中汲取营养，有所启发。

四是诗词典赋的巧妙运用，既是点睛之笔，有助于读者加深对枯燥专业概念的理解，同时，也使得全书形象生动，读起来齿颊留香，毫无晦涩之感。

相信此书对投资、营销、运营、财务等地产管理者会大有裨益。也期待仕明今后在业财融合的道路上，有更多的收获与我们分享。

曾肇河

2019年2月15日

目录 —— Contents

上篇

第一章 让业财共舞 …… 002

第一节 遇见未来，业财融合东风渐进 / 002

第二节 遇见美好，业财融合春暖花开 / 003
  一、大运营部门要洞悉经营业务的逻辑与财务指标的关系 / 003
  二、财务需要在思维观念和组织创新方面不断迭代 / 004
  三、实现财务和运营的高效对话 / 008

第二章 全面预算管理 …… 011

第一节 坐而论道，年度战略规划的沟通 / 011
  一、运筹帷幄，制订年度战略规划 / 011
  二、"三通一平"，以现金流为核心进行对话 / 019
  三、"三思后行"，确保预算的资源分配和战略的最佳适配 / 029
  四、纵横捭阖，以业务思维做好预算擘画 / 035

第二节 起而行之，全面预算管理的落地 / 037
  一、"望之俨然"——设置和分解KPI要保证科学严谨 / 037
  二、"即之也温"——以同理心进行有温度的沟通 / 041
  三、"听其言也厉"——对KPI指标的预警和强考核 / 041

第三章
经营计划

第一节 此心不动，项目经营计划的监控 / 043
    一、考核版经营计划 / 043
    二、日常监控 / 046
    三、重大节点监控 / 047
    四、集团层面的监控 / 049

第二节 随机而动，经营计划的过程纠偏 / 052
    一、管控 / 052
    二、赋能 / 054

中篇

第四章
为ROE加油

    一、从横向上看，需要不断提升经营能力、融资能力与运营能力 / 062
    二、从纵向上看，时代变迁，核心竞争力在ROE中切换 / 066
    三、ROE指标为大运营提供了新的管控思路 / 069

第五章
精准投资

第一节 顺天应时，在什么时候拿地 / 077
    一、把握行业大周期 / 077
    二、把握城市小周期 / 079

第二节 崛地而起，在什么样的地方拿地 / 082
    一、区域深耕与全国布局的对比 / 082

二、一二线城市与三四线城市的对比　　/ 088
　　三、城市与区位的对比　　/ 091
第三节　谋事在人，拿什么样的地　　/ 094
　　一、拿地标准化　　/ 094
　　二、投资测算精细化　　/ 095
　　三、集团投资专业赋能　　/ 098
　　四、成立精干的投资团队，给压力、给动力　　/ 103
　　五、收并购方式拿地，是房企拿地水平的集中体现　　/ 103
第四节　以投促变，提升拿地综合竞争力　　/ 108
　　一、提高战略眼光能力　　/ 108
　　二、保持战略定力　　/ 109
　　三、提高战略应变能力　　/ 110

第六章　合作开发　　111

第一节　以小博大，轻资产运营　　/ 111
　　一、合作开发　　/ 111
　　二、小股操盘　　/ 113
　　三、代建　　/ 115
　　四、轻资产模式　　/ 116
　　五、提升轻资产运营能力　　/ 118
第二节　相向而行，以合作促共赢　　/ 120
　　一、法人治理结构层面　　/ 120
　　二、建立顺畅的沟通机制　　/ 121
　　三、关键事项管控　　/ 123

第七章　投融协同　　125

第一节　积极有为，融资要坚决服务于投资　　/ 125
　　一、高周转、高杠杆的房企成为行业"领头羊"　　/ 125
　　二、杠杆推动企业规模的上升，为继续低成本融资铺平道路　　/ 126

三、积极打造高效协同的价值创造型投融资管理体系　　/ 127

　第二节　举重若轻，化解融资风险　　**/ 129**
　　一、对财务指标的变化保持高度警觉　　/ 129
　　二、非财务指标　　/ 134

第八章
高周转　　**137**

　第一节　大象无形，掀起高周转的盖头来　　**/ 137**
　　一、利润率（f_1）　　/ 138
　　二、杠杆率（f_3）　　/ 139
　　三、周转率（f_2）　　/ 139

　第二节　知止不殆，拿能高周转的地　　**/ 141**

　第三节　慎终如始，将高周转做到极致　　**/ 144**
　　一、"道生之"——明确项目经营定位　　/ 144
　　二、"德蓄之"——确保有品质的高周转　　/ 145
　　三、"物形之"——提高效率，提前每一天　　/ 147
　　四、"势成之"——打造强势的高周转文化　　/ 148

第九章
激发潜能　　**166**

　第一节　上下同欲，激发组织活力　　**/ 166**
　　一、简政放权　　/ 166
　　二、放管结合　　/ 171
　　三、优化服务　　/ 178

　第二节　利出一孔，打造适配的绩效激励机制　　**/ 181**
　　一、激发员工潜能，践行项目跟投　　/ 181
　　二、项目跟投机制的核心要素　　/ 182
　　三、做好跟投机制的顶层设计　　/ 188

下篇

第十章 让IRR（内部收益率）奔跑 —— 192

一、IRR是房地产企业对项目运营监控的核心指标 / 192
二、内部收益率IRR与净现值NPV / 193
三、项目IRR与股东IRR / 195
四、经营性现金流回正与资金峰值 / 196

第十一章 多收 —— 199

第一节 求田问舍，追求货值最大化 / 199
一、充分重视总图定位 / 200
二、不断提升产品溢价能力 / 208

第二节 谋而后动，货值的动态管理 / 212
一、"先谋"，建立货值管理系统 / 212
二、"后动"，动态管控项目总货值 / 216

第十二章 少支 —— 222

第一节 进退有据，向成本精细化管理要效益 / 222
一、成本策划 / 222
二、成本控制 / 226
三、大运营部门要通过流程设计、指标设计介入成本过程管控 / 232

第二节 利析秋毫，向费用精细化管理要效益 / 233
一、通过人均效能管控，加强管理费用控制 / 233
二、通过精细化管理，实现营销费用受控 / 239
三、通过资金使用价值控制，降低项目财务费用 / 243
四、通过合法纳税筹划，降低税费支出 / 244

第十三章 早收 **246**

第一节 全情投入,加快销售端的回款速度 /246
一、早开盘、早蓄客 /246
二、快速销售 /248
三、提高首开货量和去化率 /250
四、灵活使用付款方式 /251
五、确保整体推盘节奏行云流水 /251
六、加大过程专项激励力度 /252

第二节 全力以赴,加快按揭回款 /254
一、早起跑 /254
二、串改并 /256
三、控周期 /256

第三节 全始全终,对回款相关指标的管控 /259
一、销售指标管控 /260
二、回款指标管控 /261
三、以高周转的视角统筹价格策略 /264

第十四章 缓支 **266**

第一节 知行合一,强化供销存管理 /266
一、货值的动态盘点 /266
二、供销节奏的动态平衡 /270

第二节 以道御术,强化资金计划管理 /276
一、资金管理之"道" /276
二、资金管理之"术" /280

后记 一个非典型财务人员的自我修养 **284**

上篇

第一章
让业财共舞

第一节 遇见未来,业财融合东风渐进

优秀房企,没有成功,只有成长!

这句话对于房企中的相关职能部门而言,同样适用。

在行业加速洗牌的大背景下,未来3~5年,房企的营运能力和财务能力的差异,将直接影响房企的规模和水平。

一方面,财务部门作为价值创造的重要驱动力,正在成为帮助企业提升核心竞争力的重要力量。但如何更好地发挥对公司战略推进和业务发展的决策支持与服务功能,让业务最佳合作伙伴实至名归,已成为财务部门当前经常面临的管理困境。

例如,由于财务性指标是结果性指标,而非财务性的业务指标是决定结果性指标的驱动指标,财务部门缺少建立与经营业务逻辑相关联的过程性业务指标体系的能力,使得管控内容繁杂且抓不住重点,"螃蟹吃豆腐,吃得不多,抓得挺乱";同时,财务部门缺少过程控制的手段,对"塘干不见鱼"的结果束手无策,而财务指标偏差的事后分析又于事无补。为此,财务团队要从后台走向前台,以底层逻辑思维,向运营"借东风",借重运营管理工具,提炼相关业务指标,进而将财务触角延伸到业务的各个领域,与业务一体化,才能引领、服务、支撑业务部门穿越重重迷雾,到达价值创造目标的彼岸。

另一方面,与财务部门通过横向拓展职责边界来提升价值创造能力相呼应,房企运营部门也在快马加鞭,衔枚疾进,通过纵向延伸,以聚焦项目经营目标，来提升价值创造的能力。运营管理正在从传统的分级计划下的节点管理，进化为围绕项目开发价值链，进行标准化管理和运作，保障经营目标实现的运营管理。

但在向深水区推进的过程中，困扰运营部门的问题是，如何以一个统一的标尺，在集团层面来协调、统筹各部门步调，防止各行其是、相互掣肘。不少企业意识到，运营管理需要通过顶层思考，以更加综合的经营目标为引领来统揽全局，以经营者的视角，通过管控、赋能等手段，确保目标达成。在运营管理不断向财务融合，与财务职能不断重叠的情况下，运营管理正进阶成为经营管理或所谓"大运营"，对运营部门的考核指标也正在从计划节点达成率等业务指标转变为周转率、利润率等财务指标。

"尺有所短，寸有所长"。财务部门"胸有大志"，大运营部门"腹有良谋"，各擅胜场。围绕价值创造的共同目标，在财务转型，运营升级的背景下，财务和运营不期而遇，以业财双向融合的方式携手共进！

第二节　遇见美好，业财融合春暖花开

当前的管理趋势是，效率不再来源于分工，而是来源于协同和整合。

"合久必分"，在野蛮生长时代需要专业化来提升效率，但过于清晰的界限需要通过跨界来完成"分久必合"的整合创新。在尽职已沦为"基本配置"的新常态下，跨界贡献才是价值亮点之所在。

一、大运营部门要洞悉经营业务的逻辑与财务指标的关系

我们此前一提到业财融合，总是想当然地认为财务应向业务融合；事实上，业务部门同样需要向财务进行融合，特别是观念、思维方式的融合。

1. 树立结果导向性的财务思维

业务视角强调的是过程，财务视角强调的是结果，无论有哪些业务的变量，最后都会体现在一定的财务变量上。有了结果导向性的财务思维，就会把所有业务的运作流程和经营结果相衔接。例如，根据市场冷热，以现金流高效、利润最大化为目标，就可以随时把握好"开车"的快慢，什么时候"踩刹车"，什么时候"踩油门"，不仅让产品适销对路，而且在运营上产销匹配，真正实现房企生产环节、销售环节和结转环节的环环相扣，紧密咬合，最终支撑经营结果的达成。所以，碧桂园很早就提出，职能部门以服务项目为中心、项目工作以保证营销为中心、营销策划以项目利润和现金流为中心。

"不畏浮云遮望眼，只缘身在最高层。"只有站在利润、现金流的监控者角度，大运营部门才能成为战略的顶层设计者和业务发展的引领者。

2.树立整体性统筹的财务思维

任何一个业务，都会影响到多个财务变量。一定要用系统的思维方式，将点状思考模式升级为线状，线状升级为面，面状升级为体，通过整体筹划，来解决面临的业务问题。孤立地去看待任何一个变量，"头疼医头，脚疼医脚"，不仅苦不堪言，而且工作效率低下。

在问题分析上，整体性思维强调公司经营是一整盘棋，牵一发而动全身。某一个业务环节出现问题，可能是其他业务关联影响导致，即所谓的"蝴蝶效应"，不能静态地、孤立地去分析。例如，现金流问题可能是由于回款或支出出了问题，回款问题可能是去化或滞销较大，而支出问题可能是投资拿地过多；又如，销售去化差可能是市场本身问题，也可能是前期开工供货量过大，而开工供货量过大又来自于在市场高点拿了过多的土地等。

在解决思路上，要站在"谋全局"这个制高点来"谋一域"，把节点变化、成本变动、售价变动等因素放在对现金流、利润等结果的影响上去统筹。大家关心的就不再是具体业务的本身，而是运营中的物理事件，以及这些事件会对财务指标产生的影响，就不会为片面追求单方面的业务达成而达成。例如，过去对项目进度的把控，是通过节点来实现的，大家关注的是某个节点有没有达到预期，而现在，应该关注公司整体的现金流情况，围绕现金流的目标，对单个项目的全流程纠偏，对多个项目的进度进行协同。在同一个项目中，如果工期拖了，不一定要通过抢工期来弥补，可以通过其他环节进行纠偏，如营销前置加大第一次开盘的推货量，来加速回款，提高整个现金流效率，确保现金流回正不受影响；同一个城市的两个项目，一个慢了，另一个的进度加速，同样达成公司的整体回款目标。又如在限购区域，是否要根据政策变化，推出"去库存"方案，确保资金回笼，并将新回款再投资到新项目的开发中，"以丰补歉"，确保整个公司运营目标不失守。

正如毛泽东同志所指出的："说'一着不慎，满盘皆输'，乃是说的带全局性的，即对全局有决定意义的一着，而不是那种带局部性的即对全局无决定意义的一着。"只有全局在胸，才能有把握地走好每一步棋。一名领导干部，特别是高级干部，如果没有这种全局性的战略眼光，当机立断，正确决策，大刀阔斧地打开新的局面，而是被动地忙于应付枝枝节节的局部性事务，就不可能在工作中取得重大突破，甚至会坐失良机和发生失误。

"不识庐山真面目，只缘身在此山中。"有了整体性思维，大运营部门才能做到"立治有体、施治有序"，避免零敲碎打、碎片化修补，防止运营策略单兵突进、畸轻畸重、顾此失彼。

二、财务需要在思维观念和组织创新方面不断迭代

1.从财务中来，到业务中去，做好当下，把握未来

一个具有高附加值的财务人员，应该从财务中来，到业务中去，做好当下，

把握未来。

（1）"做好当下"

就是将财务术语业务化，通过改良报表和指标，让高层理解财务报表，让财务报表及时反映经营问题。目前，财务数据管理存在的痛点是"鸡同鸭讲"和"事后诸葛"。所谓"鸡同鸭讲"，就是公司的高层领导，大多非财务出身，但都很了解业务。给高层看财务报表，分析财务指标，管理层却并不知所云，认为财务不懂业务，而财务人员又觉得业务不懂财务。所谓"事后诸葛"，就是财务信息严重滞后，不能及时发现公司经营中的问题，不能及时提供有价值的建议。

因此，财务人员要以客户思维，用业务的语言描述财务的问题，尽可能地向业务推广财务的数据。例如，某地产将高周转的压力分解成区域一年费用×××万元，区域每一天费用××万元，管理费用每一天××万元，每一天银行利息××万元，每一天存货内部计算××万元，存地内部计息每一天××万元，甚至换算成不同品牌的车辆模型摆在业务领导的办公桌上，使其更直观地理解。

"有约不来夜过半，闲敲棋子落灯花。"财务要化被动为主动，主动融入业务需要，和业务沟通确认出哪些是其关注的指标，然后对这些重要指标进行分析，通过响应业务需求成为业务的伙伴，并通过主动承担培训等方式和业务进行交流，让业务部门更好地理解财务指标等相关知识。

（2）"把握未来"

就是以帮助业务部门创造价值为目标，建立业务化的财务体系。例如，以擅长的财务预算管理为引领，会同运营等业务部门，分解梳理实现财务目标背后的业务逻辑，根据业务需要，提炼若干关键的过程业务指标，通过对过程业务指标的监控，协助业务部门实现对结果的控制。在此过程中，财务部门要善于化繁为简，抓住关键业务指标。"弱水三千，只取一瓢"，管得少就是管得好。

没有实现业务化的财务体系，即财务流程没有实现对业务流程的穿透，也就难以让财务的价值延伸到业务领域中，提出的建议或不接地气无法实施，或隔靴搔痒成效不彰，结果是财务体系在公司整个价值链中边缘化。有些财务为了合规而合规，为了制度而制度，没有考虑合规和制度到底是为了什么，甚至不顾业务实情，提出过高的管控标准，结果是财务做了业务的"主人"，业务成了财务的"奴隶"，财务没有成为业务的助力而是成了阻力。

2. 跨界培养财务人员

思维迭代很重要的一个途径就是跨界培养财务人员。我们财务专业人才的传统培养模式往往是从最基础的财务核算做起，然后进入总账与报表等专业性要求更高的工作，最后再往财务管理上靠。其实这种模式有"近亲繁殖"的弊端，从底层到高端，都是同一种专业思维训练出来的，缺乏新鲜活力，而且很难满足"业务战略伙伴"的角色要求。

反观欧美世界五百强的企业，它们的财务团队则呈现出一种多元化的组织活力。很多公司的CFO（首席财务官）都具有丰富的职业背景。据《财富》杂志的一项调查表明，世界五百强企业中有超过一半的财务高管具有非财务领域的职业历练，很多是工程技术出身，也有不少是从市场营销转过来的，或者财务出身的专门去做几年的全职业务管理。这样的跨专业团队在领会业务要求和给管理层提供战略方案时，常常能做到贴合业务实际需求，体现一个传统会计所不具备的战略思维素质。

具有"跨界配置"的团队是财务实现增值服务的资源保障。

案例1-1

被众多标杆房企争相学习的华为技术有限公司（以下简称"华为"），在业财融合方面有着丰富的实践经验。

华为一直坚持的一点是，干部必须是做业务出身，不管财务、人力资源还是行政部门，做职员没关系，但是如果要做领导，必须是在一线业务中打出来的。华为认为，没有做过业务，不了解业务的核心问题，不了解业务的苦，往往会颐指气使，就算不是颐指气使，想配合帮衬也不知道如何去做。

例如，华为总裁任正非提出，管理风险的主官，要懂得规则，更要懂得业务，要负责把规则转化为业务行动，在业务作业中督促规则落实。合规的目标也是"多产粮食"，而不是影响或阻碍粮食的生产。法律上有风险和障碍的地方，不能一概拒绝，而是要找到合规的解决方案，指导一线如何合规地把业务做成，最终目标还是要紧紧锁在"多产粮食"上。专家要到一线去蹲点，要知晓业务，业务也要知晓风险管控的要点，这样循环迭代，管理矩阵就建立起来了。凌驾于业务之上，不服务"多产粮食"的风险控制，是危险的！本位主义有可能为了严格控制风险，让庄稼地里寸草不生！业务有难度，可以对考核进行调整，不要把业务逼上梁山。不能做的事情，和业务达成决议，就坚决不碰。

为此，任正非一再要求不熟悉业务的财务人员抽时间去学习业务，只有知道财务究竟是为谁服务的，才能真正提供有价值的服务，才能深刻理解财务服务的意义。"CFO要背上背包，拿上铁锹，一同走上战场。"他曾不止一次提到过对财务人员的四点要求：财务如果不懂业务，只能提供低价值的会计服务；财务必须要有渴望进步、渴望成长的自我动力；没有项目经营管理经验的财务人员就不可能成长为CFO；称职的CFO应随时可以接任CEO（首席执行官）。总结成一句话：财务人员应该融入业务。

他强调，财经管理部门下一步的变革，不是追求要做成世界第一、世界第二的高水平财务，而是要建立对业务作战最实用的财务能力。任正非提出，财经是公司的底座，要努力夯实底座，让优秀的管理继续往下沉，到现场去解决问题，在作战中赋能。在面向区域财经人员的赋能时，要基于场景化的解决方案展开赋能。他们不需要知道太多的财经知识点，而是要知道如何将财经的知识点聚合成支撑作战的综合能力,这就是华为要打造的"全科医生"。

他要求,财经的赋能,可以邀请业务人员一起参与,财经要懂业务,业务也要懂财务,形成强固的"混凝土体系"。业务的赋能,也邀请财经人员一起参与。要设计"全科试卷",以考促学,业务和财务在考分要求上可以不一样,"既要懂财务,也要懂业务,是我们对主官的期望,也是我们对主官的要求"。财务技能与业务知识的融合,业务和财务的主管们才能更加有效地行权。

3.财务管理的组织架构需要及时迭代

财务在降低自身运行成本的同时,在实现企业价值最大化目标的驱使下,要求其管理的组织架构能够及时迭代。

世界级财务能力包括基础架构、绩效管理、运营管理、风险管理四个方面。其中,基础架构包括公司层面控制管理的战略财务,全价值链财务管理支持的业务财务,交易处理为主的财务共享服务。

总体来说,业务财务定位于"业务中的财务专家、财务中的业务专家",是战略财务在业务单元的首席代表。如果仅有共享财务,整个财务就会沦落为会计部门或者一个数据中心;如果仅有战略财务,缺乏业务财务的支持,战略财务也会逐渐成为无源之水,无本之木。

案例1-2 构建价值创造型财务管理架构的趋势

① 通过战略财务,财务部门可以参与企业的未来资源规划和战略决策、制定企业层面的财务政策和制度。

战略财务的代言人就是CFO。优秀的CFO在企业中应该参与战略决策,能够和CEO一起完善商业模式。CEO需要站在CEO的角度考虑问题,在可控的风险范围内鼓励公司冒险。有风险并不一定是坏事,有风险才能带来收益。企业经营本身就有风险,应该在最有把握控制风险的前提下鼓励公司创新。

现在很多的CFO成为了公司创新的阻力,因此,CFO应该要有全局的大风险意识,应该做更多的展望,时刻关注即将要发生什么,而不要陷入预算中,做过细的预算。这样才能够灵活应对市场的变化,迅速地做出反应。

具体参与战略制定的过程中,要注意捕捉关键点,力求清楚地用数字和事实说话,理性地描述出战略可能带来的多种结果,分析收益和负面的影响,从而协助决策者。CFO有一个很重要的能力就是要把每一个投资回报率算清楚。没有哪个企业靠省钱省得伟大,只有优质资源投向最优秀的机会和最优秀的团队。企业都是拓展出来的，都是CFO把资源配置好投出来的。

CFO的灵活性不仅表现在参与制定公司每年大的业务战略，也表现在日常工作中不断反省公司战术方向的对与错。为此，必须把员工对企业业务的反应、市场和用户的反馈以及公司所产生的现金流等财务状态，综合地用数字表达出来，每个月和管理层一起去反省，分析哪些策略在创造财富，哪些是在毁灭财富，从而集中投资那些有增长价值的业务，果断停掉那些已经没有增长价值的业务。

② 通过业务财务，提供全价值链业务财务管理，促进业务的发展，促进公司价值最大化。

财务要成为经营决策团队中的重要成员，在对业务实施管控的同时，深度参与价值链的各个环节，从价值角度对前台业务做出事前预测，计算业务活动的绩效，并把这些重要的信息反馈到具体的业务人员。财务提供的报表和数据能够让业务知道下一步发展的重点，并能够完善和改进业务。

③ 通过共享财务，把分布在各业务单元的财务共性业务，通过信息化手段进行流程规范、流程优化后集中实现会计信息的高效快速处理。龙湖、阳光城等众多房企正在强力推进共享财务的实施。

只有通过共享财务的实现，财务部门才可以从大量的、繁杂的传统的会计交易处理中解放出来，更多地参与到公司战略决策和业务管理中，实现财务部门的转型。华为在实行财务共享后马上启动IFS（集成财务转型），财务组织参与到整个业务流程并与业务一同发展。转型后的财务组织融入业务部门的"小团队"，让企业创造价值的主流流程从一开始就按照现金流、效益、利润的观点处理业务并接受监管，同时也从一开始就接受财务职能的有力保障。

三、实现财务和运营的高效对话

为了更好地业财融合，需要通过优化企业全面预算管理体系和项目经营计划管理体系两大策划平台来实现财务和运营的高效对话。

全面预算管理不是回顾过去，而是面向未来。被誉为财务管理"望远镜"的全面预算管理能帮助大运营部门预测未来的经营状况以及现金流、利润等财务结果，并以实现"ROE"（净资产收益率）指标为目标，提前制订出一套科学、精准的整体"作战方案"。其主要包含战略洞察、运营赋能、项目成功和组织活力四个层次的内容。

① 战略洞察是在企业规模增长目标或者排名目标明确后，大运营部门必须对战略能否落实保持持续的观察，并动态调整企业的资金、土地、人力等资源。

② 运营赋能是通过各种管理措施发现企业运营过程中的短板和难点，对相关

业务部门进行赋能。以控利润、控现金流的财务目标来贯穿拿地标准、运营节奏、产销存管理、增速提效、激励考核、运营监控等方面，打通内部价值链，向运营要效益。

③ 项目成功是通过规范项目运营策划及强化项目开发过程中的收益监控、现金流监控、数据监控等方式，确保每一个项目都满足公司的整体运营要求。

④ 组织活力是通过组织创新和激励手段激活每一个层级、每一个团队的组织活力，提升企业整体战斗能力。

而作为项目"导航仪"的项目经营计划体系，通过分解为经营指标和计划管理两大体系进行过程监控。其中，经营指标以项目收益控制为基础，现金流量控制为核心；而计划管理则是对经营指标的关联和保障，并对项目的运营进行分级管理，以集团关键节点为刚性目标进行严格管控，最终保证项目按时完成。从集团大运营角度来说，通过"管头、管尾、过程透明"的管控方式，确保项目经营计划的落地。

① "管头"指的是项目运营规则或者目标的设定，往往会涉及土地获取、项目策划、项目建设、项目销售等每一个环节的管理及目标的定义和管理红线的明确。

② "管尾"则是根据目标和规则进行及时的统计与分析，并进行过程的干预与控制，同时进行相应地激励和惩罚。

③ "过程透明"则是在开发过程中，在后台需要进行全集团的数据汇总、数据分析、动态预警，以便更好地做出动态的风险预警和开发节奏的调整。当前这种过程透明一定是包含土地投资、资金利用、项目开发、销售退出等全环节的，而不再是以前的仅仅针对开发建设环节。

在全面预算管理、项目经营计划与整体策划的基础之上，化繁为简，搭建以ROE和IRR（内部收益率）两大财务指标为核心，其他运营业务指标为辅助的综合评估体系。通过指标体系的管控，实现对业务更有效率的过程管控和结果确认。

综合评估体系一般有如下应用。

① 提供决策依据：制定应对经营风险举措时，对影响指标的因素进行分析，避免偏颇，全盘考虑，达到最优方案选择。

② 反映经营情况：在进行运营分析时，应对指标体系做跟进监控并分析，通过指标结果来观察集团及各子公司的经营状况，做好重点掌控。

③ 工作效果评估：条件具备时，在制定年度责任状时，可根据年度管控重点，选择经营指标作为KPI（关键绩效指标）指标。

在集团层面，更多关心的是企业投资回报率，即净资产收益率（ROE）。相对于其他指标而言，ROE充分体现了最短的时间、最少的本金和最大的收益这三大因素，是最能全面反映公司整体经营效益的核心指标，测算企业在投入自身资金和资源后能得到多少回报。

项目层面更多地关心项目内部收益率，即IRR。IRR作为评估投资收益的指标，能够较为综合地反映项目管理、资本运营的效率和效益值。它不仅考虑了现金的流入总量和流出总量，还考虑了现金流入和流出的时间，体现了现金的时间价值。此指标还可用于评估项目中的重大决策对于项目收益的影响，有效比较不同投资规模项目的盈利能力。

"天下熙熙，皆为ROE；天下攘攘，皆为IRR。"

"君子务本，本立而道生"，大运营之"本"，就是通过集团全面预算、项目经营计划两大策划平台，对ROE、IRR两大终极财务指标的管理。

第二章 全面预算管理

第一节 坐而论道，年度战略规划的沟通

企业从中长期战略目标到年度的战略规划，是对战略目标的分解过程和落实到年度经营策略的产生过程。在这个过程中，围绕着战略目标，企业需要制定出下一经营年度需要做哪些事情，做这些事情要达到什么样的经营效果等内容。接下来，企业通过全面预算对现有的和潜在的资源进行合理配置，以期望达到企业制定的年度战略规划。为了保证年度战略规划的实现，企业需要将全面预算中的目标，通过KPI分解，纳入企业绩效考核中，再通过绩效评价和薪酬激励等绩效管理手段，促使企业发展向战略目标靠拢。

在这其中，全面预算管理扮演了承上启下的作用：就"承上"而言，全面预算管理是对年度战略规划的量化，使参与战略规划实施的各责任主体的工作目标有明确的衡量标准；就"启下"而言，全面预算管理又将这些目标带到绩效管理中去，形成公司及部门关键绩效指标的主要来源，为绩效管理提供依据。因此，全面预算管理是一种战略规划实施的工具，它是联系战略规划和绩效考核的纽带。全面预算管理本身并不是最终目的，更多的是充当一种在公司战略与经营绩效之间联系的工具。

一、运筹帷幄，制订年度战略规划

年度战略规划是全面预算管理的起点，如果没有明晰的战略规划，全面预算管理就会失去方向。

年度战略规划是企业战略思考、战略沟通、战略协同和战略动态复盘调整的媒介。对于企业来说，战略规划对于保持持续竞争优势非常重要。特别是中小企业，这个重要性要比大企业更高，因为中小企业容不得出错。战略规划的步骤包括战略复盘、战略分析和战略纲领。

1. 战略复盘

战略复盘的维度有上一年度业绩情况、与规划对比、与行业对比、做目标偏差分析、关键任务偏差分析和新机会偏差分析。

最后做战略复盘总结。总结非常重要，从看似云里雾里的东西中，总结出真正的、关键性的和本质性的结论，这是充分理解和正确判断的基础。

案例2-1 2018年9月，房地产市场及行业变化，导致南方区域的回款压力比较大，在这样的宏观形势下，万科集团（以下简称"万科"提出企业）的第一件事就是战略检讨。万科认为，虽然所处的行业仍然有发展前景，但是做的事情必须要改变。万科郁亮提出，

在这个时期我们应该做的只有"收敛"和"聚焦"。这是应对转折点和不确定情况的最好方法。只有收敛和聚焦，我们才能应对正在发生的转折；没有收敛和聚焦，我们就很容易在转折点中被淘汰。这么做有可能会失去机会、错判形势，但这是我们的选择。这次制订的三年事业计划书把"活下去"作为基本要求。我们的战略围绕"活下去"而展开，这是最底线的战略，是"收敛"和"聚焦"的战略。这次战略检讨，希望大家充分意识到全方位转折的到来，我们所有的行为都要"收敛聚焦"到保证万科"活下去"。因此回款目标的达成变得非常重要。6300亿元的回款目标是所有业务的起点、基础和保障。如果6300亿元回款目标没有达成，我们所有的业务都可以停，因为这说明我们没有任何资格和能力做下去。

从这个角度出发，当我们学会从底线去思考问题的时候，就很容易找到正确的方法。我们在对大形势的理解和认知方面务必达成一致，这样就不容易出现行为不一、方向不一的问题，避免了很多麻烦。

2. 战略分析

① 关键趋势分析——未来会发生什么。

② 行业分析——整个行业的空间和格局是什么样的。

③ 竞争分析——我们主要的竞争对手是怎么玩的，预估他们未来会怎么做，他们的缺点在哪里。

④ 客户分析——客户有哪些，客户是谁，痛点是什么，需求是什么，关注点是什么等。

⑤ 战略假设总结，并做出判断——增长机会在哪里，从战略分析中得出其他

主要战略命题及其结论。

> **案例2-2** 2018年6月，万科认为，住房全面短缺的时代已经结束了。现在房地产的主要矛盾不是短缺，而是不平衡和不充分的问题。"不平衡"，主要体现在分化上，需要以更小的颗粒度对客户作出更精细的分析；"不充分"，主要体现在相关服务上。过去20年间，我们盖了很多房子，但是，不动产配套的服务发展还比较滞后。一个经济体在房地产建设进入成熟期之后，围绕着不动产的服务业，其规模会超过房地产本身。对此，我们需要有敏感度，也需要有自信心，相信在未来，不动产领域的周边行业将大有作为。
>
> 基于对时代变化、时代前进方向与行业变化趋势的理解，万科这一次的战略升级从"城市配套服务商"到"城市建设与生活服务商"，从"配套服务"升级到"生活服务"，升级的是什么？主要是"内容"。"配套服务"更多是硬件，而"生活服务"不仅包括硬件，也包括软件。万科不仅要做不动产，提供服务的场所，也要直接提供服务的内容。
>
> 万科董事长郁亮强调，中国房价单边快速上涨的时代已经结束了。如果房地产企业还有地就买，不看价格的话，那么之前怎么赚的钱之后就会怎么还回去。房地产企业需要把自己看成制造业、服务业，要靠双手劳动赚钱，不要再去想靠不动产价格上涨来赚钱。面对大时代和行业的变化，谁引领了变化，谁就是领先的企业，而不是拿传统的规模思维去衡量。领跑就意味着为广泛的利益相关方和社会创造更多的真实价值。可以具体表现在客户口碑、投资者回报、相关利益方和社会广泛认可等方面。

3. 战略纲领

包括战略定位、战略愿景、目标与阶段性目标、核心竞争力、关键策略等，最终形成公司战略地图，明确实现战略目标的逻辑、公司关键绩效指标与目标值，以及作出战略部署，从公司价值链出发，对各领域的关键目标和任务进行部署。

在战略愿景方面，一个成功企业的愿景应该有四个主要的特征：清晰、持久、独特和服务。例如，万科的企业愿景是成为中国房地产行业的持续领跑者。

> **案例2-3** 领导人必须为团队描绘一幅愿景，韦尔奇认为，愿景不只是"谈"，必须让愿景"活起来"。如何让愿景活起来？他认为方向必须鲜明、清楚，绝对不是听起来崇高却含糊的目标。目标要清楚明确到"即使哪位员工半夜被叫醒，半睡半醒之间仍旧说得出来"的程度。"领导人必须一直谈愿景，谈到令人耳朵长茧的地步。"韦尔奇指出，愿景要通过在各种场合不

> 断重复、强调，才能落实到每一个人身上。唯有这样，团队的所作所为才能不断聚焦在愿景上。只有靠领导人不断传递、沟通，并用酬赏加以强化，愿景才会跃出纸面，拥有生命力，不流于口号，否则，"愿景的价值，还不如印愿景的纸张。"

在阶段性目标方面，要通过科学、清晰和准确的目标对战略实现路径分解。

案例2-4　不同房企目前的阶段性目标

① 追求规模的行业领导者：核心是保证现金流，一直活下去，打的是防御战，一般是消费者心中的行业头部企业，如万科。其主要策略的关键词是"自我颠覆"。

② 追求利润的行业追赶者：核心是提高自有资金比例，储备资金，以便在合适的周期抓住机会做大，打的是进攻战，一般是有一定实力的房企，如金茂。其主要策略的关键词是"在领导者难以放弃的优势领域中寻找机会"。

③ 追求品牌的行业创新者：核心是确定立足点，占据某一细分市场，形成竞争壁垒，保护自我，打的是侧翼战，如绿城。其主要策略的关键词是"精益投资，收敛与聚焦"。

④ 追求自有资金收益率：核心是效率与回报率，在机动中扩大势力，打的是游击战，一般是实力偏弱的房企。其主要策略的关键词是"机动游击"。

在关键策略方面，没有深思熟虑的策略就没有目标的有效保证。运营就是通过关键策略的制订和实施，正确地做事以实现战略；大运营的核心目标是保障战略达成。

案例2-5

某房企为确保年度战略目标实现，关键策略方面，在投资布局上进行全国的一二三四五六线城市覆盖，加强了合作力度，和各类房企进行合作；在组织架构上，不断进行区域横向裂变，将一个大的区域裂变成几个小的区域；在管理赋能上，把达到条件的区域配以更大权限，而不够条件的区域，可能会被吞并。并允许各个区域同时参与拿地；在激励政策上继续深化跟投机制，让所有人一条心去拼命做事。

策略制订还要打好提前量。例如某房企认为，因为2018年的目标不是2018年定的，而是2017年年初定的，这样才知道2017年要干什么，不光要把2017年的任务完成，还要为2018年的任务做准备，这两个都要一年干完。这包括适度的土地储备、人才储备、新的合作伙伴的引入、供应商的市场化准备、股权开放制度和跟投激励制度的完善。

案例2-6 从各房企2019年的战略纲领来看，存在几个共同点：一是聚焦主业抓现金流；二是稳中创新，布局未来；三是优化结构提质增效。

2019年，是碧桂园集团（以下简称"碧桂园"）进一步做强主业及转型升级的关键一年。

① 从定位来看，明确"高科技大型综合企业"的新定位，不再是单纯的开发商。

② 从发展策略来看，以"稳"为主。碧桂园认为中国城镇化进程尚未完成，且不同地域的差别很大，2019年将采取整体稳健谨慎的原则，分城施策。

③ 从产业来看，未来三个重点是地产、机器人和现代农业。碧桂园将新业务提升到与地产业务同等重要的战略地位，同时予以重金支持。

a. 地产依然是公司最核心的业务板块之一，但希望通过高科技的应用，让地产业务在未来焕发更为多彩的样貌。

b. 在机器人板块，碧桂园主要有两个打造重点：一个是建筑机器人，一个是机器人餐厅。碧桂园目前其已经聘请厨师教机器人做菜，还安排了生产适合机器人使用的铝模、顶架、爬架、墙板，希望10个月后能在更多场景投入使用。

c. 在现代农业板块，碧桂园将引入世界一流的农业生产技术和设备，同时利用机器人研发优势，布局农业全产业链，并对碧桂园的社区及全社会进行零售。

在旭辉集团（以下简称"旭辉"）2019年誓师大会上，林中表示要继续坚定推进"二五战略"。

从企业整体战略来看，"二五战略"又叫做"一体两翼"。"一体"是主航道战略；"两翼"是"房地产+"战略和地产金融化战略。

旭辉一方面要聚焦房地产主业；另一方面要寻找业务增长点和价值实现点，开启"房地产+"战略和"地产金融化"战略。

"房地产+"战略，即触角伸向商业管理、物业与社区服务、教育、长租公寓租赁、EPC（住宅产业化）、基金业务和工程建设"六小龙"。

"地产金融化"战略，即加强产业资本与金融资本的结合，促进资产证券化，加深与金融企业的合作，增强企业在土地资源端的竞争力。

阳光城集团（以下简称"阳光城"）把2019年定位为"管理品质提升年"，阳光城表示今年将继续贯彻"规模上台阶、品质树标杆"的发展战略，此外在人才方面也有大动作。

① 以"绿色智慧家"为核心的品质战略。在阳光城目前所打造的项目中，橱柜、涂料、地板等，都要按照绿色环保标准来采购，要求项目达到"美国well"标准。第一批"绿色智慧家"产品将会在明年上半年面世。

> ②"光合工程"人才战略。2019年,阳光城将继续力推"光合工程",以人才盘点、人人为师、橙知学堂为三大支撑,针对不同层级的人才,提供相应的发展机制,致力于培养出一批懂业务、高敬业、讲情怀的精英团队。

当然,我们说战略很重要,指的是战略规划背后的战略能力很重要,而不是制定出来的某个战略规划,因为战略规划本身是没有秘密的。

战略能力首要的是具备战略思维。战略思维要在战斗中培养,是一个人在战斗中能够成长为将军的关键。那么,战略思维是什么?其实就是一种基于战略思考的"本质思维"。成功往往是穿透了本质,抓住了趋势。正如毛泽东同志所指出的:"预见就是预先看到前途趋向。如果没有预见,叫不叫领导?我说不叫领导。"他形象地说:"坐在指挥台上,如果什么也看不见,就不能叫领导。坐在指挥台上,只看见地平线上已经出现的大量的普遍的东西,那是平平常常的,也不能算领导。只有当着还没有出现大量的明显的东西的时候,当桅杆顶刚刚露出的时候,就能看出这是要发展成为大量的普遍的东西,并能掌握住它,这才叫领导。"

如果我们对现实、对客户、对竞争、对未来的趋势并没有搞透,自己都说服不了自己,战略报告就会像做作业一样,战略结论似是而非,因此,就会出现战略犹豫,不能决断,或者一遇到风吹草动,就缺乏战略定力,来回变化;或者很多战略束之高阁;或者战略规划是一回事,战略执行又是另一码事。

案例2-7 对中南战略的解读

1. 战略复盘

中南(中南置地,以下简称"中南")早期的战略是"七大产业联动,齐头并进大发展",并提出"造城找中南"的"软投资"口号,相当于做新城、新区的综合开发建设。一方面,中南在多元化布局的时候没有及时聚焦和加大房地产行业的投入;另一方面,造城运动使得周转速度和规模都受到制约。

中南置地总裁陈昱含表示:"2010年中南置地已经做到100亿元,那个时候100亿元在行业排名还算不错,但到了2015年底,中南业绩是220亿元,5年这个增速,相对行业和同行,客观上有点掉队了。"

2. 战略分析

中南认为,今天的地产格局,对房企,只是结构性机会,普遍上涨,普通走高已不可能。因此,讨论地产是钻石时代还是白银时代,已经没有整体意义。更精准的判断是:今天的房地产,只是少数优秀房企的钻石年代,但却是多数普通房企的铜铁年代。未来房地产格局是"这个行业还在,但你还在不在"的问题。

中南认为，未来的房地产只有两类房企能活下来：一类是大而强的规模型房企，它们是"均好生"，投资力强，产品力不错，运营和融资能力都强；而另一类是小而美的区域型公司，在一个局部区域是绝对的王者，对区域市场、客户偏好、产品和投资有极深的研究和兑现能力。而夹在这两类大、小企业的中间房企，大多都会逐渐退出未来的地产舞台。每个中间不大不小的房企，都希望自己能在这轮洗牌分化潮中弯道超车，但可能它们对超车的渴望大于对翻车风险的评估。显然，弯道超车更多考验的是能力，不是所有在弯道的车，都能超车，而这正是一个分化时代的必然表现。

3. 战略纲领

2017年初，中南提出"中南置地要在3年内进入行业前十，剑指3000亿元目标"的口号。这个目标是基于中南认为，未来3~5年后，前十强会侵蚀整个行业30%~40%的蛋糕。按照行业10万亿元左右的盘子，差不多前十强平均要做到3000亿~4000亿元这个规模量级，所以未来房企要进入或保住第一梯队位置，就必须得拿到至少3000亿元的门票。所以眼下的中南，虽然强调均好发展，但抢规模依旧是战略的第一位。中南希望未来在2021年能够冲击3000亿元。

4. 核心策略

（1）充分激活各区域的能动性、血性

① 中南未来城市扩张，统统不叫城市公司，而是全部改名统一叫做"战区"。中南希望通过"战区"的提法，把大家的精、气、神都集中到一个战斗的状态里，大家时刻准备战斗、准备竞争、准备冲刺。

② 中南直接打破相邻战区的属地限制与保护，鼓励几个相邻战区间互相竞争，互抢资源。总部明确规定，除了公开招投标拿地之外，大家还可以跨区域甚至跨省份拿地、开发和销售，这显然是赛马的机制。中南希望的是激发各自的潜质，抢资源，抢项目，抢人才，激发各战区自发性地生长，多劳多得，而不是总部整体强压指标。战区，最终是一种"自组织"：自我驱动，自我求生。

③ 中南推行战略裂变的玩法，即中南战区的业绩规模超过100亿元或是战区项目超过一定数量后，又或者项目群管理成熟到一定程度后，一个战区就可以裂变出一个甚至几个新的战区。裂变2年内，新战区的利润仍旧归老战区所有，当然战区做大了，名利双收是必然。

（2）城市精选与布局

① 全区域布局，一二三四线城市都做，是中南未来城市布局的选择。

② 城市精选的逻辑是：城市群+都市圈+区域中心单核城市+底子好的三四线城市。

③ "区域深耕"是战区和城市做大的必然选择。中南强调每个战区都要有战略思维,即在项目配置上做到长短结合、快慢结合、现金流与利润结合。比如城市群可以打组合拳,短线支援长线,如"1+N"的长短结合、快慢结合模式,即聚焦一个核心城市,并在核心城市的周边,选择N个有质量的三四线城市进行布局,用空间换时间,并用时间支撑空间。

④ 除了全区域,全角落拿地之外,还要训练和做强多业态的开发和运营能力,各种业态都要交出较好答卷。

中南希望在2020年打造若干个200亿元级的战区,同时,在同一城市集中锁定1~2个重点片区,进行高密度、多项目的布局,巩固区域发言权、定价权,打造局部区域竞争优势和影响力。

(3) 投融管退的独立激励体系

在中南看来,一切行业的竞争最终是比拼生产力!甚至拼规模的核心就是拼生产力的高低。基于此,中南开展独立的激励体系以在生产力上再次激活、提升效能。以前传统的业务条线往往强调多维度考核,比如营销还要背一些财务指标,事实上,财务指标比如利润,往往是多部门影响和制约的;比如以前条线激励,核算不仅是多维度的,而且算法关联太多跨部门指标,因此中南如今开始调整为只背条线核心指标,更纯粹、更独立、更聚焦。

(4) 冲千亿元的密码是人才,是组织

中南认为,对企业发展而言,战略决定做对,人才决定做大,机制决定做快,组织决定做强,文化决定做长。

① 基于千亿元、3000亿元目标所需要的核心能力是,既要搭建完善的人才结构,又要寻找核心人才。在总裁陈昱含看来,人才也适用二八原则,尤其现在在行业普遍尊重人才的氛围下,中南必须加快抢夺优秀人才。人对了,文化到位了,战略落地就能水到渠成。事实上,中南这两年在行业中重金"招兵买马"已是行业内的公开秘密。

② 集团的定位是"一切以服务一线为中心"。

a. 整体坚持扁平化的两级半架构,即从总部到战区再到项目的架构。

b. 整体组织重心以战区为发展主体,进行裂变式发展,同时总部将权力下放,让听得见炮声的人指挥战争。同时强化战区的动力机制和约束机制,促进高效决策和敏捷运营,最终提升中南置地的整体运营效率。

c. 总部集团的核心定位是两点:一是建立公平、公开、公正的规则和机制,是管规则,善于用"规则"这个无形的手去管控,而不是管具体的事;二是集团定位于服务职能,集团的一切行为以服务一线为中心。中南的理念是,集团总部的审批、把关和检查等程序不是权力,而是服务。

二、"三通一平",以现金流为核心进行对话

如果说战略规划是"击楫中流",为公司发展确定了伟大的目标,那么全面预算管理就是"闻鸡起舞",为实现这个目标而努力。

全面预算管理是一种系统的方法,用来分配企业的财务、实物及人力等资源,以实现企业既定的战略目标。全面预算管理是一种契约关系,它以契约的形式约束相关方优化资源配置,防范经营风险,最终促进投入产出比的最大化,给股东带来价值。全面预算管理体现了"权力共享前提下的分权"的哲学思想,通过"分散权责,集中监督"来促进企业资源的利用。

所有资源最后都表现在现金流上。为支撑战略目标沟通会,需要围绕现金流,提前做好"三通一平"的工作,即为确保年度目标的制定,预算牵头部门需要提前与项目的开发端、投资端和融资端等相关预算主体进行充分沟通,以现有项目在预算年度现金流预测为起点,叠加投融资情况,在此基础上编制现金流平衡表。通过预算的制定,实现公司战略和绩效的沟通至关重要。正如艾森豪威尔所说:"计划书本身什么都不是,制订计划的过程就是一切。"

(一)与项目端的沟通

主要是"家底"的沟通和运营节奏的沟通。首先,通过资源盘点,进一步掌握可售资源在各城市公司的分布状态,为生产、营销决策提供参考,并结合行业环境和当地市场趋势,大致判断企业的发展是否与行业合拍。其次,根据不同项目的经营定位,结合市场和公司的战略需要,对项目全周期经营计划中的运营计划重新审视,包括开发节点计划、销售计划等,完成项目层面的年度现金流量预测表。

1. 土地的年度转化率

土地的年度转化率也就是土地货值有多少能转化成供货。对存货的储备规模与质量要进行盘点。在盘点时,要特别注意对可售资源的结构进行分析,例如按推出的时间、业态、面积、单价和总价等维度,判断可售资源的畅销与滞销、存量情况等,并制定不同的销售计划。如果供货的风险货值占比较大,大量的存货由于不能快速供货实现销售,就会变成负债的一部分,所以这些土储的货值就会造成高存货、低周转、高负债和低营收的财务表现。

同时要结合市场情况和自身操盘能力,做好开工管理。开工管理一方面应满足当期销售额的要求,另一方面消耗土地储备应合理,即一方面要做到以销定产,另一方面要做到消储合理。

具体指标上,可用"开销比"(年开工面积/年销售面积)反映以销定产,用"开储比"(年开工面积/年土储面积)反映销储合理。同时,做好供货管理,在建货量应满足未来供货要求,体现出供货效率状态,可用"在途比"(年在建未供面积/年供货面积)来反映这一效率状态。

2. 当年销供比

当年销供比就是说供出来的货有多少能卖掉。"世异则事异，事异则备变。"为确保供销动态平衡，要对项目全周期经营计划中的按原有开发节奏的年度销售计划进行检讨。例如，预判项目开盘时将面临市场最低谷，这时就要主动调整开发节奏，提前开盘或放缓开发节奏推迟开盘，之前的建设计划中，带不来销售和货币资金回笼的项目要暂缓，避免建安成本再投入。又如，项目是多业态的，但高端项目不好卖，刚需和改善型项目才好卖。这就需要先推出畅销业态，如果还按照自己制定的所谓可以盈利的运营计划，一路把豪宅做出来，那只能是滞销，造成更大的损失。在"盘家底"时就要明确当前土地储备中有多少是可以高周转的，有多少是需要慢慢开发，追求利润的，大运营部门需要根据这些信息进行整体资源的调节。

具体指标上，销售去化应重点关注供销平衡及去化效率，可用"去化率"（年销售面积/年供货面积）来反映。同时，还要重点关注存货去化和周转效率，以及滞重存货风险。存货去化效率用"存销比"（存货货值/年销售货值）来反映；滞重存货风险用"长期库存比"（长期库存货值/存货总货值）来反映。

3. 销售回款率

销售回款率就是卖了多少货，能回多少款。回款管理一方面要关注应收周转效率；另一方面要关注收支平衡。

现金流是企业的血液，提高周转率就是提高供血量。提升周转率，提高资金利用效率，已经是对冲市场下行风险最有效的手段，没有之一。正如孙宏斌反复强调的："在地产这个行业，销售额和负债比例大于1就没有风险。"运营层面要重点关注各项目现金流的回正时点，从而在集团层面统筹、倒推各项目的排兵布阵。

具体指标上，应收周转用"回款率"（年回款额/年销售额）来反映；收支平衡用"经营性支出比"（年支出额/年回款额）来反映。

此外，地产公司的经营风险更可能来自于未知风险，如未来可能销售不乐观或融资缩紧。例如未来市场可能会遇冷，进而导致销售回款受阻，那么土储、开工、建设和融资都应该对应进行调整。特别是如果预判市场即将掉头向下，要思考通过价格策略，提前开盘等开发节奏的调整，实现回款额的最大化与提前化。总之，公司经营风险分析不能仅仅停留在对当前已经发生的业务进行判断，更应该基于未来趋势对当前经营的风险进行前置分析。

各项目的现金流测算主要是匡算大账，按季度进行预测（第一个季度要细化到月），在这种情况下，"模糊的准确"比"准确的错误"更重要，因为现金流是用来指导战略决策的，精细度只要可供决策，测得模糊点亦可。缺少业务思维的财务管理，对此阶段的现金流预测的颗粒度会要求很细，甚至越过这个阶段直接进入预算编制，既浪费人力，也会耽误时间。

（二）与融资部门的沟通

大运营部门要和融资部门对以下三个方面做到信息对称。

1. 对外部市场的研判

有速度的发展需要适度的负债率，但也必须综合考虑政治经济环境的温度与方向，对外部融资环境保持足够的敏感，特别是高杠杆房企更需要随时关注市场大势和政策变化，见微知著。除了行业周期外，对项目所在城市的市场变化也要形成共识，一旦有风吹草动，就需要及时调整策略，调转方向。

2. 对公司战略的理解

融资不是一个孤立的行为，要和整个公司的战略完全融合在一起。战略、对市场的判断、杠杆率、土地储备之间的关系要匹配。如战略是规模的，只要条件允许，都要充分使用杠杆；如战略是利润的，则可以降一些杠杆。

3. 对现有项目流动性的研判

如果现金流型项目较多，融资可以稍微激进一点；但如果利润型为主，就要关注债务周期和市场周期的匹配性。例如年度大量债务到期时，较多项目有可能大面积滞销，无法贡献现金流，还需要资金建设，这时就需要"慎"字当头。

"心有猛虎，细嗅蔷薇。"一方面融资应保障开工建设，助推企业的快速发展；另一方面负债与销售的增长要平衡，同时兼顾资金安全。因此，运用财务管理手段把握资本运用的限度和张力就显得十分重要。所谓"限度"就是讲适度性、分寸感；所谓"张力"，就是讲发展的弹性和空间。理性看待自身投融资能力，加强现金自律，安排好带息负债规模，将债务风险控制在合理的水平尤为重要。

具体指标上，以融保建用"融投比"（年度新增融资/年度投资额）来反映；销债平衡用"销债比"（年销售额/负债额）来反映；资金安全用"现金短债比"（现金/短期负债额）来反映。

在此基础上，融资部门根据经营性现金流和投资支出，明确年度融资计划。

（三）与投资部门的沟通

土地储备反映了企业的可持续发展能力，与次年销售规模正相关。但土地储备太多可能对资金的压力很大。因此，与投资部门沟通的目的是围绕现金流铺排，了解全年的投资额所需要的资金投入，以及什么时点进行投入。

1. 拿多少地

（1）年度土地储备目标

每年年初的规划中，土地储备目标是重中之重。土地储备一方面应当满足公司规模发展的要求；另一方面应当满足土地投资额占用销售回款合理的要求，以销定投，以回保储。

具体指标上，用"土地货值倍数"（年新增土地货值/年销售额）来反映以销定投，以及拿地节奏。土地货值倍数是分析房企成长性的关键指标之一。当倍数较高时，表明企业当前土地储备较充足，可以满足企业后续的项目开发；当倍数较低时，说明企业的土地储备不足，若后续补充乏力，企业可能面临"缺地断粮"的危险。另外，还有与季度相挂钩的指标即"土地存续比"。土地存续比是指企业的土地储备面积与企业上季度房屋销售面积的比值，它是反映企业土地储备面积多少的指标。例如，有的企业的土地存续比是10，也就是按照上季度去存货速度，土地储备面积可支持10个季度（2.5年）的开发，有的企业可能是5，而个别企业还有超过40的。

用"土地投资强度"（年新增土地投资额/年回款额）反映以回保储。不同的企业在不同的时段，这个比率都是不一样的。该比率取决于房企可承受财务风险的能力和偏好，用这个比率来指导现金的流入和支出，让公司的财务状态处于安全的范围内。

（2）高度关注土地质量

过去土储增长多少不是最重要的，重要的是质量。例如拿地如果拿贵了就不太好，项目开发周期长，溢价能力还不足，杠杆和利息又太高，主要项目虽然能卖出去，但是亏本。

土地质量是动态变化的，主要和时间、市场变化相关。一方面，在融资成本高企时，如果企业的土地储备增值率跑不赢资金成本，就意味着储备是亏损的。土地成本利息增长会导致单位面积的开发成本大幅上升，最终导致项目利润率大幅下降，这也是近年来高周转成为主流开发模式的原因。另一方面，若土地获取时楼面价格高于周边在售商品房价格，在"抑房价"调控政策的背景下，若房价涨幅不及预期，同时部分城市要求加快土地开发上市速度，减少闲置时间，高价地项目或面临亏损风险。

具体指标上，土地质量则用"地货比"（年土地价格/年土地货值）来反映。特别要关注高溢价地块在储备项目中的占比。此外，还可用"安全边际"（当年销售均价/去年拿地楼面均价）来衡量房企项目的盈利能力和抗跌价空间。

2.何时拿地

控制好拿地节奏，需要在对周期判断的基础上，对年度土地市场有着正确的研判。例如每年的年底几乎都有一波土地价格下行期，想要逆周期操作的房企应该在年初计划中提前制定战略，控制全年买地节奏，为抄底拿地留足资金。做好了逆周期买地的房企，又遇土地市场周期波动，可以说是"种瓜得瓜"。以世茂地产（以下简称"世茂"）为例，2018年前8个月，世茂完成了全年70%以上的销售目标，而只买了全年50%的地，这也就意味着未来4个月时间要买够剩下一半的地，他们已经预留了足够的钱，做好年底抄底的准备。据了解，在7~8月，利用一二线城市土地价格下跌的时机，世茂接连购地十几块。世茂相关负责人表示，目前世茂正在做销售回款，预备用"销售回款+预留"的现金在年底进行土地抄底,十分保底且安全。而如果房企上半年激进拿地,下半年即使行情上行,也要控制拿地的规模和速度。

3.拿什么样的地,在哪儿拿地:年度土地储备方向

在集团层面,需要在年初时,根据集团的战略目标导向,分配好不同经营定位项目的占比。如果以"快速上"规模为战略取向,则需要匹配更多能够高周转的现金流项目,并聚焦在能够实现高周转的城市,快开快售。

案例2-8 按照经营定位,项目可以主要分为现金流型、利润型和均衡型。

利润型项目指成本利润率高(大于25%),且现金流回正超过两年的项目;现金流型项目则指的是销售净利率低(小于或等于10%),且现金流回正周期在12个月以内的项目。对于利润型项目,销售净利率的重要性更大,而现金流型项目则更看重现金流回正周期的长短。不同类型项目的净利润率与现金流回正周期的关系如图2-1所示。

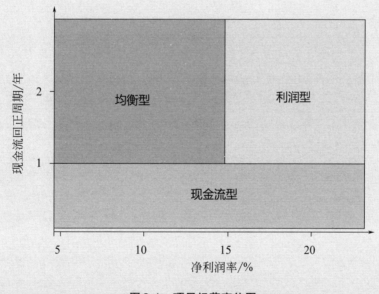

图2-1 项目经营定位图

不同类型项目的经营定位,有不同的现金流曲线和不同的现金流管理要求,如图2-2所示。

"右手画圆,左手画方,不能两成。"明确了项目的经营定位后,就要按此定位,制订相应的运营打法,如图2-3所示。在开发过程中,不能左顾右盼。特定阶段,在利润和规模两者之间,往往是鱼和熊掌不可兼得。

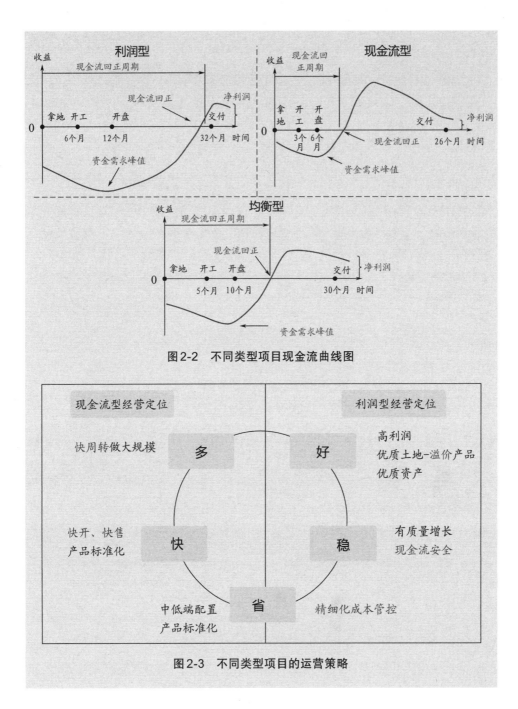

图2-2 不同类型项目现金流曲线图

图2-3 不同类型项目的运营策略

当下,高周转扩大规模是最基本的投资逻辑。房企会适当提高现金流型项目的占比。比如某房企就要求新获取的地块中,现金流型(高周转)项目的占比要超过50%。如果以效益为战略取向,则可以选择慢周转的项目精细打磨提升溢价,但这要求资金成本低且周期足够长,地价上涨的行情可以覆盖掉慢周转的成本,才能实现穿越周期的运作。

由于不同经营定位的项目组合比例,对集团明年和以后年度的现金流影响重大,为实现集团层面在资金和现金流的削峰填谷,稳健运营,需要将平衡现金流型项目和利润型项目的合理权重纳入投资部门的考核。例如,祥生和华鸿嘉信,IRR和销售净利润率各占一半权重。

在明确不同经营定位的项目比例同时,还要制定选择符合战略导向的土地筛选标准。例如某房企在快速扩张中,在找地、拿地时,以高周转为核心策略,在拿地之前就明确了土地选择的标准:选择以"招拍挂"为主的净地,规模控制在20万~30万平方米,可以用2~3期做完,且至少有几种业态能够满足快速销售的条件;又例如,阳光城实施跟投机制后,对新购土地相应地设立了三条管理底线:新项目全周期的回报不低于10%,股东的年化资金回报率不低于30%,净现金流回正时间不能长于12个月。

在土地选择标准明确后,拟进入的城市就已经呼之欲出了。通常而言,一线城市做利润型项目,二线城市做均衡型项目,三四线城市做现金流型项目。房企需要对拿地价占销售价的比重等指标做出动态分析,分析已经进入的城市的价值,寻找不同城市的投资机会,如表2-1所示。

表2-1 不同类型城市的项目经营模式

地货比	资金峰值比例	回正货量需求	现金流回正期	项目经营模式	典型城市
30%以下	40%以下	1/3~1/2	一年内	现金流型	三四线城市
30%~50%	40%~60%	1/2~2/3	一年至两年	均衡型	二线城市
50%以上	60%以上	2/3以上	两年以上	利润型	一线城市

深耕城市的选择是决定企业成败的重要因素。一旦城市布局战略出现重大失误,极易诱发系统性风险。特别是市场下行时,要收缩投资战线,优化调整现有布局城市,选择性地舍弃一些市场前景不佳的城市。新晋投资拓展城市更要慎之又慎,最好控制在现有的管理半径之内。在市场调整期,房企要保持现有的盈利能力,控制各项开发成本,城市深耕战略便是重要途径,有助于控制企业的管理费用、营销费用等各项成本支出。

4. 新投项目未来业绩预测

次年的新增投资不在消耗资金投入的同时,也会有一定的现金回流,上半年拿的地,很多可以在当年实现销售、回款。在具体测算上,一般会根据投资进度计划表和运营标准,结合历史开发的经验系数进行预测与推演,将集团来年的投资转换为未来1~2年的业绩表现。预测的结果,一并纳入现金流匡算表之中。

(四)持筹握算,现金流量平衡方法

与各业务端口的沟通完成后,以项目现金流量预算为基础,综合投资需要结合融资资源支撑情况，通过逐级汇总，分级平衡，遵循以收定支、审慎理财的管理原则，初步形成年度现金流量预算汇总平衡表。具体平衡方法有：现金流汇总分析、对安全运营的把控、对融资空间的把控和技术性复核。

1. 现金流汇总分析

主要是关注现金流三大内容，即筹资性、投资性和经营性现金流的流入流出情况，通过预实对照、同期对比等方式，分析现金流给生产、销售及融资等业务带来的影响，如表2-2所示。

在现金流三大内容中，经营性现金流的充裕是最重要的。对现金流入影响最大的是销售回款，对现金支出影响最大的是拿地。销售回款是房地产公司现金流的主要来源，同时也是抗击资金风险的唯一通路。如果经营性现金流为负，就只能拿筹资和投资现金流来补。所以，能否高周转，迅速开盘，迅速回款，基本上决定了地产企业所有的环节。管理好经营现金流，全力回款，哪怕要付出一点点代价，因为这是100%最便宜的钱。

房企要安全过冬，必须保证充足的现金流，一方面加快出货、回笼资金，以应对债务到期的压力；另一方面伺机以合理价格增加土地储备，或许就是大房企们"活下去"的逻辑所在。而且以预售账款为代表的无息负债，为未来的房地产企业提供了一定的加杠杆空间。"开发经营要负责挣钱养家，投融资才能负责貌美如花。"围绕现金流的运营目标，在组织架构和人才管理捋顺的基础上，房企需要通过打破职能与职能的边界，实现跨部门之间的资源整合和高效协作，达成集团层面现金流安全可控的共同目标，如表2-2所示。

表2-2 现金流汇总分析

序号	项目	公式	说明
1	经营现金收入	A	汇总项目现金收支计划，得到公司整体经营现金收支情况，富余现金用于投资支出
2	经营现金支出	B	
3	经营现金净流出	$C=A-B$	
4	投资现金收入	D	预计能于年内收回的投资现金
5	筹资现金支出	E	明确需要支付的融资现金支出，包括需付股息，到期贷款本息等
6	年内运营余缺可用于投资现金	$F=C+D+E$	综合以上三步，初步得到年内运营现金余缺

2. 对安全运营的把控

财务部门应通过对资金情况的分析，准确预测期初资金余额及期末资金余额，并通过对现金比率指标的把控，提前做好资金的规划与安排。

通常来说，确保现金占资产的比率为15%或者以上是比较安全的。其中，现金有不可动用和可动用两部分，重点是将可动用部分占比提升到10%以上。这里有一个计算数据，房企想平稳过冬，常规来算现金流占资产的比率要在15%以上，这样即使遭遇市场寒冬，也有安全底线在，如表2-3所示。

表2-3 对现金比率指标的底线管理

序号	项目	公式	说明
1	期末总资产预计	G	预计期末总资产（根据年初总资产、当年净利润匡算）
2	现金比率	H	10%
3	期末应留现金余额下限	$I = G \times H$	根据总资产和控制指标，确定期末至少应留现金余额
4	期初现金余额	J	
5	期初现金可用于投资部分	$K = J - I$	如果是负数，则表示需要补足

3. 对融资空间的把控

一般通过净负债率指标把控举债能力。

如业内人士所言，负债率的上线管理很重要，它跟随以下五个因素的变化而变化，如表2-4所示。

① 整体经济是上升还是下降。

② 所处行业还有没有机会，是大机会还是小机会。

③ 把沉重的融资成本加上，毛利率处在高位还是低位水平。

④ 高负债率下，股东的资金回报率是否比没有使用负债率的回报要高？

⑤ 所谓的高负债率背后的资产质量如何，是好资产还是差资产，是变现快的资产还是变现慢的资产。假设行业平均净负债率为50%，那么，公司是选择高于50%还是低于50%的，则取决于五大因素连乘的结果。

表2-4 对净负债比率的底线管理

序号	项目	公式	说明
1	期末净资产预计	L	
2	借贷资本率	M	100%
3	期末带息负债上限	$N = M \times L$	根据净资产和控制指标，确定期末带息负债上限
4	期初带息负债	O	
5	带息负债净增加可用于投资部分	$P = N - O$	如果是负数，表示需要减少负债规模

综上，可用于投资现金总额 Q = 年内运营余缺可用于投资现金 F + 期初现金可用于投资部分 K + 带息负债净增加可用于投资部分 P。

再一次强调，未来，房企将更多体现出由土地推动型的投资发展转变为资金约束型的投资发展的特征。而在房企的现金流入结构中，销售回款一直是现金流入的主要来源，通过及时回款来进行滚动投资，降低融资依赖已成为上下共识。

4.技术性复核

在现金流匡算表编制完成后，大运营部门应进行技术性复核，分析目标达成途径的可行性，针对存在的问题提出解决方案。

（1）"以史为鉴"

系统分析上一年度经营、投资和筹资活动的现金流预算执行情况，尤其是经营活动的现金收支完成情况，并按照所在重点发展区域和重大项目进计分析，对重大差异形成的主要原因进行分析，作为预算安排的参考。

（2）"琴瑟合鸣"

让经营性、融资性和投资性现金流预算保持动态平衡。现金流匡算表，要把所有收入、支出按时间轴维度分解，得到各个时间点的现金流，通过对现金流、资金结构进行分析，企业可以提前预判资金风险，掌握企业年度内各时间段的资金缺口有多大，钱从哪里来等生死攸关的关键环节。例如，年内融资计划安排主要由借新还旧部分和带息负债净增加（或净减少）两部分组成，需要对融资计划达成率分析：首先反映大环境的融资难易情况；其次关注重点项目融资异常带来的风险，以提前做好应对。

具体平衡时，要考虑多项目的综合平衡。例如，多项目下进行现金流的削峰填谷，合理安排项目开工快慢，降低资金风险，避免因开盘延误而影响现金流，确保用于投资和还款的经营性现金流。这时要充分关注各项目的现金流回正时点。

平衡时还要对市场周期有充分研判。为了做到企业经营节奏与未来市场行情相匹配，要有独立思考的能力。如果预判明年市场持续向好，就要以保投资为导向，倒逼项目经营端、融资端的资金供给能力；而如果判断市场存在下行风险，就要果断地去杠杆，强调快速回款和控制投资。市场有高潮有低谷，上升时要勇立潮头加杠杆；低谷时要去杠杆修内功，保持适度增速保规模。市场是条波浪线，企业必然走"Z"字形线，可惜的是该发力的时候没发力。未来3~5年，或许是房企最后一波继续分化的战略窗口期，把握机会的房企会胜出，而其他房企会退出。是进是退，都要决策，最怕的是犹豫不决，耽误时机。

（3）"止于至善"

对现金流的预测是一个不断精进、不断修行的过程。在现金流的预测管理上，强调不仅要"管1年"，更需要"看1年"，对于后续企业的持续发展，则更需要提前谋划，做好布局。

在进行中长期现金流量预测时，既要坚持现金总量平衡，又要保持适度的财务弹性，依据资源情况统筹安排。特别是现金及额度资源不能用尽，要适当留有余地，以便为年度现金流量预算的制定和平衡，留出一定的空间。如果中长期现金流量链条绷紧，那么年度安排上就会捉襟见肘。"银筝夜久殷勤弄，心怯空房不忍归。"编制中长期现金流量计划，就是将已拟定的总体目标和各项目标数量化，从财务资源供给的角度进一步论证年度计划的合理性。

三、"三思后行"，确保预算的资源分配和战略的最佳适配

在"三通一平"准备工作完成后，大运营部门要组织相关会议进行研究、讨论，群策群力，达成资源分配的共识。

（一）"思"现金流预算能否支撑年度经营目标的需要

如上所述，全面预算管理是平衡资源的最佳方法。在资金、实物和人才等资源有限的情况下，全面预算管理通过对企业内外部环境的分析与预测，找到资源配置效果最优的方案，将有限的资源统筹分配，在有限资源与无限需求之间、在利润最大化与风险最小化之间寻找平衡。并通过资源的有效控制与评价，将每一分钱都"花得明白、花出效益"。实现先"预"、再"算"、后"花"，这就是全面预算管理。

有些房企以战术的勤奋来掩盖战略的懒惰，形象地说，就是"醒得早，起得晚，走得慢"，热衷于制定战略规划和商业模式，在落地上，与实现目标相匹配的资金、人才和资源条件少，宏伟的蓝图随着时间的推移，化为了泡影，变成了废纸，用未来虚幻的梦想来掩盖现实生存的矛盾和问题，就会像堂吉诃德大战风车一样，看起来很悲壮，很忙碌，实际毫无用处。"年与时驰，意与日去，遂成枯落，多不接世，悲守穷庐，将复何及？"

全面预算管理通过资源统筹、分配，来支撑年度经营目标的实现。当年度经营目标和资源匹配发生错位时，可从以下两个方向加以思考。

1.通过目标倒逼各业务部门的潜能最大限度发挥

完成目标应基于"未来应该"而不是"现有能力"。

预算的制定过程是对企业资源合理配置的过程。在这一过程中，要充分考虑到各预算责任主体的资源潜力和协作效果，对资源的产出效益进行有效挖掘，对创造效益的过程进行严谨的预估和论证。资源配置要考虑战略性、紧迫性和风险性。

在博弈过程中，集团要善于运用考核指挥棒。例如碧桂园执行结果导向，通过压力竞争，实现大浪淘沙。业绩不行就是要被淘汰的，而且只有一年期限。还有一些业绩表现不佳的区域，会被并入周边业绩较好的区域。此外，集团还可以运用其他管理手段。例如任正非要求："合理成长，不要背上利润目标后层层去压，我们应实事求是，做不出那么多利润来就减人，把成本降下来。"

2.在潜能最大限度发挥的基础上，检讨目标的合理性

"德薄而位尊，智小而谋大，力小而任重，鲜不及矣。"制订目标时只有量入

图2-4 当目标超越了实力，一切技巧都将无济于事

为出，留有余地，才能远离险境！过于急功近利，危机就会如影随形。

在运营能力、融资能力发挥到极致的情况下，要控制自己的投资冲动。对目标的决策者来说，年度目标不能是个人的浪漫主义情怀，不能被短期利益遮蔽双眼，切忌贪婪，在确定目标计划时，要慎重、严谨、合理。管理中，再高明的战术也无法弥补战略的失误（图2-4）。

（1）多维度审视

设置目标基本上是由上而下进行的，验证目标建议由下而上进行。例如，在此阶段通过KPI考核指标的预沟通，对战略目标进行双向互动，并在博弈中达成一致。用同一种思路不叫验证，那只是验算。

（2）制订弹性目标，进行弹性经营

例如，确保目标和挑战目标，匹配不同的资源供给解决方案，保证生产经营活动有一定的灵活性，才能有"行到水穷处，坐看云起时"的从容不迫。

（二）"思"业务策略能否支撑年度经营目标

为防止年度目标从下达到最后执行结果虎头蛇尾，就需要对业务策略的可实现性进行合理性评估。重点把握好资源供给部门，即项目、融资等部门。

1. 项目层面

从项目层面来说，就是做好单项目的运营管控和多项目的统筹。

单项目运营是以财务经营为导向，以现金流、利润为核心，以计划管理为主线，以货值管理为基础，实现全项目、全周期、全专业有效和高效的统筹经营，"穿透"各个业务条线，分解可以量化的经营指标数据，直观地反映各个条线上的经营问题和管理痛点，从而触发各个专业条线采取相应的管理动作，形成改善经营结果的良性循环，最终实现项目预定的经营目标。

随着房企规模扩张，管理半径越来越大，项目越来越多，单个项目规模、项目间差异也越来越大，带来的项目管理难度以及组织各专业条线的协同难度也越来越大。只聚焦于单一项目开发的经营策略成为企业发展的瓶颈，若要最终在市场上赢得一席之地，企业须转换经营思路，从大运营的视角来思考企业发展。

2. 融资层面

从融资层面来说，集团对于现金流的排兵布阵，首先要多拓展一些融资渠道，确保业务需要时能及时筹措资金，其次要密切关注境内外资金成本变化，动态跟踪宏观经济、政策以及市场的变化，实时把控动态负债率，在充分利用财务杠杆的同时确保安全系数。

在此基础上,将集团资金的高效利用作为头等大事。通过资金运用权力的集中管理,将各项目富余资金汇集到集团作腾挪使用,削峰填谷,降低财务风险,实现稳健的现金流管理,提高企业资金的运营效率。要强化对投资节奏的预见性,要求资金筹措与投资业务需求能较好匹配,即可充分满足业务成长需要,同时也防止资金沉淀,有效控制现金流风险。

(三)"思"相关指标是否全面"交圈",和谐共进

房企本质是以现金流、杠杆和周转为核心,以管理机制推动货值、销售与营收、利润的企业。当前已经进入地产新时代的关键时期,"危机"并存,保住现金流,可以解决短期保命的问题,但只有优化战略、积极应战,适应变化,才能穿越周期,实现规模增长和有质量的发展。需要说明的是,战略模式和管理机制领先于土储货值,土储货值领先于销售情况,房企销售情况领先于财务报表。

因此,对全面预算管理的评价不能单纯选取结果类的财务指标,而是要多考虑在全面预算管理过程中产生的业务指标,即在资源配置过程中产生的各环节数据,通过贝叶斯定理等分析方法,找出各项经营活动对战略目标规划影响最大的因素,并形成相关经营决策指标。贝叶斯定理可以用来帮助我们,用观察到的某个现象,来推断背后的原因。推断步骤为:列出所有的可能原因;在观察到现象的前提下,每一个原因的概率有多大;找出这个概率最大的原因作为最后的选择。

"天下之患,最不可为者,名为治平无事,而其实有不测之忧。"大运营要站在经营决策指标平衡的角度,对标优先房企,进一步思考经营指标是否最优,资源配置是否最优,对战略是否起到支撑作用,在此策略下,会不会给企业今后发展带来"不测之忧"。

案例2-9　赛普大运营健康体检模型

"储"指土储管理,要兼顾规模发展要求和占用回款合理;

"建"指开工管理,要兼顾当期销售要求和复合增长要求;

"融"指融资管理,要兼顾开发建设需求和销债平衡;而在资金管理上要兼顾资金利用效率和资金风险平衡;

"供"和"销"指供销管理,要兼顾供货效率和供销平衡;

"存"指存货管理,要兼顾存货整体去化与周转和滞重存货风险;

"回"指回款管理,要兼顾应收周转和收支平衡;

"结"指结转管理,要兼顾在建结转效率和未来结转空间。

"8阶"即八个维度的公司经营健康体检模型,如图2-5所示。每一个维度都有相应的健康区间,通过体检模块、体检内容、健康标准区间对应企业的实际数值进行体检判断,得出公司经营健康体检情况,并提出相应的应对

措施，进而辅助公司的经营策略。例如土储管理体检模块的内容包括以销定投、以回保储和土地质量，体检指标分别对应土地货值倍数、土地投资强度和地货比；供销管理体检模块的内容包括供货效率和供销平衡，体检指标分别对应在途比和新货去化率；存货管理体检模块的内容包括存货去化、存货周转和滞重风险，体检指标分别对应存货去化率、存销比和长期库存比。

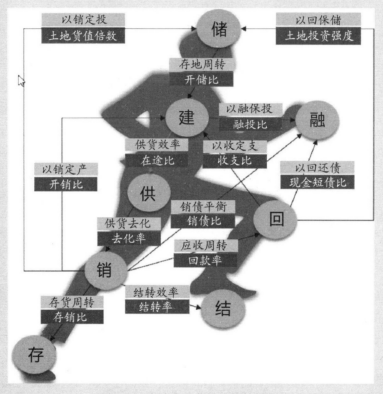

图2-5　赛普大运营健康体检模型

"8阶"健康体检目的在于打通"经脉"，避免"头痛医头，脚痛医脚"。通过建立健康体检模型把"储-建-融-供-销-存-回-结"进行联动分析，可以快速找到企业经营问题的症结所在，采取准确的应对措施，如表2-5所示。

表2-5　公司经营健康体检表

"8阶"	体检内容	健康指标	健康区间（下限）	健康区间（上限）	年度动态值	差异	健康状态
储	以销定投	土地货值倍数	1.00	1.60	0.89	(0.11)	
	以回保储	土地投资强度	0.20	0.50	0.30		
	土地质量	地货比	0.10	0.40	0.31		

续表

"8阶"	体检内容	健康指标	健康区间（下限）	健康区间（上限）	年度动态值	差异	健康状态
建	以销定产	开销比	1.00	1.30	0.81	(0.19)	
	存地周转	开储比	0.80	1.20	0.91		
供	供货效率	在途比	1.00	2.00	1.00		
销	供销平衡	去化率	0.60	0.90	0.74		
存	存货周转	存销比	0.10	0.40	0.36		
融	以融保投	融投比	0.30	0.70	0.50		
	销债平衡	销债比	1.00	2.00	1.41		
回	应收周转	回款率	0.75	0.95	0.92		
	以收定支	收支比	1.20	2.00	1.20		
结	结转预期	已售结转比	1.20	3.00	2.07		

与此同时，健康体检可以与经营目标实现分析并行。经营目标实现分析的目的在于判断企业年度经营目标实现的程度，而健康体检模型的目的在于分析企业经营健康程度，如表2-6所示。

表2-6 公司经营目标监控表

业务模块	指标	上年度数	年度目标	年度已发生	全年动态预测	动态-目标	已发生完成率/%	预计年度目标达成率/%
土储管理	新增土储货值/万元		2200000	600000	1320000	(880000)	27	60
	新增土储面积/万平方米	147	40	88	(59)		27	60
	新增土储地价/万元			225000	405000	405000		
开工管理	在建未供面积（期初）/万平方米			80	80	80		
	在建未供面积（期末）/万平方米	80		96	80	80		
	年新开工面积/万平方米	30	40	80	50		133	267

续表

业务模块	指标	上年度数	年度目标	年度已发生	全年动态预测	动态-目标	已发生完成率/%	预计年度目标达成率/%
供货管理	新增供货货值/万元		3000	360000	1620000	1617000	12000	54000
	新增供货面积/万平方米		200	24	80	（120）	12	40
销售管理	签约金额/万元	1000000	1300000	450000	1488000	188000	35	114
	签约面积/万平方米		100	30	99	（1）	30	99
存货管理	存货货值（期初）/万元			400000	400000	400000		
	存货货值（期末）/万元	400000		310000	532000	532000		
融资管理	期初负债/万元			1500000	1500000	1500000		
	新增融资/万元		600000		600000	0	0	100
	期末负债/万元	1500000			2100000	2100000		
回款管理	年度回款/万元		1040000	360000	1363200	323200		
	年度经营支出/万元		1200000	732403	1135283	（64717）	61	95
	年度经营性现金流/万元			（444403）	227917	227917		
结转管理	结转收入/万元		800000	0	840000	40000	0	105
	结转面积/万平方米			53		48		
	结转利润/万元		80000	0	12000	（68000）	0	15

（四）"行"，水到渠成后正式编制年度预算

通过现金流匡算表，将企业的决策目标及其资源配置以预算的方式加以量化，即将战略目标转化为与实现目标相匹配的资金、人才和资源的有效配置，并通过反复沟通达成高度共识。全面预算的编制已经成为一种技术性工作。

在以下"六清"的基础上，召开预算启动会，开展预算培训，下发预算编制大纲，最终预算体现在财务总预算的三张主表上（资产负债表、利润表、现金流表）。

① 方向清：已召开了年度战略研讨会，已测算并确定了年度目标（包括集团、子公司、各部门）。
② 策略清：解决战略计划落地和执行的问题，明确实现目标的路径问题。
③ 政策清：已明确了相关预算编制的政策和假设。
④ 分工清：已明确了各责任主体定位和预算编制内容分工。
⑤ 格式清：已设计好相关预算编制模板和编制说明。
⑥ 要求清：已明确了相关预算编制的要求和时间等。

四、纵横捭阖，以业务思维做好预算擘画

预算来源于战略，全面预算管理作为一种在公司战略与经营绩效之间的联系工具，将既定战略通过预算的形式加以固化，以确保最终实现公司的战略目标。

在这其中，大运营部门要发挥统筹作用。

1."两步走"：以现金流匡算表作为媒介和各业务部门对话

在财务主导下的预算编制，往往成为诟病最多的管理动作。很多企业预算编制存在以下两方面的痛点。

① "劳师远征"：没有此前的铺垫和准备工作，直接进入预算环节，耗时、耗力，由于参加编制的部门众多，导致操作成本居高不下，甚至影响到正常业务的开展。

② "劳而无功"：全面预算由财务部门主导，但很多财务人员没有和业务部门充分对话，没有以业务视角进行谋划，很大程度上以数据钩稽做一番表面文章来得出全面预算，交作业的结果必然是各个部门依旧各行其是，那一整套表面上逻辑严密的预算表格最后被束之高阁、无人问津。最终，"向上"，预算无法发挥其辅佐战略目标实现的作用；"向下"，也无法对绩效管理形成支撑。

但财务部门的优势也很明显。财务部往往是一个企业里信息最集中的部门，因为所有的业务活动要么是在前端，要么是在结果上，最终都会反映到财务账目或报表中。《重新定义公司：谷歌是如何运营的》一书中提到，谷歌CEO埃里克在谈及公司运营中如何达成共识的秘诀时说到的第一点就是必须用数据做决策。

因此，财务是最有能力、也是最应该去做跨界整合的部门，应提升业财融合能力，扬长补短。超越常规的价值创造常常需要打破藩篱的跨界贡献。

"古调虽自爱，今人多不弹。"财务部门要围绕价值创造的初心，与时俱进，不断创新、不断优化预算报表和编制机制，并用自己的信息优势与专业知识去赋能责任与知识结构不完全匹配的业务部门。例如，在决策层"大胆设想"，提出下一年度的经营目标后，财务部门要整理各类财务数据并提供给高层管理人员，以供高层"小心求证"。财务部门的角色是一个"支持者"。此时财务高层也参与公司经营战略的制定，并完成相匹配的年度财务战略的制定，以支持年度经营战略目标的实现。

在预算编制过程中，财务部门应多问计于业务，形成良性互动，站在业务的视角看预算，为业务部门和集团决策层提供更有力的支撑。

2."有静气"：以静制动，宁静而致远

在全面预算管理过程中，为了实现企业战略目标和应对市场的变化，为了贴近业务更科学地平衡投资节奏、融资节奏和运营节奏，统筹内部多单元、多层级的协调及资源的争夺，为了从土地、建设、销售和存货等方面更为敏捷精准地进行资源排布，就需要与各方保持持续沟通，需要协调、平衡各方的诉求。

"沟通，70%是情绪，30%才是内容"，因此，除了要有业务思维之外，还需要以一种"遇事虚怀观一是，与人和气察群言"的心态。戒浮戒躁，培养乐观豁达的人生态度，以正确的价值观分析、判断、处理工作生活中的各种挫折，不被不良情绪所感染，不被不良环境所转变，始终保持好自己坚强的定力，保持平和安详的心态。中国建筑工程总公司原副总裁曾肇河曾举例描述如何进行管理沟通："我曾去过关岛，关岛是太平洋底长出的'喜马拉雅山'，高度超过一万米，洋流在此交汇，这里成了台风的发源地，而关岛之上的台风却很少，位于台风中心反而是最安稳的。由此，我领悟到，领导机关是各种意见、主张和矛盾的汇集之处，居于中心的领导者应该是十分从容安详的，这样才能临大事有静气，才能做出正确判断，采取果断的行动。"

"内圣外王"，是我国古代先贤们追求的一种崇高境界，也是成功人士内外兼修的一种功夫。一个人只有先做到"内圣"，才有可能做好"外王"。也就是说，一个人只有先"管理"好自己，才有可能"管理"好他人。正如一首古诗表现的禅意："山光物态弄春晖，莫为轻阴便拟归。纵使晴明无雨色，入云深处亦沾衣。"

3."回头看"：ROE是否最大化

对全面预算管理的评价，ROE是终极评价指标。

"论事不可趋一时之轻重，当思久而远者。"推行全面预算管理要以提高ROE为导向，从盈利能力、资产效率、经营风险三个角度来审视预算编制的结果。

公司是以追求利润最大化为目标的，一切经营活动都要围绕这一标准去评判。设计好一家公司的ROE能提高一家公司的股东回报率。关键是要提高资源的配置能力、使用能力，将既得的战略优势兑现为经济收益，让有限的资源提供更大的回报。复星集团连续11年保持ROE年均增长20%。在其背后，复星集团推行了全面预算管理，实现了资源的最优配置，实现了股东投资回报最大化。

> **案例2-10** 2018年百强房企的业绩规模增速下降，平稳发展下以追求有品质增长为主。众多房企提出"两高一低"的发展目标，即高品质、高效率、低风险，在规模化发展同时，持续保持良好的投资回报，降杠杆，控制

> 负债率，规避发展风险。例如，某房企提出要做"资本市场的优等生，房企中的三好生"。"三好生"就是"规模增长好、利润率好、稳健性好"，这三个指标要均好。某房企提出要有质量地增长：一是资产有质量，市场的能级要够，有抗跌能力；二是现金流有质量，新增、在建、在售项目比例合理，股债比例合理；三是产品有质量，市场有口碑、业主满意度高；四是管理有质量，效率风险均衡，员工、股东、合作伙伴满意度高。

第二节　起而行之，全面预算管理的落地

全面预算的落地，其主要手段是将预算指标分解到各项目经营计划中，同时通过KPI指标，将全面预算管理转化为"横向到边、纵向到底"的KPI绩效评价。全面预算管理是形成公司及部门KPI指标的主要来源，也是整个绩效管理的基础和依据。

"郡县治则天下治。"一方面，在预算编制完成后，要将确定的业务策略体现在各项目年度经营计划中，主要指标在项目层面要落地；另一方面，完成全面预算编制后，需要"全面预算管理"这个重要载体进行抽丝剥茧，找到最为关键的指标体系，建立以KPI的制定、分解、监控、考核为核心的一套动态监管运行模型，使得各预算主体和员工的绩效考核真正拥有明确、可行的目标。每年检讨一次，然后在过程中动态监管、动态调整，并动态指挥全面运营。通过KPI这个中间桥梁和有效工具，使得全面预算管理与绩效管理有机结合，形成"KPI支撑绩效评价-绩效评价落实责任、支撑全面预算落地-全面预算落地支撑各项经营活动更好地符合战略目标要求"的管理闭环。

"竹外桃花三两枝，春江水暖鸭先知。"全面预算的整体回顾和过程管控，耗时耗力；将全面预算实施转化为KPI管理，化繁为简，事半功倍。

KPI考核管理有三个过程。"君子有三变，望之俨然，即之也温，听其言也厉。"意即君子会使人感到有三种变化：远远望去庄严可畏，接近他时却温和可亲，听他说话则严厉不苟。

一、"望之俨然"——设置和分解KPI要保证科学严谨

将全面预算管理转化为KPI管理，重点是如何将全面预算分解到具体核心指标。KPI指标要覆盖预算管控的重点领域，同时，结合各部门的职责分工和核心业务，层层分解到位，使每个单位、每个岗位都要理解和执行这种重点的考核指标。

KPI指标设置和分解的原则如下。

(一)聚焦战略目标达成进行KPI指标设定

在强化预算约束力的前提下,通过识别达成战略目标的"关键驱动因素"来选择能够准确体现管理目标和意图的指标体系,以准确表达绩效目标要求,并在与全面预算管理有效融合的过程中持续健全和完善。比如,某房企为了实现财务维度的战略重点目标,最终识别出"加快现房销售""优化资产结构"和"拓宽融资渠道"是其关键驱动因素,最终选择通过"净利润""销售收入"和"非传统融资比重"等指标作为体现战略重点的KPI指标。

不同的企业或同一个企业在不同阶段和不同的战略导向下,KPI或者其权重都是不同的。换言之,通过核心KPI的设置,基本上能判断出企业当前的战略意图。

KPI的下达和执行是全面预算管理的关键环节之一,在具体操作中首先应考虑预算指标的下达、执行是不是充分体现了企业的经营目标和经营方针。

(二)KPI指标要有一个分级、分类的过程

基于业务特性,结合企业的战略目标和管理重点,借鉴标杆企业的管理经验,建立一套符合企业自身特点的经营指标管理体系。

1.纵向分解到业务底层

在KPI纵向分解的同时,应针对考核、监控指标,设立相应标准,一旦突破标准,系统便自动预警。

设定标准时,要充分考虑可实现性原则。KPI目标要有挑战性,但也要考虑到"跳一跳能否够得着",在行业标杆参照标准和公司战略需要之间达成妥协。还要考虑指标的可衡量性原则。一定要有清晰明确的衡量标准,做到可以衡量,尽量具体而量化、直观形象化。相应指标都有明确的定义和计算公式,能够帮助企业实现对自身经营状况的量化分析,及时调整经营方向,防控风险,实现经营价值最大化。例如不同企业制定的"456""789""4812"等运营标准。

经营绩效评价和财务分析的区别为:财务分析以企业财务报告及其他相关资料为主要依据,对企业的财务状况和经营成果进行评价和剖析,反映企业在运营过程中的利弊得失和发展趋势,从而为经济决策提供重要财务信息;而企业经营绩效评价是评价主体按照特定的评价目的,采用特定的指标、标准和科学的方法,对企业某一时期的经营业绩、经营效率和发展状况做出客观、公正和准确评价的一种行为。具有代表性的公司经营绩效评价方法有沃尔评分法、经济增加值法、杜邦分析法、平衡积分卡等。

就"平衡积分卡"而言,KPI除了源自全面预算的财务指标外,还有一类是非财务指标,如市场占有率、客户满意度、员工满意度等。战略管理工具——平衡计分卡(BCS)正好涵盖了这些指标。它将一个企业的愿景和战略分解为财务、客户、内部流程、学习和成长四方面,完美地体现了财务与非财务的平衡、动因

和结果的平衡、短期和长期的平衡、内部和外部的平衡。但是，四方面的指标设定并非所有的企业都相同，要根据各预算责任单位的不同经营特点和生命周期设置筛选KPI。

案例2-11 若公司追求股东投资回报率和规模增长，则对ROE和复合增长率进行分解。

在保证资金安全底线的前提下，以"高质量的高增长"为主线，根据ROE和复合增长率这两个核心指标的计算逻辑，将指标进行分解，得到11个指标管理模块，共同构成了经营指标体系，如图2-6所示。

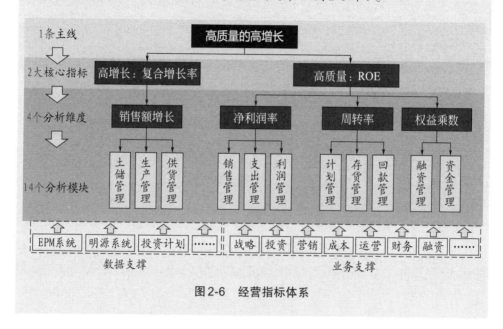

图2-6 经营指标体系

"惟江上之清风，与山间之明月，耳得之而为声，目遇之而成色，取之无禁，用之不竭，是造物者之无尽藏也，而吾与子之所共适。"在一定程度上，对指标体系的运用及管理已经成为地产企业综合能力的集中体现。在全面预算管理为KPI等绩效考核指标提供参照值的同时，管理者也可以根据预算的实际执行结果去不断修正、优化绩效考核体系，确保考核结果更符合实际，真正发挥评价与激励的作用。

2. 横向分解到各责任主体

以"横向到边、纵向到底"为原则，明确集团、区域、城市、项目分别考核、监控哪些指标。同时，在各预算主体内部结合各个专业条线和管理层级的目标导向、管控重点、应用场景，通过工作计划绩效指标（PPI）等工具，将上述考核指标分解落实到相应责任人。

> **案例2-12** 在分解出公司绩效指标体系后，通过各责任主体的定位和职能来完成相关指标与责任单位的对应。
> ① 主导：直接负责整体指标的落实和实现，对最终产出具有控制性影响，一般需要直接承接目标和所有目标值，一般不再需要对指标进行分解。
> ② 分担：其他部门直接负责整体指标下的阶段目标或部分最终目标的落实和实现，需要承担分解后的直接相关指标和指标值或直接承接目标，但只承担部分目标值，需要进行目标分解。
> ③ 支持：从信息、职能、资源等各方面间接支持整体目标的落实和实现；基于职责，承担间接支持目标实现的支持性指标，需要结合部门职责，寻找支持性指标。
> 除公司指标分解到本部门之外，各预算主体还可着眼于部门专业能力提升、直接上级的要求、本部门年度内重点职能工作，从指标库中选取相应的业绩指标，作为部门级指标的有效补充，以保证工作目标的完整性。
> 通过在各预算主体之间的分解、预算主体内部的分解，合理传递压力，有效聚集目标，支持、保障公司战略和经营目标的实现。使得员工努力的方向与企业的战略目标保持一致。

（1）"关联捆绑"式考核

在实际运用中，常常用到"关联捆绑"式考核。就是把指标关联方捆绑起来进行考核。首先界定直接责任考核者和间接责任考核者之间的影响程度，根据影响程度界定一个关联系数。影响程度越大，关联系数越高；影响程度越低，关联系数越小。所谓"关联捆绑式考核"主要是为了在企业中建立"一荣俱荣、一损俱损"的机制。不管这个指标跟你有没有直接的关系，只要你对它产生影响，你就应该积极地去协调、去支持。比如销售目标，可先根据前一年销售人员对销售业务、其他部门对销售部门的影响程度，确定销售部门的关联系数为100%，生产部门的关联系数为70%，财务部门的关联系数为60%。

（2）平衡计分法

企业中还会有一些相互矛盾的指标，对此可以引入"平衡计分法"的思想。就是在考核一个指标的同时，必须考核另一个与它相对的负面指标，同时按住"跷跷板"的两头。比如投资中心，找到一个正项指标、一个负项指标，相互制衡。一般来说，这两个指标之间既相互矛盾又相互依存，一个指标越高另一个指标就会越低。

> **案例2-13 某房企对投资部门的主要KPI考核指标**
> ① 新增货值储备=$\sum$（单项目投资目标版货值×权重比例）+$\sum$（代建

项目单项目收益/销售净利率8%），其中权重比例分为两种：有独立操盘权且持有股权，权重比例为100%；无独立操盘权，权重比例为项目公司股权比例。

② 股东年投资回报率=∑单项目股东年投资回报率×（单项目投入自有资金/∑单项目投入自有资金），其中，单项目股东年投资回报率=项目投资回报/项目投入自有资金/资金实际使用月份×12。

③ IRR=∑单项目投资目标版IRR/年度获取项目个数，其中IRR不含融资，按照项目经营现金流计算。

④ 地货比=∑单项目土地获取价款/∑单项目货值储备。

在完成横向分解后，一般会通过签订经营绩效责任状进行固化，界定各预算主体对KPI的完成所负责任。考核周期一到，用结果说话。

二、"即之也温"——以同理心进行有温度的沟通

在设置和分解KPI指标的过程中，要通过充分沟通，让被考核者认同绩效目标，让其明白设置具体绩效目标的作用所在，以及如何开展工作和改进工作。

双方沟通时，不应只限于指标和完成标准该怎么定的问题，更应该把重点放在如何改进工作、如何提升绩效等方面。同时，在考核工作过程中要不断通过KPI回顾，与被考核者持续沟通，对其不断辅导与帮助，以保证目标达成的一致性，这比考核本身更重要。只有被考核者思考自身的工作对公司绩效目标的价值，并落实到具体的指标中去，才能通过绩效管理的沟通，提升自身工作能力和工作质量，并协同完成公司绩效。

三、"听其言也厉"——对KPI指标的预警和强考核

KPI指标是企业实现全面预算管理过程中的有效监测工具。经营过程中，内外部环境的变化，如政策调整、市场变化、项目节点延误等，都会导致公司、项目的经营偏离计划，反映到KPI上的数据便会出现异常。

通过对KPI指标的预警、分析和考核，并对整体价值链活动过程的策划、控制和改进，可以保障全面预算的最终实现，实现公司的卓越绩效，并基于结果的测量、分析，推动公司价值链活动过程的改进和创新。

1. 建立KPI预警和分析机制

对KPI指标设定报警临界值，适时监控指标执行状况，对经营过程中的指标异动实现快速识别和精准研判。当实际发生值接近、到达或超出预算目标时发出预警，及时剖析偏差原因，并将重大风险及时反馈责任主体，要求采取措施，将绩效偏差控制在最小范围内。动态分析有利于强化预算执行思维，保持预算的过

程控制；同时，动态分析不只是看结果，更重要的是形成对以后预算执行的指导策略。对差异确认和处理得越及时，对KPI执行行为的调控越主动，也就越有利于保证预算目标的实现，避免造成"计划没有变化快，目标随着结果调"的被动局面。

有效的过程与卓越的结果是相互关联一致的。若在价值链活动的"过程"中明确相关的KPI目标、动态监控和改进措施，则必然在"结果"中反映出相关联一致的全面预算数据。

2. 考核与奖惩

KPI指标是业绩评价奖惩的标准以及激励和约束制度的重心。

台湾管理学者曾仕强曾说过："中国人往往计划时是法家，务求完备；执行时变道家，变来变去；到了考核时，一副释家菩萨心肠。"预算的考评，就是要把KPI的执行情况与预算责任主体和相关员工的经济利益挂钩，奖惩分明。年终，在城市公司对年度目标达成情况自查的基础上，集团总部对各年度指标进行评价与考核。考核结果即为城市公司年度绩效，直接影响城市公司上自董事长、总经理，下至最基层员工的年度收入。从而使员工与企业形成责、权、利相统一的责任共同体，最大限度地调动每个员工的积极性和创造性。

可以说，通过KPI考核指标与每个人、每天的工作相联系，可以将全员聚焦于公司的战略和战略执行，真正使战略成为每个人每一天的工作；同时根据执行的结果不断对战术进行调整直至修正战略，使战略成为持续的过程。

总体来说，企业的战略、全面预算管理和绩效三者是一个密不可分的有机整体。其中，全面预算管理是大运营的基本作战地图。将全面预算管理和长期的战略目标、具体的战术行动、最后的绩效评价联系在一起，通过三者的高效互动，企业才可能达成其既定的战略目标，并使战略在不断变化的环境中调整资源配置获取竞争优势。而在此过程中，全面预算管理正是起到了承前启后的重要作用。

道法自然，全面预算管理的最高境界是"回看天际下中流，岩上无心云相逐"。虽不能至，心向往之。

全面预算管理，始于战略，基于业务，合于财务，终于考核！

第三章 经营计划

"上兵伐谋，其次伐交，其次伐兵，其下攻城；攻城之法为不得已。"项目经营计划就是开发过程中的"伐谋"。在项目IRR、现金流回正、销售净利率等核心指标约束下，通过沙盘推演，寻找到最优的操盘思路，并通过模拟测算模型，以财务数据作为经营成果予以直观反映。

第一节 此心不动，项目经营计划的监控

"此心不动，随机而动"，是王阳明心学的最高精华之一。就项目开发而言，就是要以考核版经营计划作为定海神针。当实际运营与考核版经营计划相背离时，要及时进行调整，确保其一以贯之。

一、考核版经营计划

考核版经营计划通常以拿地时，在精确的投资测算基础上明确的现金流回正周期、IRR及利润率等核心经营指标作为指导、约束以后包括考核版在内的各版本经营计划的红线。不少企业提出"拿地即承诺，承诺即目标"的口号，从运营角度避免了盲目拿地、冲动拿地的尴尬局面。例如某房企规定，在土地成交确认7日内，以组建项目团队时签订《项目责任计划》，延续投资测算项目收益（净利润、IRR等），作为开发团队考核的控制基线。防止投资团队和开发团队交接脱节，启动阶段目标执行偏差。

"谋先事则昌，事先谋则亡。"在编制考核版经营计划时，要通过深思熟虑地

沙盘推演、排兵布阵，使实际操盘过程少犯错，不走偏，并避免因过度关注细节，而忘了格局及关键的思考逻辑。毛泽东同志也一向要求："拿战略方针去指导战役战术方针，把今天联结到明天，把小的联结到大的，把局部联结到全体，反对走一步看一步。"

在项目启动会或项目总体规划方案获批后，应将开发、销售、成本的铺排方案通过测算模型转化为经营结果进行评审，如果核心经营指标不能满足，则需要倒推调整开发方案。核心经营指标达标后，应根据测算结果签订考核版《经营计划责任书》，明确项目开发过程中收入、成本、费用等支撑性指标的控制基准，作为后续考核的依据。例如某房企允许在保证利润率前提下，适当提高项目成本，但方案版的目标成本在开工前不允许突破，且除了以下四种情况之外，不允许调整目标成本。

① 集团审批通过的规划方案调整。
② 政策调整。
③ 政府违约。
④ 合作条件有调整。

一般不允许因市场变化而调整目标成本。

案例3-1 以某项目的经营数据为例，从拿地到开盘的时间为6个月，开发效率较高，但净利润率仅为2%，现金流20个月回正，IRR为2%，地货比较高。可以通过供应链融资（即垫资），增大推货量，提高均价、去化率和回款比例，进行精装修等方式，加快现金流回正，提升IRR。并预测拟采取的方式对项目经营结果的影响，倒推项目操盘方案的优化和调整。

案例3-2 以提前做好全盘现金流规划和年度现金流计划为例，说明经营计划编制的逻辑。

对于房地产经营性现金流而言，项目开发全生命周期表现为"前期支出、后期收入"的典型格局，为更好降低资金利息和加快资金周转率，实现现金流的全过程规划，需要"将前期支出线业务尽量推后，而后期收入线业务尽量提前"。

因此，在项目之初，对现金流的预测尤为重要，对现金流回正的期限把握以及对外部资金需求的金额、周期预测是重中之重，刚性影响因素大约有以下几项。

① 开发周期的选择：多期开发通常选择住宅类产品先期开发，有些地方会要求企业自有资金比例，选择先紧后松的方式，前期充分筹措资金、后期实现项目造血功能。

② 预售时间：实现内部造血功能的节点。一般情况下，预收房款需予以

监管，需要企业充分预计可以支配的款项，合理设计监管资金流通渠道。

③ 土地款及可分期的金额、时间：由于金额较大，部分地区在取得相关证件之前交齐，影响一定的资金成本（企业需筹措资金来源，合理预测资金占用成本）。

④ 前期配套的缴纳时间：各项前期费用在实际缴纳过程中，部分有一定的商讨空间，一些报批报建费用、新材料基金等政府性资金的支付，要充分考虑资金支付的及时性。

⑤ 政策性影响：在金融强监管下，银行、信托等机构自身投资方向以及通道等业务路径的限制，国家开发银行对棚户区改造信贷支持的限制等。

⑥ 契税等相关费用的缴纳时间，如部分地区在2015年之前配套费的契税缓交无滞纳、无罚款。

其他弹性影响因素如下。

① 总包方式的选择："清包工"和"甲供材"对自身现金流的影响（选择总包时，应充分考虑工程款压力，协调资金成本与总包工程款，一般可以与总包方约定工程款支付节点，如正负零阶段、预售阶段、交楼阶段、竣工验收阶段等）。

② 付款方式和周期的选择。

③ 在成本、利润的控制下，土增及所得税清算分摊后产生的现金流影响。

④ 在地区性预售资金监管政策下，对于预售资金使用比例和支付额度的自我掌控能力的影响。

主要风险控制要点如下。

① 及时性：按照项目节奏，把控时间节点支付节奏，确保资金到账。

② 协调性：关键点在于预售的预期实现，资金支持到自身造血功能的实现才是关键。

③ 计划性：配合项目进度，在资金投放进度和时机上做好掌控，防止严重超预算使用资金，控制资金风险。

④ 控制力：在总包选择和议价能力以及支付节奏和进度上，要有相当的主动性。

在全盘现金流规划的约束下，在编制年度项目经营计划时，要根据确定的工程节点计划、销售回款计划、成本资金计划、财务税务筹划等，基于"以收定支，先收后支，收大于支"的三大原则，通过多方案比较使IRR最大化，现金流提前回正后，要结合公司全面预算目标，铺排项目层面的年度经营性现金流计划。

项目进入实质操盘阶段，大运营部门要根据开发节奏、销售节奏、成本支付节奏的变化，动态调整经营计划中的模型数据，监控收益、现金流等经营结果的变化。在月度运营会上，定期汇报项目动态经营结果，以过程管控来掌控结果。

项目经营计划跟踪管理的价值主要体现在监控项目动态收益、动态现金流，支撑项目运营关键决策，驱动项目整体管理提升，支撑全面预算的编制与执行控制，支撑项目过程中的绩效衡量。

二、日常监控

通过刷新经营计划的方式来跟踪管理极为耗时耗力，而现金流数据较易获得。因此项目经营计划的日常监控应以现金流计划执行监控为主，特别是聚焦于销售回款指标的监控。

项目经营计划的关键是现金流计划，将即期现金流情况与年初现金流预算、"1+3"现金流滚动计划进行对比分析，一旦产生重大变化，则立即追溯节点计划的变化，并利用业务计划的调整，实现现金流计划的快速调整，保证项目的运营过程始终围绕设定的现金流目标值，及早地纠偏和防范可能的风险。

这其中的逻辑是，节点计划的背后正是现金流的收支，节点计划从业务源头上决定了资金进出的时间节点和量值。从这个意义上说，现金流的偏差是业务发生偏差的倒影，节点计划管理是企业现金流管理的关键。这也要求在项目经营计划编制之初，就要把重要节点计划对资金的影响进行统筹，即将收入、成本、费用、税金的产生与时间维度相关联。

现金流计划的关键又是销售回款计划，因为销售回款计划的完成情况，对项目现金流的变化更为敏感和直接。如销售回款未达目标，在和业务部门沟通的基础上，可利用"鱼骨图"等工具查找根本原因。如果是应收款回款不力，就再进一步分析应收款主要沉淀在哪个环节，对其关键环节进行赋能；如果是供货不足，则再进一步分析，无货可卖是由于工程进度滞后还是对调控政策预判不足导致无法及时取得预售证；如果是销售去化速度未达预期，则需再进一步分析，销售去化差是市场本身的问题，还是由于前期开工供货量过大所致，而开工供货量过大又来自于在市场高点拿了过多的土地等。

当销售回款进展与既定方案产生严重偏差时，一般通过产销匹配的弹性运营等手段进行纠偏。比如，年初制订的经营计划中销售面积为20万平方米，而在二季度末（即年中）实际销售面积只有8万平方米，未达成预估的进度的50%，此时则需要对下半年的经营计划做出调整，以实现供销的动态平衡。

项目大运营部门是日常经营监控体系的实施和过程监控的主体，通过项目经营计划监控模型、经营看板和月度经营分析会，对利润和现金流指标进行评价，并倒逼项目开发策略做出调整。

> **案例3-3** 所谓经营看板是由各类各级的经营信息汇总而成的观察与查询的界面。其作用一方面在于能够及时、准确、全面地反映企业经营状况；另一方面能够辅助经营管理人员开展各类决策。

所谓项目经营计划监控模型，主要是建立基于现金流为核心的关键指标跟踪月报，通过运营月报实现动态现金流监控。具体来说，是将项目经营计划中的年度现金流计划，通过"1+3"的项目资金计划滚动更新，来对比分析IRR和现金流回正与年度经营计划中的现金流预算的偏离，并在经营决策、项目PMO（项目管理办公室）会议、经营月报等多种场合进行多种方式的分析与预警，如图3-1所示。

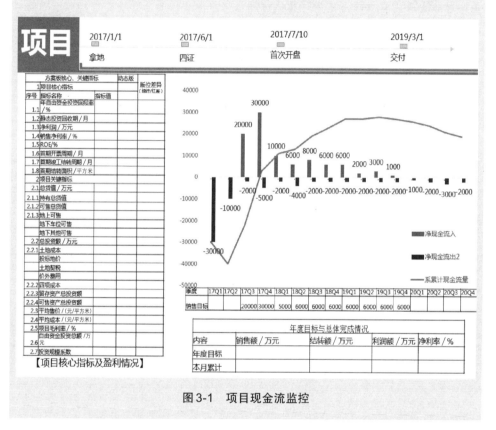

图3-1　项目现金流监控

三、重大节点监控

不同于以核算为基础的财务管理，对于运营管理而言，要构建的是一套运营账，通俗地说就是：通过编制不同版本的动态项目经营计划，来预测项目最终收益。主要是围绕考核版经营计划的核心指标和运营策略的执行情况，在开发过程中定期和定点地动态获取相关内容。例如，设计研发部对基础数据进行刷新，工程部刷新节点，成本部刷新动态成本，营销部刷新货值，财务部要提供营业税、增值税的计算，在此基础上，通过EXCEL表格或者软件系统完成项目动态版经营计划的编制。

在动态版经营计划编制的触发方式上，主要有以下三类情况。

（1）以时间为周期的定期调整

按年度、半年度、季度进行调整。其中，项目的年度经营计划，要在全面预算的指导和约束下，在项目层面对集团的预算指标进行分解和承接。编制季度经营计划是实现精益化管理的体现。例如某房企要求针对公司经营的关键事件和指标，紧跟市场变化，每季度对照分析已发生和未发生的数据，及时总结，动态调整下一季度的经营计划，以保证其适应性。

（2）因常规事件触发的不定期调整

主要指项目中的关键节点如项目开盘、项目交付及项目后评估等。开发过程中的每一个重要节点均应进行收益测算，以进行偏差预警和纠偏。

（3）因特殊事件触发的不定期调整

如关键规划指标调整、重大关键节点调整、销售价格规划调整、重大设计变更调整和因项目目标成本调整而触发的调整等。

> **案例3-4** 某房企规定每一次定点测算之后都要做决策。必须测算的7个节点包括：项目可研听证、项目策划方案听证、实施（成本目标）方案听证、营销策划报告听证、价格方案听证、项目销售基本完成、项目结算等项目开发主要节点。尤其是项目可研听证和项目策划方案听证这两个节点，决定了地块选择和业态选择，必须测算。一般会做多个版本进行比较。比如同样的地块和容积率，通过产品策划和测算，不同方案的投资收益可能大不相同。

需要强调的是，所有的重大调整，均要按调整对核心指标的影响程度进行相应级别的报批，其中原因分析及有效的改进措施要作为审批附件。一般来说，对经营计划的调整只是为了更好地指导下一步工作，并不能改变考核版经营计划中的相关考核要求。项目专项奖金、跟投收益等依然与考核版经营计划挂钩。调整批准的前提有如下两点。

（1）"回顾过去"

利润型项目更为关注调整对收益的影响；现金流型项目更为关注调整对IRR、现金流回正周期的影响。查找偏差原因，明确相应的管理责任，并为纠偏提供方向。对比分析的常规方法是将当前值与考核版经营计划、上一版动态经营计划以及年度经营计划进行逐项对比。如对成本执行、进度执行、销售回款及资金计划执行等进行分析比较，追溯问题根源，分析核心指标变动的具体原因，通过对比结果发现实际执行的偏差和好坏，避免"一俊遮百丑"或"一人生病，全家吃药"的情况发生。

（2）"展望未来"

分析经营指标的偏差不是目的。动态版经营计划应立足于重要性、及时性原则，以专业质询、集团审批为手段，以促进整改、解决偏差为第一目的。对于直接影响项目收益、现金流等指标的调整事项，需要对调整措施能否解决偏差的有效性、可落地性进行审视和模拟分析，确保项目在预定的核心指标下执行不走偏，过程少波动。大运营部门应及时推动管理层召开相关会议，说明本次调整的原因并提出有效的改进措施。

> **案例3-5　模拟分析的思路**
>
> 仅仅对经营指标异动进行识别和研判还无法有效辅助经营决策，还需要对管理动作输出进行有效模拟，实现"将建议落到业务动作"，确保项目经营计划不走偏。
>
> 例如，经营指标的动态监控显示企业的货值缺口较大，管理层需要的就是如何弥补货值缺口的管理建议。是调整价格、调整供货节奏还是加快投资拓展？如果是加快投资拓展，那么具体调整哪个区域和哪个城市公司？
>
> 这些都可以通过经营计划中的模拟测算来分析得出。其分析模型主要有以下三种。
>
> ① 识别经营指标异动的原因。如造成货值缺口的原因是什么？是供货不足还是去化大大优于预期？
>
> ② 针对异动原因选择相应策略。如果是供货不足需要加快供货计划，那么具体是哪些项目可以提前供货？如果是去化大大优于预期，那是要提高价格还是保持现有价格加快去化、快速回笼资金？
>
> ③ 模拟多项目场景下经营指标敏感性分析。如加快A城市b项目的供货计划，经营结果如何变动？提高项目销售价格，经营结果如何变动？管理层是否能接受这一变动？
>
> 通过这类分析模型，调整某些可以作为敏感因子的指标，如价格、融资规模、供货节奏等；输出关键经营指标结果的变化，如净利润、ROE、现金流回正周期、货值缺口等。管理层依据指标变动趋势，做出相应调整决策，并将决策结果反映到项目经营计划的调整之中。

总之，在项目全生命周期中，计划节点、推盘节奏、售价、去化率等因素都处于时刻变动当中，要综合项目的已实现数据和待发生数据，实时监测项目预计可实现的利润、现金流等经营指标，并分析差距、进行模拟复盘，并调整后续操盘策略，以实现项目的经营目标。"两害相权取其轻、两利相权取其重。"这才是经营计划调整的初心所在。

四、集团层面的监控

随着企业规模集聚，项目增多，大运营部门要以"两管两控"（计划管理、货值管理、利润监控和现金流监控)为抓手,以财务经营指标结果为导向,将管理的重点与精力从单项目的核心指标管控过渡到对企业的年度经营指标管控,将视角从点、线转换到面,运用产销匹配平衡、利润规划调节、现金流安全、经营预测等核心管理工具,在单项目暂时无法平衡时,用多项目进行平衡,从而将单项目经营计划的调整对全局性的年度经营指标的影响和冲击降到最低。

案例3-6 某房企对于出现异常的指标纵向做组织维度的指标下钻分析,从集团层面下钻至区域、城市公司甚至项目,精准研判出现问题的业务条线和组织层级。

同时,通过运营决策会议体系,保障各专业线下充分交圈,支撑业务管控运作,如图3-2所示。

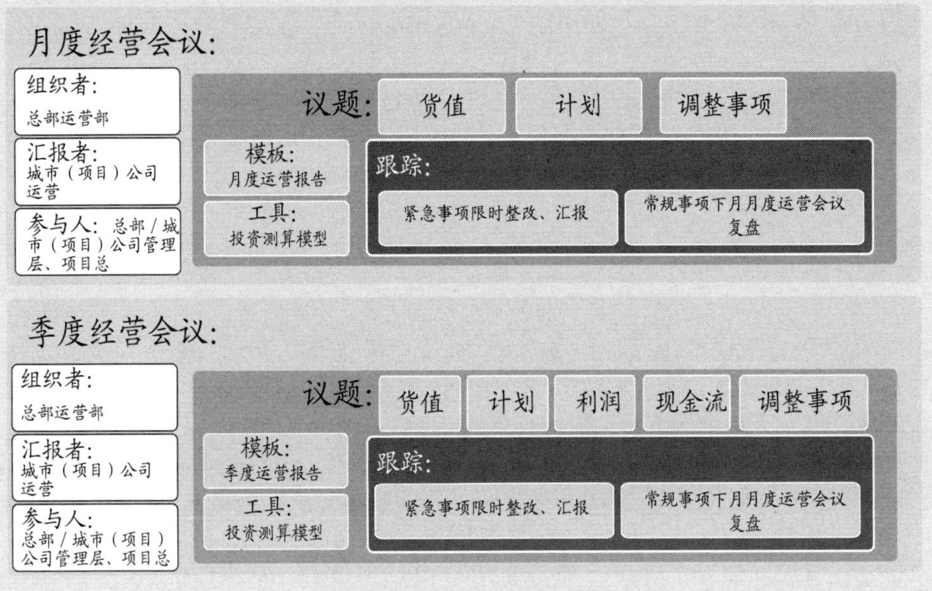

月度经营会议:

组织者:总部运营部	议题:	货值	计划	调整事项
汇报者:城市(项目)公司运营	模板:月度运营报告	跟踪:		
参与人:总部/城市(项目)公司管理层、项目总	工具:投资测算模型	紧急事项限时整改、汇报	常规事项下月月度运营会议复盘	

季度经营会议:

组织者:总部运营部	议题:	货值	计划	利润	现金流	调整事项
汇报者:城市(项目)公司运营	模板:季度运营报告	跟踪:				
参与人:总部/城市(项目)公司管理层、项目总	工具:投资测算模型	紧急事项限时整改、汇报	常规事项下月月度运营会议复盘			

图3-2 运营决策会议体系

从集团运营管控演变趋势的角度而言,传统的运营可能经常要充当一下救火队员或者说要充当一下教练员,手把手地协助项目策划解决方案。在快速发展的要求下,不少企业开始推行跟投机制,同时推行高周转策略,下级业务单元开始要求更多的权力,以便更好地推动业务发展。精总部、强区域、快项目的要求逐步变成了标准配置。

面对新的形势,集团运营的定位也从原来的教练逐渐转变为裁判,需要能够培养项目团队的担当和开发能力,也要基于一线的问题点、人性关注点,在洞察人性之后进行合理的规则设定。要从教练转变为裁判，首先要具备教练的能力，然后再逐步过渡为裁判的能力。这就要求大运营人员既有深度、亦有宽度，还要有高度。即解决问题所需的专业深度，统筹各业务板块知识的专业宽度，匹配公司发展全局与符合公司总体利益的经营高度。

另外，在进行大运营管理体系中的经营指标监控时，管理口径要优于会计口径。在管理口径下，可根据公司的经营导向确定具体的计算规则。

案例3-7　管理口径优于会计口径，更能反映企业经营动态

经营指标的测算可分为管理口径和会计口径两种。会计口径按照会计准则计算，管理口径是可以按照经营管理的需要调整经营指标的计算方法。两类规则对指标计算的影响主要体现在利润指标上。不同的计算规则实质上体现为不同的经营导向。

（1）会计口径由于鼓励加快交付，可能会忽视当年经营结果；管理口径鼓励当期贡献，依当年实际收支得出年度利润。

假设某公司以年度利润作为考核和管理指标，会计口径的年度利润指标计算以交付为节点确认收入及对应的成本、费用和税金，在管理导向上鼓励加快交付而不看重当年的经营结果；管理口径的年度利润计算以当年实际发生的收入及对应的成本、费用和税金进行计算，鼓励当期贡献。

（2）以会计口径计算年度利润作为考核和管理指标具有一定的滞后性。

例如，当年的利润指标完成较好，不代表当年的开发和销售完成得更好，有可能是往年的利润结果在当年的结转。

（3）同样是管理口径，不同的收入和成本确认方法也会产生不同的经营导向。A、B、C三种不同的计算口径，如表3-1所示。

表3-1　三种不同的计算口径

计算口径	收入	成本
A	签约额	去化面积×单方可售成本
B	回款额	去化面积×单方可售成本
C	回款额	总成本×回款额/总货值

① 计算口径A：对回款的指标关注不足，有产生"假签约"的可能性。收入和成本较为匹配，但是未考虑回款节奏，以该方法进行利润考核时偏重签约指标的完成，为了完成考核指标，可能会产生假签约的情况。

② 计算口径B：年底开盘有可能降低利润指标，导致有些项目无意开盘。计算口径B与计算口径A的区别在于收入的确认方法，前者看重的是回款指标的达成。以计算口径B进行利润考核时，鼓励回款，但在某些极端情

况下会产生捂盘不卖的情况。比如在年底开盘的项目，只要完成签约，则去化面积所对应的成本将全部纳入利润测算，但是年底的签约额受银行放款的影响，回款比例较低，按照计算口径B进行利润测算，年底开盘相比于不开盘利润指标有可能不升反降。

③计算口径C：收入与成本匹配，但过度强调公平性，激励性不足。以当年的回款确认收入，以总成本乘以总货值的回款比例确认成本，收入和成本完全匹配，能规避计算口径A和B所产生的问题，但是该方法的考核激励相对中性，过度强调公平性，激励性不足。

一般建议以计算口径B作为计算规则，以计算口径C作为修正系数。

第二节　随机而动，经营计划的过程纠偏

如上文所述，考核版经营计划监控的核心在于经营分析（通过将多个项目经营监控的数据进行汇总，即可支撑公司级的经营监控与分析），及时发现经营指标的偏差并分析产生的原因，从而指导项目操盘方略的调整。

确保项目经营计划核心目标的实现，一靠管控，通过监管结果来及时进行纠偏；二靠激励，通过各种激励措施，实现自我驱动。新时代管理的基本逻辑是，从管控到赋能。赋能的核心就是释放员工的工作积极性，而释放员工的积极性，本质上是让员工为自己的事情负责，责权对等，从而更加主动地去协调资源，完成任务。

一、管控

1. 对项目现金流的管控

项目运营效率中最关键的是现金流效率。所有的运营动作都应围绕现金流把事情做到极致，做到精致。

现金流管控的重点是销售节奏控制，针对不同类型的项目制定不同的策略和节奏，控制开盘的规模、次数和时机。比如高周转项目首开要多，高利润项目要采取小步慢跑的开盘方式。通过首开实现现金流回正是规模型高周转企业的关键运营要求。因此大运营部门需要深入项目策划，从首开货量、产品占比、去化率、回款率要求等业务点着手，确保首开回款大于项目的资金峰值。销售节奏控制的关键是"以销定产"，围绕销售年度目标及月度安排保证项目节点达成，关注企业的供货达成率，促进销售和供货的供需匹配。"以销定产"的重点是做好"开工管控"。一些重要节点的延迟，都对会资金、利润产生很大影响。在实际执行中，某些标杆企业在调整项目关键节点时，强制性要求项目月度报告，项目负责人必须回顾项目核心指标，这无疑是对项目核心指标执行落实的保障。

现金流管控的具体方法是设定关键指标,如开盘时间、现金流回正时间、项目开发周期和销售周期等,并围绕指标的异常,进行供、销、存节奏调整。

所有供、销、存的变动都要反映到动态经营计划调整上。大运营部门首先需要站在项目核心指标实现的高度上,通过成本执行、进度执行、销售回款、资金计划执行等维度,制订全盘考虑问题的解决方案,防止"就事论事"。比如,项目进度与成本之间、价格与去化速度之间等两难权衡的问题。

2. 对项目收益的管控

为确保项目利润可控,需要建立动态利润管控体系,其核心是利润核心管控指标的纠偏。

核心管控指标一般以利润构成要素进行分解、归集,包括利润类、收入类、成本类、费用类、税金类,每一类都有相应的管控维度,管控维度下面细分为指标名称,辅以相应的管控工具、管控机制,并对应到主责部门。

具体展开的过程为:以利润核心指标偏差为切入点进行抽丝剥茧,找到纠偏的突破口;以各业务条线利润管控的相关动作为优化线索;以业务动作相关联的利润管控指标为优化节点;以现有利润管理工具与机制为优化结果的实现载体,完善既有的利润管控体系;通过优化后的利润管控体系解决利润偏差问题。房企要构建全周期思维模式,投资测算要将营销前置,并在拿地、开发、营销等环节建立预警机制,竭力压缩各项成本支出,确保既定的利润率不打折。

为了及时评估核心指标的偏差,一般会按季度或半年度进行动态全景模型回顾(包括销售、成本、进度、项目动态现金流和项目预计利润),分析项目已完成情况与目标情况的对比,对未来可能发生的情况进行预测,重点要对未售产品的售价波动、产品动态成本的变化、项目进度变化等维度进行利润影响评估。

除了按时间维度,也会按重要运营策略进行评估。例如,在市场下行期,通过以价换量来保证现金流。这时要根据市场情况对已售产品实现的利润、未售产品的定价、准备推出的优惠策略对利润的影响等因素进行分析,即为了保回款、保现金流牺牲了多少利润,要做到心中有数。

当项目预计利润跟方案版的目标利润出现负偏差或需要调整项目目标利润时,要将调整报告提交集团,对项目目标利润率进行调整决策,并形成项目后续执行的目标利润率控制基准,但原则上调整不应影响考核版经营计划的考核结果。

3. 根据外部市场变化,从集团层面进行策略调整

单项目经营计划管理是以项目效益为基础,以现金流为导向来管控地产业务经营目标的实现。在应对市场变化时,建立以现金流为导向的弹性计划体系,通过计划的保障措施和动态调整实现项目经营效益的最大化。

"胜败兵家事不期,卷土重来未可知。"在多项目应对市场情况时,大运营部门需要审时度势,因时而变,以全盘为重,以大局为重,不计较一时、一地之得失,从项目的弹性经营计划上升到集团层面的弹性大运营体系,关注各类城市和各类项目的现金流回正周期,保障资金投入能够产生合理的利润,站在全局角度

进行统筹和动态调节生产、供应、销售、库存之间的管理工作。

如果发现某项目的经营计划调整后，有可能导致集团年度经营目标失守，集团大运营部门就应挑选有潜力的项目，重新调整相关的供销计划，下发调整目标，并由地区公司按照新目标调整经营计划，改变原定开发节奏，提前开工或开盘以满足集团战略目标的需要。

如何在多项目之间找到管理的平衡，如何有效地衔接内部各条业务线，保障生产、销售、采购、资金的匹配平衡，掌握集团层面的经营和管理节奏，已经成为当前阶段企业经营管理面临的重要问题。

> **案例3-8** 某房企整个大盘都很清晰，大运营盯效益，效益反推货值管理和计划管理，什么时候多出货，什么时候少出货甚至延后到下一季度出货，也跟对市场的形势判断有关。大周期里有小周期，按年来说某城市的形势很好，但是在同年的某几个月，也可能会下行，因此大运营要有操盘的概念，对市场要有正确判断。比如回款多少钱，收支如何，要反馈到投资端拿地，形成一个闭环。
>
> 例如某集团企业在2011年进行了一次经营计划调整，把占据项目大量货值的重头资金先行收割，以空间换时间，结果在这轮抢跑中快速胜出，堪称经典案例。该集团企业一方面在北上广深等一线城市大幅度降价，在市场尚在观望中时，便快速去化回笼资金，实现现金为王；另一方面利用土地价格下调，借助回笼资金完成了近十个三四线城市的项目投资。这样一来，该集团当年度的净利润、净利率、IRR等指标几乎未受到调控和市场的影响，而新补充的项目将大幅度提升其未来两年的集团业绩。这就是泰禾的策略。

大运营部门要建立反向倒逼机制，以诊断企业现阶段有哪些业务问题，并有针对性地进行专项改进，制订相应方案，不断完善运营和业务标准与管理规范，以实时的经营结果倒逼业务部门的深度协同。大运营部门要站在经营者的角度，围绕既定目标，去协调和监控各职能部门的统筹分工，顺利实现项目开发，特别要避免一些部门掉入专业深井。很多人做的事情不但对核心指标没价值，反而影响了核心指标的达成。

二、赋能

学会用人、分钱是保证经营计划指标落地的关键。

考核激励主要是针对全周期的考核版经营计划的结果性考核，以及针对其年度切片的项目年度经营计划的过程性考核。在考核激励方式上，传统的考核激励更多是通过节点达成率来推进，但在新的阶段，更多企业构建了更有想象力、更为立体的激励措施，如股权激励、项目跟投、专项考核激励等，多层次激励体系互补，这些都需要通过大运营来进行统筹。

（一）通过专项激励引导员工对利润的关注

例如世茂集团只抓与经营结果相关的、符合高周转导向的指标，同时强调ROE、IRR和现金流转正的时间，重在考核资源转化能力，所有收入跟经营结果挂钩，只有当利润够高、周转够快、权益够大时，才能获得更高的奖金。这一考核方式反过来也会指导地区公司拿地，明确哪些地该拿哪些地不该拿，侧重权益金额而非流量金额。

1.有效的激励政策

纵向来看，根据经营计划确定的各项指标和关键节点进行有效的激励政策。

案例3-9 以某公司的目标利润分享方案为例，其设置了按期实现集团收回自有资金投入、按期达成项目净现金利润目标和该节点项目累计回款目标、按期实现项目销售达成率90%、按期实现目标利润后评估完成等四大分配节点。其中前三个为预发计提节点，最终根据结算或清算节点进行核算，核算时前期未完成的分配节点需按标准奖金扣减，不得弥补，如图3-3所示。

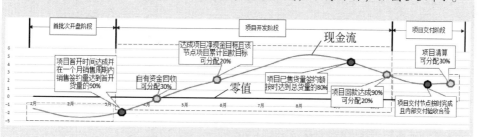

图3-3　某房企项目目标利润分阶段共享

在四大分配节点之外，可根据项目经营计划设置过程激励节点。过程激励设置节点原则上不超过2个节点，且与四大分配节点实现高度相关，同时使用额度不得超过相邻最近四大分配节点预估额度的30%。

2.不同的管理要求

横向来看，通过对各部门差异化的激励与约束，实现了项目价值链利润规划区和利润实现区的不同管理要求。

案例3-10 G企基于自身组织架构及管控模式特点，将激励对象细分为城市公司、集团投资发展部、集团设计部、集团其他部门四大主体，针对各主体设计了差异化的激励导向和激励方式，并将项目经营计划主要分为四个版本，分别是拿地版V1（投资评审会通过）、概念版V2（项目启动会通过）、方案版V3（方案评审会通过）以及最终的结算版V4（结算完成）。这样设置的目的主要是为了更好地匹配上述四大主体的管理要求，实行差异化的激励与约束。概括而言，可以称之为分类分段管理，如图3-4所示。

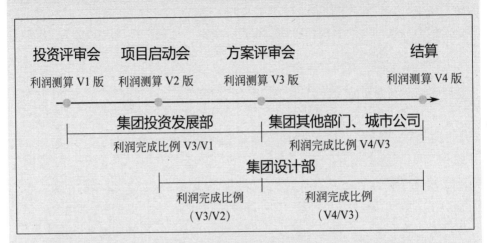

图3-4　某房企差异化激励方式

① 城市公司激励导向：做好利润实现区工作。针对城市公司而言，由于G企实行的是集团强管控模式，拿地权、方案决策权都在集团，城市公司主要负责方案后的实施，工作重点环节在利润实现区，在价值链中承担利润实现者的角色。因此，G企把方案评审会通过的测算利润作为城市公司管理的对象和目标，也作为其计提和考核的基准。城市公司利润奖金按方案评审会后报批过的项目净利润来跳点计提。

② 集团投资发展部激励导向：控制拿地风险，有效筛选高溢价、高利润项目。对于投资发展部门来说，激励目标最重要的就是要引导其控制拿地风险，有效筛选优质及高溢价项目。为了引导投资发展部积极拓展利润高的项目，同时准确衡量投资发展部的贡献，G企将方案版的测算利润作为投资发展部利润提成的基准值，多赚多得，如果测算利润小于0元，则无计提奖金。另外，为了保障前期测算的准确性及工作质量，防止可研工作不扎实所带来的决策风险，G企特别规定了相应的否决机制。如果方案审批会通过后测算的净利润与立项测算净利润比值小于90%，则提取金额为0元。

③ 集团设计部激励导向：提升产品溢价，做好前期利润规划。针对集团设计部而言，激励目标最重要的是引导其在方案环节尽可能挖掘项目价值点，提升产品力及溢价，因此其奖金按方案评审会后报批过的项目净利润来跳点计提。另外，为了保障前期投资收益指标的兑现及设计工作的前后衔接，突出利润约束，G企针对设计部门的奖金特意设了两道关卡：第一道关卡是在方案评审会通过后，如果测算的方案版V3利润与概念版V2利润比值低于90%，则取消该阶段奖金，如果大于90%，则按完成比例发放奖金；第

> 二道关卡是结算版V4利润与方案版V3利润比值不能低于90%，否则取消该阶段奖金，如果达标，则发放剩余的30%奖金。
>
> ④ 集团其他部门激励导向：引导做好项目建设阶段服务与纵向协同。针对集团其他部门而言，激励目标最重要的是引导其主动做好建设阶段的资源支持与服务，在项目遇到难点时能够提供资源与支持，帮助项目达成目标。为了实现这个目标，G企要求集团其他部门总奖金与各城市公司奖金总额挂钩，再乘以一定比例，通过这种捆绑的方式，反向要求集团做好过程支持与服务。

（二）通过将跟投收益与IRR挂钩，引导团队对现金流的关注

设计跟投制度的思路，就是将员工利益与项目发展结合在一起，关键在于项目一线员工的强制跟投，把员工变成跟投人与合伙人，凝结成一条心。跟投既能保证股东利益，又能激发员工的"老板意识"，共同参与经营，共享经营成果。

跟投制度对项目经营计划的保障作用至少体现在以下三个方面。

① 激发跟投员工的创业激情。正如业内人士坦言："这样的做法就是你眼光永远追着市场、客户等，一旦闻到肉味就能以最快的速度扑上，让员工拥有这样的嗅觉就是跟投机制。"通过利益绑定，过去是为别人打工，现在是为自己打工！让员工把项目当作创业的平台。当巨大的、快捷的、丰厚的多项目跟投收益兑现后，组织久违的活力被激发，员工冰封的激情被唤醒。国际知名投资人，软银集团董事长兼总裁孙正义一生投资了八百多家公司，有近一百家失败。他总结出决定成功与否的最大的因素就是领导人是否有激情，如果有激情就可以找到解决问题的所有方法，如果激情足够强烈，就可以吸引到任何人！他说："我投杨致远，是因为他让我感到他的每个细胞都在颤抖，我投马云是因为我看到他的眼睛里充满了火焰。"

② 促进深度协调。项目跟投，要将每一个管理动作，都转化为对"分钱"的预期。与股权激励不同，跟投制度强调"利益共享"，参投人员对于自身项目的回款率、利润率等均背负着一定的责任，甚至有亏钱的可能。因此，他们更像是一个"利益共同体"。所有人都开始从过去的局部思维转向站在项目收益、项目进度等更高的维度来看待问题、分析问题，并以此去评价和监督项目开发中每一个环节工作的好坏优劣。这时候，团队的战斗力就强了，凝聚力就更强了。这种组织内在的变化，也顺理成章地带来了项目在收益、进度、效率等方面的普遍优化和提升。万科集团董事长郁亮强调："万科过去盈利能力的提高，与合伙人机制有很大关联。员工都把项目当作自己的项目来看待，在费用的节约、控制方面比以往做得更好。"

③ 跟投制度还会进一步反向优化组织，甚至重新选举项目的总操盘手。万科早期的事业合伙人制度在南京分公司试点，此后，南京万科的新项目操盘不一定由工程出身的项目经理负责，而是让有能力的员工自组团队，从项目运营到产品

开发等环节安排时间节点,最终由项目跟投人投票决定新项目的操盘团队。

为充分发挥跟投对经营计划核心目标达成的保障作用,要"远而可知、近而可见"。

1. 通过对 IRR 的监控,实现"远而可知"

提及秦军,很多人第一时间想到的可能会是军功首级制度。正是这种军功首级制度让秦军成为了"虎狼",从而一统天下。军功爵法规定:无爵的士伍斩首一级就晋爵一级,想做官的可以做五十石之官(相当于伍长);斩首二级就晋爵二级,有资格做百石之官(相当于什长);当成为伍长时,会增加一个指标——全伍杀敌多过损失才记军功,杀敌和损失相当则无功无过,损失多于杀敌则集体有罪;当升迁到屯长和百将级别的指挥官时,自己得不到敌兵首级就要被斩首,而且个人斩首二十三级,也不能确保自己能晋爵。因为商君之法规定,百人队必须击败敌军并斩首三十三人以上,才能"盈论"(达到奖励条件),百将和屯长才能晋爵一级。

因此,设定简单明了的"盈论",对于项目考核而言至关重要。IRR 是项目回报质量的重要财务指标,能够把项目周期内的收益与其投资额相关联,充分体现项目收益率,相较于动态收益,可随时计算出来。某房企的观点是:通过对公司项目开发核心指标 IRR(内部收益率)、分期项目现金流状况的有效监测,实现对拿地阶段城市公司承诺的 IRR 指标实施阶段考核;通过跟投方案的有效实施,为项目开发节奏把握、核心指标把控提供有效的决策支持。

> **案例 3-11** 金地集团(以下简称"金地")和万科集团(以下简称"万科")对项目超额收益的分配机制值得行业借鉴。通过与项目 IRR 挂钩,让跟投人享有超额收益的同时,反向也要承担超额的责任。
>
> 金地将跟投人的收益和亏损与项目 IRR 密切挂钩,同等比例放大收益或承担亏损。当 IRR 超过 12% 时,按实际股权比例的 1.2 倍分配收益;当超过 18% 时,按 1.5 倍分配收益;当超过 25% 时,按 1.8 倍分配收益;反过来如项目出现亏损,则等比例承担亏损,如图 3-5 所示。
>
> 万科同样将超额收益的分配与项目 IRR 挂钩。在万科跟投制度的二次修订案中,设置了"门槛收益率"(IRR=10%)和"超额收益率"(IRR=25%)。超额收益率的具体核算可划分为以下三个区间。
>
> ① 当跟投项目内部收益率未达到门槛收益率时,要求优先保障股东门槛收益,跟投人劣后分红。
>
> ② 当跟投项目内部收益率高于门槛收益率但不高于超额收益率时,跟投人按出资比例分配收益。
>
> ③ 当跟投项目内部收益率高于超额收益率时,超额收益率以内对应的收益按出资比例分红,超额部分按 1.2 倍分红,如图 3-6 所示。通过这种分红机制的设计,激发跟投员工创造更大的项目收益。

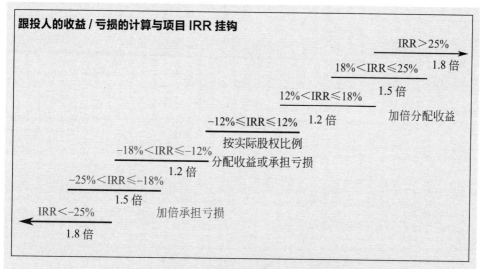

图3-5 金地集团IRR对跟投人收益/亏损的杠杆效应

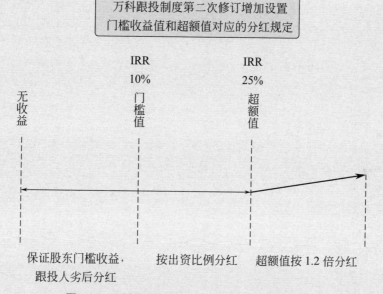

图3-6 万科集团超额收益分配的IRR杠杆效应

新城集团以IRR指标作为衡量跟投收益的核心指标[跟投收益=本金×$(1+IRR)^{跟投周期/12}$],充分发挥IRR指标对业务条线(如销售回款、成本支出、工程节点等)的牵引作用,带动项目团队主动进化与自我经营意识的觉醒。为了更好地支撑项目跟投体系,新城在内部进行了关于IRR的IT专项建设,每月定期发布各项目的动态IRR,并给各项目团队提供项目的实战模拟沙盘,实时动态地获取最新的经营信息,为项目团队的快速决策提供参考。

总体来讲，为避免项目做好做坏一个样，防止跟投人获取短期暴利，在收益分配机制的设计上要做到以下几点。

① 在分红比例方面，要明确界定分红权益的核算基准，通常依据项目资金峰值或项目股权。

② 明确界定分红条件和分红时点，分步返还红利，在分红环节堵住超高收益的漏洞。

③ 将项目超额收益与IRR挂钩，更加公平合理地分配项目收益，同时激发员工创造超额收益，避免项目亏损。

④ 在项目收益率未达到一定比例的情况下，可要求跟投人劣后分红。

2. 通过建立透明规范的信息化平台，实现"近而可见"

对于项目跟投团队而言，利润、现金流等指标的"可知、可控、可预测"能够倒逼每个业务板块提速，变得更高效。因此，可以结合项目经营计划管理，及时对参与跟投的员工进行跟投项目的信息披露。

案例3-12 透明、公开、可视、可实时查询的跟投系统，让跟投人更信任

以赛普管理咨询公司（以下简称"赛普"）为某房企设计的跟投合伙人系统为例，其跟投系统就在集团官网OA的跟投模块中。在跟投项目募集资金前，员工就能看到各个区域拿出的各个项目的情况，点开之后，员工会清晰地看到这个项目的关键信息。系统上有项目的关键文件，因此不仅项目规划方案是公开的，而且现金流量和利润规划都是公开的。员工可以在查看和评估后再判断是否去跟投。

在跟投之后，后期系统会显示预期销售价格、关键的资金节点、募集时间、现金流回正时间、开盘时间以及项目结算时间等。同时，跟投个人，在跟投系统中，能够查到资金、认购比例和分配金额，在第一次开盘项目现金流回正后即可返回。

信息化平台让跟投更透明。整个跟投，从头到尾都是透明的、实时可查的，这就增加了跟投这套机制的可信任度。

总之，只有将目标与奖励结果进行绑定，把组织目标切换为个人奋斗目标，才会避免"你有张良计，我有过墙梯"，才会唤醒个人的内在驱动力，才会在面对困境时，激发项目团队向死而生的勇气。

正如《道德经》所说："善结，无绳约而不可解。"用"道"约束人，即使不用严格的管理制度和严厉的制裁手段，也没有人会违背。自我约束比他人约束更为有效。

中篇

第四章 04
为ROE加油

净资产收益率（ROE）是衡量一家房企是否优质的最基本标准。万科认为，ROE水平的持续稳定甚至上升，比静态的净利率指标更加全面。

根据杜邦分析公式（ROE=净利润率×权益乘数×周转率）来看，ROE实际上是综合代表3种不同能力的指标，分别是经营能力、杠杆能力和运营能力。这三种能力并不是并列关系，而是动态演进的关系。

这三种能力是对ROE的第一步拆分，通过进一步分解ROE可以得到以ROE为核心的指标体系，并可将指标落实到各业务条线中。协同所有资源、运用一切手段来提高ROE，可做到开源节流、高周转，做好融资和合作开发，通过加快现金流回正实现快速规模化发展。

一、从横向上看，需要不断提升经营能力、融资能力与运营能力

（一）经营能力的再拆分，体现为毛利润率、净利润率和期间费用率三个指标

其中，毛利润率体现了房企在价值链中的议价能力，期间费用率体现了房企的费用管控能力，而净利润率则体现了上述两种能力的综合经营能力。行业平均利润率不断下降是一个大趋势，正的销售利润率将成为房企的生死线，而不是优势点。

利润率水平是影响我国房企ROE的最大因子。我国房企ROE在2009年之前体现为利润驱动，而在2009~2014年进入杠杆和周转驱动时代，自2014年以来的房地产周期中，房价上涨和成本控制成为利润驱动的又一因素。

龙头房企的ROE和行业呈现同向波动，但是界线更为鲜明。周转速度、品牌溢价、管控效率推动龙头房企的ROE和行业平均水平的差距扩大。例如，在

2009～2011年这一阶段，龙头房企的毛利润率和周转率与行业平均水平几乎持平（领先不到1%），主要依靠超过行业平均规模的杠杆水平提升盈利水平；随后从2011年开始，行业资产负债率开始提升，龙头房企加杠杆效益开始减弱，这一阶段龙头房企主要通过加高周转和提升周转规模来扩大盈利水平；直到2014年，龙头房企的利润水平开始超过行业平均水平，在这一阶段，更强的品牌溢价和管理效率以及快速提升的净利润率是拉开龙头房企和行业平均水平的主要因素。

随着行业集中度的提升，龙头房企将具有更强大的利润管控能力。

1. 相对更强大的拿地能力

在土地端的竞争是房企对一个行业的战略远见、资源禀赋、协作和并购才能的集中体现。

拿地门槛提高，利好资金雄厚的龙头房企。一方面，地价大幅上涨，房企卡位热点城市推高地价，拿地成本大幅提升。2015～2017年，一二三线城市成交楼面均价分别上涨31.4%、103.9%和92.5%，叠加融资环境持续收紧，中小房企拿地难度大幅提升。另一方面土地调控升级，自2016年4月以来，为抑制地价过快上涨，热点城市陆续出台土地调控措施，从土地出让方式、资金来源、保证金及付款期限、预售管理等多方面进行限制。此外，龙头房企"强强联合"获取优质项目，中小房企拿地空间进一步缩小。即使是在特定区域有拿地优势的中小房企，由于产品、融资等能力有限，独立开发获利难度提升、风险加大，开始寻求与大房企合作开发或直接转让项目获利。

房地产调控从全国"一刀切"转向"因城施策"，市场行情区域轮动显著、周期拉长。"因城施策"导致区域分化加剧，布局广的全国型房企抗风险能力更强，并可通过合理安排区域间货量，保持销售规模持续增长。此外，精准投资能力也使得大房企拿错地的概率要小。大房企一年成交100多块地，背后是拍了10倍，1000块地，看了10000块地，对市场的敏锐度一定会强。大房企本身的销售就代表着市场，它可以从自己的楼盘里面预测出市场的变化。大房企一年可能拍错20块地，一年买200块地，错误率为10%，从20块地总结出来的经验教训已经非常多了。

2. 相对更低的采购成本

虽然建安成本对于战略布局聚焦于核心城市圈的房企来说，占比不算高，但集中度的提升会带来房企规模的增长，其规模化、集团化的采购模式能够降低建安成本，使议价能力推动毛利率企稳。大房企通过统一招标、集中采购的标准化运营模式，亦能大幅提高管理效率。

3. 相对更低的融资成本和更为便利的融资渠道

相对于中小房企而言，龙头房企凭借规模优势在融资方面具有明显的比较优势。在同样的融资困局下，规模房企相对于中小房企而言，在融资渠道上更加多元，拥有更多的融资便利。且在当前规模为王的背景下，较高的市场占有率对于企业的融资渠道、授信额度和融资成本均有着明显的正向反馈。

4. 相对更优秀的销管费率管控能力

通过股权激励、员工持股、跟投制度、合伙人制度等绑定员工和公司的利益，抑或是在业务流程上，压缩管理层级，推行标准化流程等方式调高单位人均产出，节约管理成本。向管理要利润已成为当前房企的共识。但在规模效应下，各个房企的销管费率差距进一步拉大。在2018年销售排名前100的A股上市房企中，前10强上半年的平均管理费用率、销售费用率分别为4.12%和2.56%，远低于后十位的7.1%和3.53%。

5. 品牌溢价对边际利润提升的贡献较大

品牌和产品能带来溢价，提高土地的附加值。品牌及产品的知名度越高，无形资产的盈利能力就越强，进而带动净资产溢价率的上扬。首先，龙头房企在激烈的竞争中保持着高于行业平均的利润水平，本身已具备在控制成本费用的前提下将产品品质最优化的能力，因而其产品品质相对于其他中小型房企而言更加稳定且优异；其次，龙头房企具备较高的市场占有率和城市渗透率，客户基础广泛，较高的产品品质将通过口碑相传，品牌知名度得到提升，同时，消费者对产品认可度的增加，也将带来溢价。

6. 表外的股权杠杆在收购兼并等因素的驱动下持续提升

随着中小企业加速退出，龙头房企通过收购兼并、小股操盘、合作开发等方式，稀释权益占比，做大流量，采用少量股权撬动更多房地产项目，扩大经营并赚取超额收益，这是龙头房企品牌效应与管理输出的结果。以万科为例，其小股操盘模式持有项目较低股权，但全权经营管理该项目，其他持股方均不干预项目的经营管理。通过这种模式，万科以较低的股权撬动了更多资金，并将杠杆转移到表外。从财务指标来看，由于采用合作开发和小股操盘模式，万科的少数股东权益占比不断提升，损益占比和投资收益占比则由于利润结转而有所滞后。

需要说明的是，股权杠杆体现为股权乘数和利润系数两个指标，以及两者相乘得到的综合系数。股权乘数即为全口径所有者权益与归属母公司股东的所有者权益的比值，而利润系数则为归属母公司股东的净利润与全口径净利润的比值。这两个指标分别反映了房企在股权合作方面的积极性，以及利润被股权合作方稀释的程度。

通过轻资产模式，降低净资产规模，有效减少资金风险，实现轻资产化；通过经营杠杆替代财务杠杆，提高财务安全性；通过扩大市场份额，摆脱对股权融资的依赖，最终带来净利润率和权益乘数的双提升，已然成为改善ROE的较佳路径。

案例4-1 轻资产模式的初衷是用最少的资金撬动最大的资源，关键在于资本乘数形成方式的变革。

资本乘数在房地产开发中一直较高，由传统的"借得多、欠得多"而形成的财务杠杆，需要寻求新的替代方式。因此，通过资本金融化形成资本杠杆，并通过对超预期利润的超比例分配，用资本杠杆和经营杠杆，部分替代原有的通过借款和欠款形成的财务杠杆，是房企转型的趋势。房企越来越多地扮演有限合伙制方式中类似GP（普通合伙人）的角色，即所谓"小股操盘"或"代建"的轻资产模式。

轻资产运营模式的核心竞争力，一般集中在品牌、商誉、知识产权、管理体系和产品服务等无形资产上。"轻资产"运营通过攫取品牌和管理输出的"超额利润"，实现净利润率和权益乘数的双提升，从而提高ROE水平；通过经营杠杆的增加，对冲财务杠杆的减少。新的轻资产模式提高了财务安全性，在不同环节获取收益，并使收益更稳定。

（二）杠杆能力的再拆分，体现为资产负债率、有息负债率、净负债率和无息负债率四个指标

其中，资产负债率体现了房企的综合融资能力，无息负债率体现了房企占用上下游企业资金的能力，而有息负债率和净负债率则体现了房企主动筹措有息负债的能力。一般来说，如果对无息负债运用得当，会减少对有息负债的筹措压力。

通过加杠杆来快速提升ROE的边际效应明显。某种程度上而言，在过去的十年里，"负债率"这个指标测试的不是地产公司的健康状况，而是一个房企把握时代脉搏与命运机会的能力。

但伴随着行业内集中度的提升和房企之间的分化，行业整体杠杆水平在持续增长，继续加杠杆固然对权益乘数的边际影响更大，但在其资本结构中的负债比例已是历史最高。

从成本上看，随着融资渠道的收紧和融资成本的上行，房企融资难度正在加大。在大量的债务到期压力之下，房企的资金链将受到考验，叠加行业继续保持调控政策，在一个现金流备受考验，还款压力巨大的时点，形格势禁，整体行业继续加杠杆的空间不大。

相反，在去杠杆的坏境下，表内的负债杠杆，未来或将呈现下降趋势，尤其是有息负债以及与之相关的净负债率。事实上，以高杠杆为特点的部分房企，近年来纷纷提出去杠杆的计划，通过降负债、控成本等多重方式，努力实现从保规模到保效益的转变。例如恒大提出，向"三低一高"转型，即低负债、低杠杆、低成本、高利润。2008～2018年，恒大在"负债率"这个单一核心指标上的数据翻转，对很多地产从业者而言，是一次重要的地产启蒙课。

过去已去，未来已来，可以预见，高资产周转率和低杠杆的开发商将会成为行业领头羊。

（三）运营能力的再拆分，体现为总资产周转率和存货周转率两个指标

其中，总资产周转率体现了房企总资产的运转效率，而存货作为房企的核心资产，其周转率也非常重要。从资产结构来看，房企以流动资产为主，占比约为85%，而存货和现金又占据了流动资产的主要比重，大约为60%。高运营效率造就高存货周转率，运营效率更多体现为同等条件下其存货周转率的高低。

对于单一企业而言，即使能够提升净利润率水平，但是行业整体利润率水平是处于下降趋势的，且不可逆转，上升空间不大。权益乘数上，行业在去杠杆，金融监管也越来越严，所以权益乘数也受到较大的抑制。因此大部分企业将重心放在内部资产周转率指标的提升上，向运营要效益，由"天赐"利润转为"内生"利润。

管理变革、标准化、跟投机制推进，是2011年以来周转率回升的驱动力。运营提升效率，效率推动利润已成为行业共识。

为了充分提升效率、控制成本，房企开始在管理体制和激励机制方面做出大胆的改革。房企开始推行三级区域架构，将权力下放，扁平化管理层级，同时配套跟投机制的出台，将项目、区域和总部三层管理人员绑定，加快业务运营流程和决策速度。同时，通过标准化、快速开盘、快速销售等手段提高周转率，使得ROE有较大提升，抵消了由于限价政策导致毛利润率和净利润率下滑对ROE的负面影响。大房企操盘能力强，去化和周转速度更快，从拿地、策划定位、产品设计、施工建设、开盘销售到物业管理均已形成完整的运营体系，项目间可复制性强，去化和周转速度快，可及时应对市场环境变化。

房地产企业的核心竞争力转为提升运营能力实现高周转，从财务指标上体现为开盘周期加快、资产周转率提升和存货周转率提升。

在限价和高地价让房企难以追求单一项目的销售净利润率，高杠杆又受限的背景下，房企要不断提升收益能力，高周转是必然且最佳的选项。例如，从ROE角度来看，资产周转率对碧桂园收益的贡献度超过其他同级别的一些房企。以2017年为例，在4家知名房企中，尽管碧桂园的权益乘数即财务杠杆并不高，但它的ROE排名却居第二位，这与它的资产周转率排名第一是分不开的。

二、从纵向上看，时代变迁，核心竞争力在ROE中切换

1.房企成长三步走：先立足、再做大、再做强

（1）第一步：出身优质、领先的利润率驱动ROE

房地产企业成长的第一步是争立足，攘外必先安内，一方面要建立稳固的大本营；另一方面要形成领先的利润率。

从历史上看，成功的房地产企业均起步于经济发达、人口流入和需求旺盛的城市，并在当地众多房地产企业中脱颖而出。例如，深圳的万科、招商、金地，广州的保利、恒大、碧桂园，上海的绿地。优秀的起家之地意味着坚实的大本营，房地产企业必须在家乡建立绝对的竞争优势，才有对外扩张的资本和实力。

考察指标：城市能级、市场规模、市场占有率，如图4-1所示。

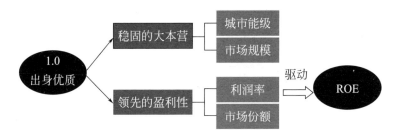

图4-1　出身优质，领先的利润率驱动ROE

（2）第二步：规模筑基，资金的"三高"运转驱动ROE

房地产企业成长的第二步是扩规模，一方面需要资金的投融能力保驾护航；另一方面需要稳步的区域战略为投资导航。

优秀的大本营建立后，房企进入对外扩张阶段，一方面需要资金，另一方面需要明确资金投向哪里，分别是融资能力和投资能力的体现。在融资能力方面体现为高聚焦、高杠杆和高周转，在投资能力方面体现为对人口流动和需求变化的把握。

考察指标：业务聚焦度、杠杆率、周转率、单城产值、区域集中度、城市数量，如图4-2所示。

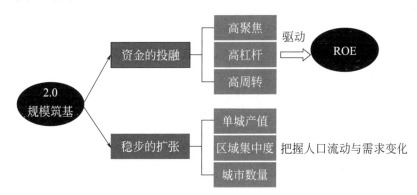

图4-2　规模筑基，资金的"三高"运转驱动ROE

（3）第三步：全面赶超，高效的管理机制驱动ROE

房地产企业成长的第三步是全面赶超，通过高效的管理机制，从毛利率、净利率、杠杆率和周转率各方面驱动ROE。

房地产企业在形成一定规模之后，更进一步需要的是全面提升，而方法是高效的管理机制，如品牌建设、成本管控、融资能力、组织扁平化、管理标准化等，并将领先的激励机制贯穿整个管理机制，如图4-3所示。

2. 前阶段为后阶段做铺垫，各阶段竞争力不可跨越

企业的成长需要先立足、再做大、再做强，第一步的发展为第二步的规模扩张积累了经验，而第二步的规模扩张为第三步的存活发展奠定了基础。

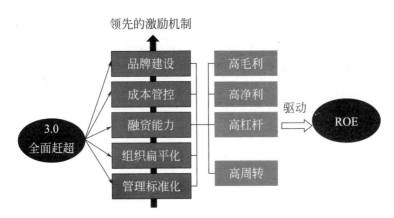

图4-3 全面赶超，高效的管理机制驱动ROE

前一时代的核心竞争力照搬到后一时代将注定失效，而后一时代的核心竞争力提前到前一时代也将无用武之地。从标杆企业的ROE变迁来看，也验证了这一点。2010年，龙头房企的平均ROE水平比行业平均水平高2.1%，但到了2016年，这个数字提升到了5.0%。龙头房企的ROE水平和行业平均水平的差距在拉大。龙头房企ROE水平超越行业平均水平的原因主要在于不同阶段的相对优势。

3. 越往后越考察综合能力，最后变为全面直接比拼

在过去相当长的一段时期内，大部分时段是房地产行业的快速发展期，是大、中、小房企同台共舞的时代，市场空间足够大，因此各家房企之间的竞争并不明显，基本上在各自的发展空间内自由生长。

但随着行业空间收窄、竞争日益激烈，房地产已经告别粗放式发展，进入精细化管理时代。竞争加剧的直接后果就是小型房企率先被淘汰出局。类似"大鱼吃小鱼"的兼并收购频发，其背后的原因在于大型房企积累的管理优势（主要包括成本优势、溢价优势和速度优势）相互叠加，对中小房企形成了强大的竞争优势，推动其加速退出市场竞争。随着对上游土地、下游客户的激烈争夺时代的到来，未来将进入大中型房企竞争时代。

行业进入21世纪，竞争将直接而且激烈，ROE的全面直接比拼即将开启。大中型房企之间的竞争仍将从ROE的三个维度展开，高效的管理模式是绩效全面提升的驱动力，核心竞争力将回归于产品和管理；大型房企之间的竞争仍将从规模、速度和利润率三个方面展开，以更大、更快、更高为管理目标，全方面建立ROE的领先优势。房企未来竞争力的比拼仍然需要关注杠杆与周转速度。

4. 追赶者须更积极方能逆袭，因而也更加困难

地产行业毫无疑问地具备先发优势，一步领先将步步领先。

地产行业领导者万科即为其中典范。自2005年以来，万科长期领跑地产销售榜，连续9年位居销售额排名第一，连续12年位居前2名。可以说，万科当年率

先开展的专业化、标准化、区域聚焦、高杠杆、高周转等一系列领先性战略为其长期领跑奠定了坚实基础。

房地产行业围绕土地开展业务，决定了先入为主的领先优势，导致近十年来销售榜前十名的阵容变化不大。万科、绿地、保利、中海等最先一批在全国范围内一二线发达城市开疆拓土的房企率先建立了区域竞争优势，为后起之秀的追赶者制造了天然的竞争壁垒。

房地产市场进入整合期，竞争愈加激烈和直接，逆袭难度加大，第一梯队是最大受益者。未来的竞争将从品牌建设、成本管控、融资能力、组织扁平化、管理标准化等多个方面展开，任何一方面的短板对于这一梯队的房企都有可能造成巨大影响。

由于任何企业都不能跨越之前的三个阶段进行成长，因此新进入者或者追赶者在行业即将进入新时期时的准备时间必然不足，不能够给第一梯队的企业形成压力。这就意味着对于追赶者而言，逆袭需要付出更积极的努力方能成功。

"悟已往之不谏，知来者之可追。"从第二梯队向上突破需要在管理方面进行全面积极的变革：第二梯队要在达到一定规模的基础上，通过激励机制驱动企业进一步发展，如合伙人制、跟投机制等；另外在组织架构调整、人员选聘培养等方面也要有所突破。

从第三梯队向上突破机会相对更多，主要看房企的大本营，以及资本运作层面的"三高"运转。第三梯队的大本营非常重要，其深耕城市或城市群长期发展向好是前提条件，还需要积极运用资本运作，将成熟的产品体系对外扩张。

三、ROE指标为大运营提供了新的管控思路

（一）ROE指标是业财融合的沟通桥梁

ROE指标作为核心的财务指标，是典型的利用财务指标之间的关系对企业进行综合分析的方法。它通过财务指标的内在联系，系统、综合地分析企业的盈利水平，具有很鲜明的层次结构；通过对核心指标的层层分解，深挖背后的业务逻辑，将最底层的指标达成作为运营的过程，从而将被动式的考核结果转化为主动式的过程把控。

以提高销售收入为例，增加销售额需要货值去化，但货值去化的速度跟营销的蓄客程度、样板间示范区的展示效果以及公司的品牌形象等因素相关，因此要从定位阶段参与，从营销口监控。比如对设计的考核：户型的升级、设计成本的管控，并结合客户研究，砍掉不敏感或敏感度较低的隐性成本；若售价无法提升，如何降低配置保证预期利润；若提高配置，提高多少售价能覆盖成本增加等。营销的管控包括营销费用的管控、对去化速度的管控。例如当货值不够时，提高售价；若开盘时间延后，提高多少售价能弥补利息损失；若能接受流量下降，价格提高的极限需达到多少等。

（二）积极思考提升ROE的驱动因素，打造差异化竞争优势

不同的企业应该走不同的发展路径。例如，用"多快好省"来形容中小房企未来的发展路径可能比较贴切。具体而言，"多"就是多拿小幅优质地块，少拿高价大幅地块，这样拿地数量会多一点，体量小的项目更容易去库存，也更容易把控投资风险，避免一块"地王"拖累整个企业发展的情况出现。"多"也可以理解为多找合作伙伴；"快"是指积极做高周转，要做到弯道超车，显然需要此类房企积极把握很多新内容，比如，拿地后快速获得预售证和回笼资金；"好"是指规模扩张与品质兼顾，这是企业成长中做到以服务和品质取胜的关键；"省"则是积极把控成本，尤其是扩张中需要严格进行成本把控，进而实现现金流的最大充裕程度。

（三）对标标杆房企，以ROE为核心，建立科学的财务指标分析体系

财务比率毕竟不是简单算术，如果对比率的分析不能促进对企业经营更深入的理解，不能促进管理层做出更合理的决策，那么比率本身将没有任何意义。

受房地产商品特性和监管政策影响，房地产开发企业与其他企业相比，在经营上呈现出开发周期长、前期投入大、实行预售制度、合作开发普遍等特点。这些经营特点也决定了在对房地产企业进行财务分析的时候，在财务和经营指标的选取上与其他企业有较大的区别。

> **案例4-2** 以存货周转率为例，存货周转率代表了公司在存货上每一单位资金占用所支撑的业务规模，因此越高的存货周转率意味着资金的使用效率就越高。但是用此指标衡量房企的运营效率有一定局限性，还需要寻找替代指标。
>
> ① 房地产企业资产以存货为主，但由于房地产企业开发周期较长，当期结转的营业成本主要对应以往年度的存货资金投入，周转效率的变动情况较为滞后。比如2016年房地产市场强势回暖，但当年结转的营业成本和存货可能大部分为2015年出售的项目，故房企存货实际周转大幅好转，但未体现在衡量指标的变动上。
>
> ② 房地产存货的主要构成包含开发成本、开发商品，其中土地成本占比较高。如果当年房企大量购置土地，则存货余额异常增长会影响当年的存货周转指标，造成存货周转率下降的表象。但土地储备尤其是优质土地储备，是房企未来发展的重要基本条件，所以存货周转率的暂时下降不一定为不利变动。
>
> ③ 房地产项目的销售时点为取得预售证以后，由于各地预售条件不尽相同，从存货结构上看，开发产品的期末余额代表企业沉淀的现房资产规模，开发成本为在建尚未竣工的项目资产（但也有可能已经取得预售资格），因此存货总额的周转率要比房企真实可售项目的周转率低。

1. 对核心指标ROE的修正

（1）ROIC（资本回报率）指标

在考虑到借贷资金的情况下，可以引入ROIC（资本回报率）指标。

首先，净资产收益率主要衡量股东投资资本的盈利能力，但净利润的产生不仅依靠股东的投入资本，还包括债权人的借贷资金，分子、分母逻辑联系性较低；其次，企业运用杠杆可以提高净资产收益率，和企业财务的杠杆同样是正比例关系，即财务杠杆越高，ROE越高。但借入资金过多则会导致较高的财务风险，房地产行业资金杠杆较高，所以在对标时，该项指标并不能客观反映企业整体投入资本的回报水平，因此，可以引入ROIC指标。

ROIC=EBIT（1-税率）/（有息负债+权益），该项指标反映的是企业投入资本的收益水平，其中的投入资本既包括股东权益，也包括企业的有息负债，同样，指标值越高，说明带来的收益越高。ROIC指标把负债和权益放在一个彼此相当的位置上，能更准确地反映企业绩效与占用资源之间的关系。

（2）自有资金

考虑到合作较多时，有的企业考核在公式里加入自有资金。

$$净资产收益率（ROE）= \frac{销售额}{总资产} \times \frac{自有资金创造的净利润}{销售额} \times \frac{总资产}{自有资金}$$

【注】 在对标其他企业时，应将销售额分成合约销售额（流量金额）、权益金额（合约销售额×权益份额）。

流量金额可以理解为开发项目所有参股房企均可以100%将销售额计入自己业绩口径下的金额，无论是否操盘并表，均将销售额100%计入，会有大量重复数据（合作开发项目众多）。

随着房企小股操盘、合作及代建项目不断增多，权益占比下降将成为趋势。与合约销售额相比，权益销售额能更真实地反映房企的资金运用和战略把控水平，销售权益比例越高的企业，销售回款率往往越高，而且比较稳定。这是因为，权益销售金额反映的是房企项目实际所占股权的比例，一般持股50%以上的项目才可纳入合并范围，项目销售产生的回款才可以计入报表。

权益销售比例越高，实际销售的金额越高，实际回笼的资金也就越多。这也是对于部分权益占比较低的房企而言，虽然销售金额高但回款率低的重要原因。

（3）单项目变通计算ROE

公式1：

$$ROE = \frac{净利润}{股东权益} = \frac{净利润}{自有资金投入均值 \times 自有资金回正周期}$$

其中,股东权益即自有资金投入,体现了自有资金获取净收益的能力,用于衡量公司运用自有资金的效率。

例如,某项目预计收入1亿元,净利润率为10%,平均资金需求为含税总投资的50%,自有资金投入和融资各占一半,拿地1年半自有资金回流,拿地2年项目结束,则 $ROE = 10^8 \times 10\% / (10^8 \times 90\% \times 0.5 \times 0.5 \times 1.5) = 29.6\%$。

公式2:

ROE权益利润率(年化) = 自有资金周转率 × 权益乘数(杠杆率) × 地货比 × 土地当年转化率 × 当年销供比 × 息税后净利润率

在此模型里,股东权益利润率与自有资金周转率、杠杆率、地货比、土地当年转化率、当年销供比、息税后净利润率六个维度相关,提高权益利润率可在这六个维度下功夫,形成自己投资的核心竞争力。这六个维度涉及规模成长、现金流安全、市场定位、城市准入等多个决策要点。只要充分研究企业自身资源禀赋,就不难制定企业发展战略。

2. 运营能力指标的修正

(1)存货周转率

以"当年的营业成本/两年前的存货"来计算存货周转率。这是对传统的存货周转率指标的一种修正。与当年末相比,两年前的存货与当年的开发成本相关性更强。

(2)运营效率

用净存货周转率考量其运营效率。净存货周转率是反映地产企业运营效率的结果指标。该指标类似于存货周转率,只是由于地产企业预售业务的特殊性,需要在扣除预收账款之后,计算其净存货周转率。

$$净存货周转率 = \frac{营业成本}{\{[期初存货 - 期初预收账款 \times (1 - 毛利率)] + [期末存货 - 期末预收账款 \times (1 - 毛利率)]\} \times 0.5}$$

(3)存货与平均预收账款

预收账款为房地产预售取得的款项,采用期初和期末余额的平均值可在一定程度上平滑房地产周期的波动。

期末存货为期末时点剩余的未结转房地产项目价值,指标衡量以本期的预收规模计算剩余货值的出清周期,指标越小,说明存货的去化压力越小。但需注意如果房企处于转型期,该指标会因为房企存货价值增长减缓而变小。由于房企转型面临一定的不确定性,因此该指标潜在风险增加。

此外，部分企业年末业绩需要提前结转为营业收入，故分母平均预收账款可能偏小，从而高估了存货周转效率。

同样思路，可用经营性现金流回款代替主营业务收入和平均流动资产，来观察房地产企业的资金运用效率。

（4）销售回款率

销售回款率指累计销售回款/累计销售金额。可以采用的计算口径为"销售商品、提供劳务收到的现金或销售金额"。由于分子的口径为并表口径，而分母的口径为全口径，因此，随着合作开发项目的增多，两者口径差异也越来越大。

3.盈利能力指标的修正

（1）毛利率

由于房地产企业收入及成本的确认滞后于当期销售，因此毛利率反映的是之前销售项目的盈利能力，有一定的滞后性，但近几年毛利率水平处于行业的位置和趋势仍有一定参考性。

（2）安全边际

该指标衡量的是房企销售均价对楼面地价的覆盖程度。由于地价在房价中的比例很高，因此该指标可以作为毛利率的验证指标。

在面临市场波动的情况时，较高的安全边际意味着相对较好的抗跌价空间及运营灵活性，是企业综合竞争力的体现。需要注意的是，每个项目投入的土地因企业及区域分布不同会表现出很大差异，故如果资料可得，可以通过测算单个项目售价与土地楼面价的比来筛查安全边际较差的风险项目。考虑到一般房地产企业尤其是规模房企在手项目数量很多，我们以拿地后一年时间进行预售来简化，用"当年销售均价/上一年拿地楼面均价"指标来进行整体考量，以横向比较房企间项目的盈利能力。

具体案例中，公开资料可能无法获取房企上一年的拿地楼面均价，有的只披露当年新增土地储备拿地均价，故可以用上一年新增土地储备楼面均价近似替代年末楼面均价。

（3）期间费用率

在和其他房企进行对比时，有时公司的销售费用和管理费用增长超过了同期的销售额增长，这并不代表公司管理水平的下降，其背后的原因可能是公司战略导致的阶段性增加。例如由于开发规模增大，布局变得更为分散，企业需要进一步扩大管理半径，在更多城市设立区域公司和城市分公司。

期间费用包含销售费用、管理费用和财务费用。销售费用为当期费用支出，但营业收入为结转以前期间的销售，期间对应关系不强；财务费用为费用化的财务利息，但房地产企业利息大部分资本化，资本化利率仍需要在当期支出，财务费用较难反映出房企当期的真实财务负担水平。近几年的期间费用率水平所处的行业位置和趋势反映了房企的费用控制能力。

4. 杠杆能力指标的修正

（1）净负债率

$$\text{净负债率} = \frac{\text{带息负债} - \text{货币资金}}{\text{所有者权益}}$$

其中，带息负债选取的是短期借款、一年内到期的长期借款、长期借款、应付票据和应付债券之和。

预售制度导致房企预收账款较多，小股操盘模式、非标融资等融资模式隐藏了企业真实的负债水平。考虑到房企特殊的经营情况，传统资产负债率（即便指标的分子、分母中均减去不负有偿还义务的预收账款）并不适合评估房企真实的负债状况，更多的是使用净负债率来衡量房企真实的负债压力，并反映房企资金链安全状况和杠杆使用情况。

（2）现金短债比率

现金短债比率有别于净负债率，是衡量企业短期偿债能力的重要指标，反映企业某一时点的现金流压力及安全性。现金短债比率包括两种计算方式。

公式1：

$$\text{现金短债比率} = \frac{\text{现金类资产}}{\text{年末短期债务}}$$

短期债务主要用于补充流动性，在债务偿付时具有较强的刚性以及时间要求，因此我们从流动性最强的现金类资产对短期债务的覆盖角度来衡量短期债务的即时偿付能力。

公式2：

$$\text{现金短债比率} = \frac{\text{年经营现金净流量}}{\text{年末短期负债}}$$

该公式不同于公式1，从某一时点考察企业短期偿债能力，而是从期间的角度，以期间现金流量来反映企业当期偿付短期负债的能力。一般来说，该指标数值大于1，表明企业偿还短期债务能力得到有效保证；指标数值越大，表明企业经营活动所产生的现金净流量越多，即短期还债能力越佳。但也并非越大越好，若指标数值过大，则表明企业流动资金利用不充分，可能会出现资金闲置的现象，表明企业盈利能力有待加强。

【注】 房企的短债主要包括短期借款、应付票据和一年内到期的长期借款三项指标。2012～2017年三项指标占短债的比例基本稳定，短期借款占短债的比例介于60%～70%之间，一年内到期的长期借款在30%左右浮动，应付票据占比最少，据此可知，对企业短期偿债能力影响比较显著的因素是短

期借款指标。

在衡量短期负债时，不仅要考虑到资产负债表中的显性负债，还要关注房企表外的隐性负债。当然一些企业明股实债的债务形式也将影响其真实的负债率。

除了有息负债具有还本付息压力外，公司所有者权益中的其他权益工具可能是信托、资管公司等发放的可续期委托贷款，也存在一定的还本付息压力，合并报表范围内的少数股东权益也可能是附加回购条件的信托、资管计划等"明股实债"。虽然"明股实债"等隐性负债有助于优化公司财务报表，增强表内融资能力，但高成本的融资仍然推高了企业的财务风险。因此，除了关注公司报表中显性的有息负债结构外，还需要关注公司的隐性负债规模，将其显性化来看公司的财务风险情况。隐性负债规模较大的房企相应的风险也更高。

对外担保也会给企业带来或有负债。若被担保对象出现不能偿付债务的情形，提供担保的企业就存在代偿风险，同时在提供担保时，通常还需要提供抵质押资产，从而降低了企业资产的流动性。公司对外担保规模越大，意味着公司或有债务负担越重，发生代偿的可能性就越大，可通过对外担保余额在公司净资产中的占比，即担保比率进行定量化评价。

（3）现金利息保障倍数

分母为经营活动现金净流量+现金利息支出+付现所得税，为现金流化的EBITDA（税息折旧及摊销前利润）；而分子也采用了利息的实际现金支出，弥补了EBITDA利息保障倍数利润和现金流不匹配的缺陷。

在现金流量表中，利息的现金支出体现在筹资活动现金流出项下的分配股利、利润或偿付利息支付的现金中，不能得到单独的付现利息支出数据；同样，付现所得税体现在经营活动现金流出项下的支付各项税费的现金中，亦不能得到单独的付现所得税数据，故该指标在计算上存在一定难度。

【注】 其中，EBIT（息税前利润）主要用来衡量企业主营业务的盈利能力；而EBITDA则主要用来衡量企业主营业务产生现金流的能力。

EBITDA即息税折旧摊销前利润，是扣除利息、所得税、折旧、摊销之前的利润。计算公式为EBITDA=净利润+所得税+利息+折旧+摊销，或EBITDA=EBIT+折旧+摊销。EBIT即息税前利润，从字面意思可知是扣除利息、所得税之前的利润。计算公式有两种：EBIT=净利润+所得税+利息，或EBIT=经营利润+投资收益+营业外收入-营业外支出+以前年度损益调整。EBITDA经常被拿来与企业现金流进行比较，因为它对净利润加入了两个对现金没有任何影响的主要费用科目——折旧和摊销。

> EBIT与净利润的主要区别就在于剔除了资本结构和所得税政策的影响。因此，同一行业中的不同企业之间，无论所在地的所得税率有多大差异，或是资本结构有多大的差异，都能够用EBIT这类指标来更为准确地比较盈利能力；而同一企业在分析不同时期盈利能力变化时，使用EBIT也较净利润更具可比性。

（4）（现金类资产+存货+投资性房地产–预收款项）/全部债务

从长期来看，全部债务的偿还主要依赖于资产的逐步变现，因此我们补充房地产企业的核心资产对全部债务的覆盖程度来衡量长期偿债能力。典型的房地产开发企业资产主要集中于存货之中，土地储备、未完成的建设项目等以房地产开发成本或房地产开发产品的形式存在。现金类资产为流动性很高的资产，而投资性房地产往往有较高的变现价值，同时剔除已经以预收账款形式变现的资产部分，即为长期来看房企的核心偿债资产。

如何在规模增长中控制好负债率，是企业需要掌握的财务平衡术。要综合平衡好各项指标，例如业内将"6+3"财务量化指标作为企业推行高周转模式的底线。其中，"6"是指负债风险控制指标，包括净借贷比率、EBITDA/利息费用、净现金资产比、短期负债比（短期债务/长期债务）、经营性现金流、经营性现金流/总负债；"3"是指要平衡好增长率、负债率/杠杆率和利润率三者之间的关系，尽量使"不可能三角"通过高超的平衡术做到在增长率较高的情况下，利润率较高，但负债率不太高。规模增长和负债本身就是一对矛盾体。

财务人员要与时俱进，在对业务理解的基础上，灵活运用指标，建立标准化和个性化的指标体系。只有对指标背后的业务逻辑深刻洞察，才能"运用之妙，存乎一心"。

第五章　精准投资

第一节　顺天应时，在什么时候拿地

古人云："智者顺时而谋，愚者逆时而动。"对于房地产而言，对天时的把握，首先是对拿地时机的判断，选择在什么时间进场。善于把握周期，谋时而动，顺势而为的投资才是真正的战略投资！特别是对于中小房企而言，没有能力对冲风险，准确把握住拿地窗口期非常重要，踩准点就可谓成功了一半。

一、把握行业大周期

土地市场有其自身的周期变化，有周期就有波峰、谷底。

旺市时地王频出，各家高价买地，淡市时都不愿出手。"在别人恐惧时我贪婪，在别人贪婪时我恐惧。"投资需要逆周期拿地，就是把握拿地窗口期，淡市买地，旺市卖房。逆周期拿地会带来超级收益，逆周期土地储备策略是企业保持未来毛利率的最佳方法。

其背后的逻辑是，在市场上行周期中，房企资金充裕，土地市场竞争激烈，带来高溢价、高成交；而在市场下行周期中，房企拿地意愿下降，土地出让金、出让面积、溢价率全部折戟，依赖土地财政的地方政府这时会增大土地供应数量，激起房企拿地热情，而且能够让大部分的中小房企"踮踮脚都能够得着"，直接放大了市场的参与感；错过谷底之后，土地市场回温，大批房企入市竞争，拿地会依旧困难。市场降温时更是行业的洗牌期。

对于大房企而言，淡市正是个捡漏的好时机。看准时机，积极补仓，一来以低成本入手高性价比的土地，便宜又无人争抢的土地，才是跨越寒冬的希望，地价和售房价的差越大，利润越高；二来扩大拿地规模，销售规模大了，未来融资成本会更低更容易，有了现金流做保障，房企才更有底气。对于中小房企来说，要克服旺市时拿不到，淡市时不敢拿的心理，缓拿地，拿小地，快进快出应是最佳策略。

案例5-1

2018年下半年，土地市场的流拍现象极为普遍。尽管土地价格已经降至低位，对房企来说，存在抄底机会，但房企拿地意愿仍然不强。这是因为：一方面，市场处于调整期，土地市场各要素不确定性较大，部分城市风险较高；另一方面，市场下行使得企业销售业绩表现不容乐观，加杠杆拿地可能会使企业面临较高的资产负债率，加剧现金流风险和财务风险，导致经营环境恶化。因此，顺周期放缓扩张进程，保存后续发展实力已成为大多数房企的共识。

但是，向来有逆周期抄底土地市场传统的万科，2018年在土地投资方面维持较为平稳的策略，与碧桂园、恒大以及其他一线房企的态度相差甚大。进入2018年下半年，万科拿地节奏明显加快，在规模房企中，拿地表现相对较为积极。尽管万科高喊"活下去"，但是下半年万科并未打算"入冬"，拿地热情不减反增。虽然受到大势影响，下半年表现不如2017年同期，但整体拿地进程较为均衡。

调整期下，房地产行业的"马太效应"凸显，很多企业面临市场变局被迫退出或出售资产。万科作为龙头房企，拥有了更多以较低价格接盘和合作的机会。在此局面下，2018年下半年，万科借势加快了收并购扩张步伐，通过股权交易获得了多个土地项目，目前已成功收购了嘉凯城、海航、华夏幸福旗下等多个项目公司的股权。从2018年万科与海航的多次交易可以看出，面对市场变局，不同房企间的"进"与"退"一目了然。可以说，在市场下行期，收并购拿地机会的增加助力了万科进一步扩张。

总体来说，市场降温对于整个行业发展，包括万科来说都充满挑战。房企普遍都提高了风险防范意识，收紧投资，保证企业安稳度过。万科的"忧患意识"一直是超前的，但万科向来并不一味地顺势而为，而是凭借稳健的发展资质在逆势中稳住自身的发展节奏。不可否认的是，无论是2010年在调控中逆势崛起，还是在2015~2016年的楼市高峰期，万科每次的逆周期操作策略都为后续市场回暖积蓄了强大的爆发动力。

"莫听穿林打叶声，且啸且吟且徐行。"作为房企的生命线，土地投资预期和信心更为重要。谨慎并不意味着不拿地，只有根据市场行情随时做出动态调整，才能在穿越周期的过程中成长。正如北京大学教授周其仁所说："所有优秀公司都是在冬天谋划、布局、投资，然后准备下一步的。等到别人看见的时候，就是5

年以后的成败得失，5年以后的市场份额，5年以后的风光云影。"

二、把握城市小周期

中国的房地产长周期，过去20年是高频动摇的高速增长，而下一个20年是低频动摇颠簸增长的长周期。比方有的城市已经到了冬天，但有的城市才刚到春天；比方有的城市买卖量萎缩，价钱稳中有降，但有的城市量价都在创新高。当前行业形势下，城市之间分化、震荡，房企需要去研究、识别、判断准备去投资的城市处于哪一个周期下的什么季节，此项工作将是中小房企弯道超车最核心的策略之一。

最近几年，一些战略务实、有大格局、知时代重点的黑马房企，他们也许产品并没有显著的创新，但因为在战略选择、城市布局、拿地节奏和产销匹配等方面极具战略前瞻眼光，反而赢得了规模和影响力的提升。新城集团（以下简称"新城"）的起飞得益于早在2015年甚至更早，就提前预判看好长江三角洲地区楼市行情，并将这一判断提前落地到新城土储布局策略，形成早期以上海为中枢，深耕长江三角洲地区的前瞻布局。祥生集团（以下简称"祥生"）排名大幅提升的背后，是精准的城市布局和对行业周期的前瞻把握。在城市布局上，祥生聚焦长三角城市群、深耕苏浙皖，重点捕捉三四线城市机会。2015～2016年，当行业普遍在一二线热点城市高价拿地时，祥生在长江三角洲地区三四线城市逆势低位获得大量优质土地储备；2017年一二线热点城市调控后，三四线城市房价迎来周期性高位，直接推动了祥生业绩的爆发式增长。大家都知道"短期看金融、中期看土地、长期看人口"，但是，长期安全是一回事，短期机会是另一回事，后天很美好，但是有可能死在明天。所以有业内人士认为房地产就是做城市的生意，做节奏的生意。

案例5-2 布局：城市轮动，注重节气，低拓高收

幸福的家庭总是类似，通过研究排名上升迅猛的房企，我们可以发现一个共同特点：尽管高周转、高激励、产品标准化等要素也是其业绩跨越的重要因素，但是，聚焦城市群、深耕优质三四线城市，踩准了行业周期，把握了城市轮动是其业绩跨越的更重要原因。

中梁集团（以下简称"中梁"）特别注重对周期的研究，进行全结构布局，就是把握城市间市场"热浪"传导的轮动效应，踩准节奏，"低拓高收"。在中梁看来，区域布局节奏应与行业周期匹配，在房地产行业处于下行期的时候，积极扩张布点应优先于区域深耕；处于上行期时，区域深耕应优先于扩张布点。中梁投资布局的"季节性"，如其所称：在"冬季、春季"，要优先布局一线城市、强二线城市及东部沿海经济发达的二线城市；优先布局短期差、中长期好的城市；优先布局一线城市周边城市、二线城市郊区、三四线城市核心，如图5-1所示。

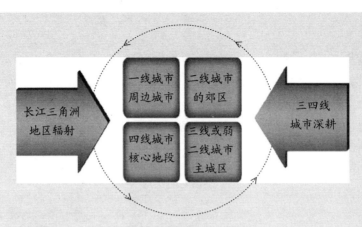

图5-1 中梁的城市选择

基于上述"三个优先",在不同区域、城市间提前布局,根据市场规律踩准节奏,构建和完善自身的城市进入模型、市场研究模板、投资测算模板,进而提高投资效率和效益,如图5-2所示。

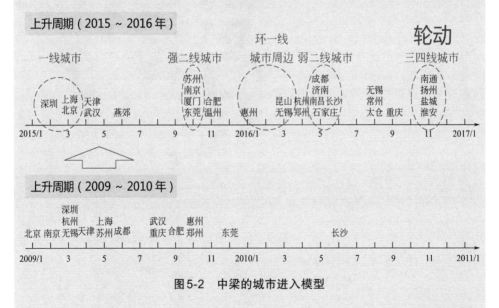

图5-2 中梁的城市进入模型

中梁非常看重趋势和周期。据说中梁在2017年编写了一份房地产周期使用手册,背后有一系列的判断依据和标准,虽然只是历史规律的总结,也不可能完全准确,但是很有参考意义。中梁基于对行业大周期和城市小周期的判断,将房地产周期分为春种、夏耕、秋收、冬休四个不同阶段,这样一来,在上行周期加大投资,在下行周期减缓投资。这使得中梁能够很好地把握城市轮动的机会并迅速采取行动。2015年在三四线城市高库存导致众多房企转向一二线城市布局时,中梁看好江浙一些三四线城市的资质和潜力。随后一二线城市迎来严厉调控,三四线市场则升温带来一波红利,由于获取土地的成本比较低,公司积累了丰厚的收益。

对于房企而言,一个分化的市场不能依照一个形式、一个打法、一个战略来做。旭辉逆周期拿地做得不错,是因为独创了"拿地四季歌",这让旭辉的拿地节奏和流量控制得相对较好:即在繁荣期坚决出货,同时谨慎投资;而在萧条期,则要坚定投资,同时不要因为市场过于萧条就恐慌销售,如图5-3所示。

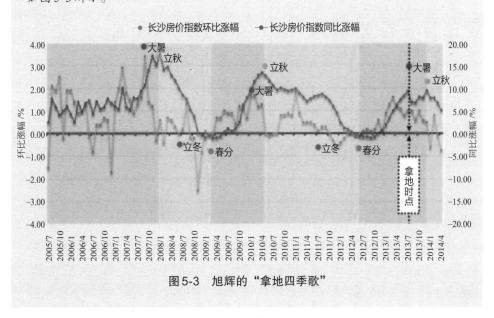

图5-3 旭辉的"拿地四季歌"

成功房企的经验如下。

① 选择进入时机比选择城市更加重要。城市没有好坏,只是你进入的时机好或者不好,每个城市都有机会。例如一些处于泡沫期的城市,地价比房价跌得更厉害。而德信集团(以下简称"德信")保持独立的思考、判断与决策,果断抄底投资,两轮投资都踩在了周期爆发前:2013年果断抄底进入温州,助力企业实现弯道超车,进入百强;2016年快速下沉布局三四线城市,获得了又一波行情。40多个项目的布局为这两年规模的快速增长备足了粮草。在关键节点上另辟蹊径,擅长逆势布局、错位竞争的德信,在城市轮动周期中把握风口、灵活调整赢得发展机遇,树立了一个典范。

② 对进入城市时机的把握,重要的是去观察它是不是在发生变化。例如,在过去五年的调整期中,很多人并不看好三四线城市,而部分企业捕捉到了人口流失,或人口增幅慢的三四线城市,其核心区内稀缺物业的供给其实是相对不足的。在周期过程中能够在人口基数较少的三四线形成高周转,利用改善型产品形成不

错的溢价，这也奠定了中梁在三四线城市快速滚动开发的基础。

未来的城市分化只会加剧，城市布局是大趋势，已经不能简单地用行业周期去看投资布局，而更多要看的是城市周期，一定要深入研究所在城市的城市周期以及它的小趋势。由于大企业有腾挪空间，有的项目城市地价略微高了机遇不好，可以缓一缓，同时加大其他热点城市的开发和销售，全局一盘棋还是可以活下去。但中小企业在地价高的时候，在城市热的时候跟风去进，就会"立于危墙之下"。

随着房地产行业规模的加速集中，踏准行业节奏、把握城市周期成为房企规模竞争制胜的关键。销售百强排名的变化能准确反映出房企的市场眼光和操盘实力。

第二节 崛地而起，在什么样的地方拿地

到什么地方拿地，以什么方式拿地，以多少利润拿地，是房企拿地的三个关键问题。而这里最核心的问题是到什么地方拿地。

一、区域深耕与全国布局的对比

在行业分化的背景下，不同类型房企的战略不同、产品不同，导致其城市布局也会有不同要求。比如正在冲规模的准千亿元房企对数量的要求会更高；小而美房企则更专注于做精品，对城市数量的要求就没那么高了，更看重区域深耕。

1. 心无旁骛，经营好一块根据地

房地产已进入淘汰赛，胜者为王，能够在激烈的竞争之中坚持下来的房企，才能笑到最后。然而能不能坚持下来，并不完全取决于主观愿望，更多的是取决于客观形势，如是不是有一个牢固的大后方。秦汉时期谋略家田肯讲："秦，形胜之国也，带河阻山，地势便利。"就是说，秦国之所以能够从战国中脱颖而出，就是拥有一个易守难攻的环境。因为易守难攻，它才能够巩固自己的奋斗果实，才能使胜利成果不流失。《谏太宗十思疏》中有云："臣闻求木之长者，必固其根本。"对于房企来说，经营好一块根据地，将其做强做大，夯实自己的龙头地位，进而借助城市发展红利快速成长，就是"本"。正如波特阐述的利基战略的核心思想：集中全部资源攻击很小的一点，在局部形成必胜力量。

"水滴石穿，非一日之功。"任何成就的取得都是长期经营得来的。因此高明的房企，必须要找到一个合适的环境去"据险养威，做大做强"。一些有战略定力的区域性房企，首先选择的是做强做大自己的大本营，而后有选择性地布局一些热点城市。由于房企大本营所在的城市有着良好的基本面，因此，房企能借助城市红利实现快速成长。如珠海的华发地产、杭州的滨江地产等，都是此类策略中的佼佼者。好的开始是成功的一半，这对于中小房企更为重要。例如中梁立足于温州这一长三角重镇，以坚韧不拔的毅力开启了在地产圈的进击之路，于浙江全省谋篇布局，并以此为基础，开拓江苏和上海版图，积极深耕苏浙沪，可谓"古

之立大事者,不惟有超世之才,亦必有坚韧不拔之志"这句名言的注脚。

大房企是整体规模大,但具体到区域市场未必有规模优势;中小房企在一个城市内进行足够的深耕,"占山为王,据险而守",本身就可以构成防火墙,对巨头形成狙击,还可以消灭一般性风险。如果首先树好大本营,再环伺周边,找准机会、逐个击破,同时在两三个可以形成互补的区域深耕,虽然不是全国规模房企,但其抗风险能力也能够大大增强。

因为房地产市场存在区域壁垒,"一口通吃"比较难。一些企业在本地深耕,有非常好的地方资源,单一城市有20%~40%的占有率。把大本营做深、做透,一旦先发优势形成,其他企业想进来,代价比较大。

当然,比例过高同样会有政策和市场风险。所以,任何事情都需要有一个度,这取决于对城市的解读和判断是否深刻、研究是否透彻、节奏是否踩得准。凡事皆有先兆,我们需要足够敏锐、行动敏捷。

2.乘胜追击,全国化布局

近几年,在房地产销售百强榜单上排名上升最快的房企,它们都做对了两件事:一是做对产品,即针对所布局的城市,结合当地客户需求,对产品进行精准定位并实施产品标准化,提高项目周转速度,实现快速去化;二是布局上都选择了跨区域布局,通过城市布局和拿地、紧扣市场节奏的推盘、统一营销、体系化的产品及品牌重塑等手段实现"涅槃重生",对冲风险。相反,那些只深耕一个区域的房企,排名都快速下滑。

如今,一个优秀的区域房企能做到300亿元左右的规模。可是,如果对规模有更高的要求,就迫切需要开辟新的区域市场,实行省内深耕和外围拓展相结合的策略。因为这时候通过外围获取持续增长,会比全部深耕的空间更大。此外,城市周期不是一成不变的,过于密集的布局对企业来说缺乏战略纵深,会存在很大的风险,也会错失外围的机会。

具体而言,城市数量过少,有一个非常严重的后果,即在政策市特征的中国楼市中,房企会经常性地陷入与政策的周期性博弈中。土地决策与售卖决策,会与个性化的政策调控发生共振,从重叠到对抗,结果只有一个,虽未必会输,但肯定不会是大赢家,因为穿越市场牛熊周期的能力,被严重削弱了。为什么大企业能增长?特别是在波动的时候它能增长!就是因为其拥有跨周期的能力。对于较大规模的房企来说,站在集团乃至大区域的角度,都不存在真正的低潮期。

相反,当进入一个更广阔的、数量更多的城市市场,可以在发生周期性调控的背景中,从容安排资源的投放重点,区分"粮仓"城市与土地押注的重点区域。正所谓,东方不亮西方亮,虽然没有与楼市调控政策发生正面较量,但是随着熨平市场周期与现金流波峰波谷能力增强,也能够因此而成为大赢家。

因此,有强烈企图心的房企在布局版图和运营城市上就不能有局限性,就必须要完成全国性的布局,并且在每个城市都做到深耕。同时,规模越大,越需要更广泛的布局来降低风险、平滑周期。

从具体城市选择来看，千亿元规模的房企必须在全国范围内多城市地去布局。大企业要根基在一线、二线、强三线和四线城市布局。要上几千亿元的规模，一定不能只局限于一般的城市、一般的区域，其布局一定要比例平衡，要有战略纵深。例如新城2017年的土地储备有10%在一线城市，二三线城市分别占40%，四线城市占10%，形成了"1441"的城市投资布局。这种城市投资布局，反映了新城管理层的大智慧，确保了其发展符合中国城市化的主逻辑，避免了最大的经营风险。

案例5-3　基于城市群的城市布局策略

融创中国（以下简称"融创"）自创立起就一直坚持"区域聚焦"战略，一方面可以快速实现品牌落地，有利于企业集中宣传，做大市场影响力和品牌知名度；另一方面有助于实现银行、供应商等各个环节的良性循环，便于企业在面对市场风险时，得到资源的倾斜，从而提高抵御风险的能力。

融创聚焦城市群发展的战略烙印异常鲜明：聚焦城市群、"环一线"。精选核心城市和好的省会城市，成为了融创规模扩张的重要战略方向。具体到城市选择的层面，融创通常从两方面进行切入。

（1）坚持属地化运营管理

融创认为，企业的战略布局应与其相应的管理运营能力进行匹配，融创新进入新的城市通常都是采用以成熟的区域公司进入的方式，比如北京区域公司进驻济南，重庆区域公司进驻成都，上海区域公司进驻南京。

（2）精准的市场研判

融创重点关注城市的经济活力、汇聚能力和市场供需状况。融创对所进入的单个城市的评判标准通常依据人口、GDP、交通、高校和产业基础等指标。而对于已选城市范围内地块的选择，融创选择城市中心或成熟城区的土地，只有在时机成熟、地块被确定为区位良好的地块以后才会考虑去拿，由此来提升企业在市场进入周期性波动时的抗风险能力。

龙湖地产（以下简称"龙湖"）：深耕高能级城市，发掘都市圈内潜力城市。"区域聚焦"策略保证了龙湖项目利润的稳定增长，但如果城市布局太少，手中"样本"有限，在市场周期改变时，就很难敏锐地察觉到相应的"市场危机"。所以近年来，龙湖在前期的核心城市基础上逐步加大战略布局纵深。高铁网的建设和同城化的发展趋势，使龙湖看到了深耕24城的同时，周边城市的发展潜力。从区域布局来看，龙湖依旧坚持重点关注城市群的发展模式，在深耕现有布局的基础上，聚焦高铁节点形成的五大区域城市群，以及环超大型城市周边的卫星城市，聚焦核心区域，以核心城市为"据点"向下延伸。

在城市布局上，祥生集团聚焦长三角城市群、深耕苏浙皖，并向周边省域拓展辐射。在具体布局策略上分为以下两个方面。

① 围绕一二线城市周边生长带快速布局，依托轨道交通，聚焦40分钟轻轨圈、30分钟高铁圈，抓住城市群发展机遇，捕捉一二线核心城市外溢客群。

② 围绕县域经济，精选产业基础和人口基础扎实的三四五线城市进行布局。这类城市仍有大量改善型需求，伴随高铁的开通，到核心城市的时间距离大幅缩短，布局这类城市可提前捕捉房价红利。

中南集团的城市精选逻辑是城市群、都市圈、区域中心的单核城市和其他底子好的三四线城市。中南认为，今天单独的、纯粹的城市思维对一二三四线城市的认知是狭隘的。

① 城市群，围绕北上广深四个一线城市所积累出的城市群。比如上海、杭州、苏州，包括环一线的启东、嘉兴，都在长三角的城市群中。中南认为，一方面，城市群的核心城市会出现极强的人口虹吸效应，但也会带来极强的人口外溢效应；另一方面，不能只看一个城市自身某个指标的绝对红线和不足，更理性的视角是将其放置在城市群中去二次评估，如果它处于城市群核心城市的周边，那么依旧有进入价值。

② 以南京、苏州等城市为中心点辐射出去的大都市圈。比如南京周边的马鞍山市就处于大都市圈范畴。马鞍山与南京距离很近，开车仅用40多分钟，是一个心理距离大于物理距离的空间分布。中南对这种城市是非常认同的，因为它在一个大都市圈的发展带上。

③ 区域中心和单核城市，比如武汉等。它们完全是人口吸附和城市产业吸附最强的区域单核城市，这些城市是中南未来重点布局的城市。

④ 底子好的三四线城市。三四线城市不能一刀切，而要一城一议。比如是不是在大城市圈内？是不是在城市群中？是不是自身底子很好？中南会选择在人口聚集、产业聚集的主城核心区或者是城市发展带拿地，并且将土地规模控制在10万平方米以内，以做高周转模式。

对于如何开辟新的根据地，有以下三种路径可以作为参考。

① 循着周期轮动的逻辑，在全国范围内寻找更多的二线和强三线城市进行差异化布局。必要的情况下可以将总部搬至一二线城市，获取更多的信息和人才。

② 在省内核心管理半径不扩大的情况下，一方面进一步做大市场占有率；另一方面，在相邻区域范围中寻找合适的城市和根据地形成联动布局。

③ 秉承布局三四线城市的原则，把一套非常成熟的产品逻辑和管控逻辑，复制到更多的处于城市化初期的三四线城市，"降维打击"。

对于打算全国性布局以快速扩张规模的房企，最重要的一点是才华要撑得起野心。规模大小是相对的，如果没有能力全国布局，就要"识时务者为俊杰"，就要避实击虚，集中优势资源在区域市场深耕发力，拾遗补漏，才能进可攻，退可守。有些中小房企盲目向外扩张，规模不大，资源又分散，不能集中火力。这样的战略，反而自乱阵脚，很可能全国布局没走出去，大本营也弄丢了。追求全国化扩张时，一旦骨架拉开之后，项目的布局以及与此适应的管控模式、授权体系、产品线规划、供应商库、管理团队，整个公司的基因都要随之调整。因此，一个成长型企业要想变革，想通过全国性布局实现规模快速扩大，重点是要逐步搭建一个推崇自我变革的学习型团队，要有一些资源要素率先突破，然后拉动整个系统在一个新的水平上适配，否则很难心想事成！

3. 房企城市布局策略普遍从传统的"狩猎模式"转向"农耕模式"

从新进城市数量和单城市业绩产量等维度来看，城市深耕已经不是个别房企的特点，而是已经成为行业普遍趋势。对于中小房企来说，更是打赢针对巨头的"不对称战争"的杀手锏。

> **案例5-4** 美的地产采用的策略是进入必深耕，进入城市要做到当地市场占有率的前三名，因此，美的进入城市的单城市产量极高。华鸿嘉信拿地是集团和区域双轮驱动，长短期战略结合，看好的城市长期深耕，而适合轮耕的城市则快进快出。同样的还有快慢结合，有的地方要高周转，拿地快，建得快，卖得快；有的地方要中周转，有上升的潜力，在销售节奏上有目的地控制。在中南置地看来，真正体现在当地竞争能力的一个指标是市场占有率，因此，中南把这个指标作为一项重要的衡量各个战区战斗力的一个依据。比如中南对于三线城市的态度是要么不去，去了就一定要做到市场占有率第一。同时配合严格的奖惩举措：做到第一，有奖励；跌出前三，就有可能采取人事措施。

城市深耕的核心优势主要体现在以下三点。

（1）管理的规模经济

区域型房企的布局集中，集团对每个项目都能照顾得到，对每个项目的进度都了如指掌，可以从整体上纠偏，保障整体现金流目标的达成。而总体来说，中小房企总裁等高管的水平超过大房企单个项目操盘手，甚至高于某些大房企的区域总。所以将小房企的高管压到一线做项目，就可能会打败行业巨头的项目。

在一个城市深耕后，可以基于此城市的管理平台适度向周边城市覆盖，防守反击。例如具备了成熟的"打法"与团队，保有一定的规模和市场占有率，形成辨识度，再以此为据点向周边城市覆盖，集中采购等管理规模经济效应非常明显，并可以有效规避进入新城市的风险以及市场误判的风险。

（2）产品更精准

城市深耕的背后是对当地市场和产品定位的深刻理解，在此基础上开发的产品必将更加符合本地居民需求，因此也为未来的营销兑现提供了关键保障。而在房企越来越注重城市深耕的新形势下，未来房企必将在亮点三四线城市狭路相逢，这时候唯有打造产品优势才有机会胜出。

坚持区域深耕的中小房企比外来房企更了解当地客户需求，客户研究做得更深更细，因而能够做出更接地气的产品和服务，走"专而美"的路线，从而在某一个特定区域可以获得与大房企对等的品牌。未来只有拥有独特竞争力的区域房企才有可能在这场不对称的战争中胜出。

（3）市场更协同

有的房企认为城市深耕难度大，因而选择全国机会性拿地。这实际上是选择了一条更艰难的道路，因为散点式单项目布局容易导致每个项目单兵作战，难以形成协同效应，以致管理半径和难度大幅增加，难以持续。而城市深耕，可以多项目协同运作，在拿地方面，基于对本片区地块信息更深入的研究判断，可以最大化地利用资源。例如融创中国董事会主席孙宏斌表示，融创现在在很多城市都已经是主场了，比如重庆、成都、青岛、西安、郑州，最起码有20~30个城市已经是主场了。在主场里，融创拿地很难判断错，目前基本是对方一报价，融创就能知道这个项目划不划算。

案例5-5 相较于大多数房企对三四线城市都定位为"割韭菜"的机会性投资，祥生集团（以下简称"祥生"）的不同之处就在于其对三四线城市的定位是战略性深耕。在进入一个城市后，祥生做到的是进入即深耕，不仅深耕，还要尽可能做透城市。

"莫学武陵人，暂游桃源里。"为了更好地做透城市，祥生对每个城市公司的考核，最强调的指标是所在城市的"市场占有率"。市场占有率达到20%，叫城市做熟；市场占有率做到30%，才叫城市深耕；在一个城市做到市场占有率40%甚至更高，才算城市做透。例如诸暨这个有140亿元容量的县级市，祥生2017年就占其中的80亿元份额，在泰兴这个县级市的市场占有率也达到了35%。祥生做深做透一个城市，采用的是根据地打法，即在选定城市后，对人口规模、市场占比目标、竞品、土地推量、资源配置以及未来销量热点进行全面分析，在一个城市多点开花、一城多盘齐发，要求一个根据地至少做到30亿元规模，不计一盘得失，而求整体的城市胜利；同时，在扎根城市后，潜心研究当地市场，洞察居民需求，不断迭代优化产品。

在根据地城市，祥生采用的是"四全"打法，即全域覆盖、全类产品、全龄客户和全位服务。全类产品，即在一个城市里，业态和产品的种类是齐全的；全域覆盖，即城市不同区域都有项目，甚至"上山下乡"全都有；全龄客户，即祥生在根据地提供全年龄段、全生命周期的产品供应；当前期有了全域投资，全类产品，全龄客户的基础后，接下来就是全位服务去覆盖。

> 祥生有自己的物业服务、酒店、超市、养老和各式小镇文旅服务，基本上在根据地城市，祥生提供了吃、喝、玩、乐、住等"一条龙"的全服务体系。
>
> 祥生做到"四全打法"后，再进入新的根据地，就与对手不在一个层面上竞争。不同于项目的竞争打法，祥生采用系统的根据地打法。祥生拿地拼的不是单一投资测算的能力，而是一整套战略体系的能力！这不仅有利于其深化全国化布局，也能通过区域内的客户积累、资源联动，形成品牌优势和规模效应，进一步助推企业规模扩张。

二、一二线城市与三四线城市的对比

总体来说，基于人口规模、居民收入、供求关系等多方面因素，各线城市市场周期迥异。自2015年以来，我国房价上涨的时间和涨幅，均存在明显的区域轮动规律：从城市角度看，房价上涨按"一线城市→强二三线城市→弱二线和三四线城市"的方向轮动；从城市群角度看，房价上涨按"三大城市群→东中部发达城市群→欠发达城市群"的路径传导。从二线城市进入三线城市，再从三线城市回到一二线城市，恒大拿地的轨迹，基本上押中了城镇化高速发展以及房地产市场变化的红利。而得益于在三四线城市的土地储备，恒大不仅规模得以快速扩张，利润也很丰厚。

1. 一二线城市特点

在市场周期性波动下，核心一二线城市市场需求依旧坚挺，居民购买力强劲，并能继续创造客户，叠加土地供应长期受限，市场供求关系持续偏紧，长期来看房价犹存一定的上涨压力，投资收益有保障。一旦调控政策有所松绑，市场将率先出现企稳回升的信号，届时不啻为较好的投资良机。例如，在次贷危机中，美国全国的房价跌了40%，但纽约市只跌了11%，其中的曼哈顿区更是几乎没跌；市场回暖之后，纽约市的房价率先上涨。

从宏观层面来看，目前政府希望控制一二线城市的资产价格快速上涨，但是由于土地供应越来越少，一二线城市资产是安全的（当然，长期安全是一回事，短期机会则又是另一回事）。特别是一二线城市已历经两年调整，在"三稳"的政策基调下，即便不大涨，至少也不会出现大跌。

从土拍市场表现来看，在市场下行时，哪个战场才是房企未来的避风港？毋庸置疑，答案是向一二线城市稳步靠拢。例如市场下行时，不同能级的城市，土地流拍的特征不一样：一线城市流拍率波动大，溢价率低；二线城市流拍率较高且稳步上升，溢价率不高；三四线城市流拍率稳中有降，但溢价率也持续处于高位。整体看来，2018年土地流拍现象较前两年明显增加，一二线城市地冷价跌现象明显，可是机会也正在于此。

最新数据表明，哪怕是政策调控，从城市排行榜来看，一二线城市仍为房企拿地投资的主战场。以龙头房企碧桂园为例，虽然碧桂园在三四五线城市的布局力度依然不小，但早在2017年其战略的天平已经在向一二线城市倾斜；再比如，中梁快速崛起，很重要的原因之一是踏准了这一波三四线城市的行情，可是，当大多数人对中梁的印象还停留在"吃透三四线城市红利"时，中梁已悄然布局一二线城市。2017年年底，中梁开始积极拓展一二线城市市场，目前已布局了27个一二线城市（不包括上海）。

2. 三四线城市特点

三四线城市不仅对手少，而且周转更快，更容易实现资金高周转，同时，三四线城市相对一二线城市，市场虽小，但对手却指数级减少，所以项目的资金周转率和利润率不见得差。但另一方面，三四线城市冷却速度会大大超过一二线城市，进行布局的开发商将承受较大压力。弱二线以及三四线城市市场需求本就有限，而且大部分三四线城市的房子只有居住功能，不具备保值增值的功能——特别是经历此轮大涨之后的未来两三年，叠加2016年以来大量供地，未来恐将形成新一轮库存周期，投资风险着实不容小觑。

对于房企来说，三四线城市本来就是甜蜜的负担，一方面在这波难得的牛市里面想要分一杯羹；另一方面也要小心翼翼随时注意危险。因此，保持灵活性就非常重要，必须要做到快拿地、快开工、快出货。

3. 以变制变

有业内人士认为，城市选择是一种"香槟塔效应"，从上面倒下去水满溢后到下一级。从上到下依次为：特大型一线城市，用来创造利润；产业二线城市，用来扩大规模；滋润的三四线城市；饥渴的三四线城市；特色小镇和农村。尽管限价、限购导致一二线城市项目的利润率、流动性降低，但供求关系健康，市场持续看好。这几年三四线城市有了行情，是比较难得的窗口。这个三四线城市指的是强三线、强四线城市，如江浙、广东可以到县级，而其他省份地级市都要区别对待，再下沉风险就很大了。教育、医疗、社区公共服务产品在四五六线城市是很弱的，居民必然要往能级更高的城市转移升级，这也是全球城市化进程的必然规律。要坚信市场是配置资源最有效的手段。

事实上，房企城市布局拿地经过几轮的循环，早期冲向三四线城市，而后库存过高回归一二线城市，而限购限贷后很多房企又冲向三四线城市……经过几轮的一二线和三四线城市的轮回，房企渐渐明白：无论任何时候，在一二线城市盖房子，安全性、收益性都相对有保证；而三四线城市对绝大多数房企而言一直是机会性存在。

案例5-6 在风云变幻的房地产市场中，各房企争相探索一条适合自身的发展道路，以求在不断加剧的行业竞争中脱颖而出。中梁精准的布局战略以及能有效降低投资风险的"全结构布局"策略，成为支撑其快速完成"百城规模"的关键。

在全结构布局中，中梁基于区域深耕战略，以环核心城市的三四线城市作为切入点，积极攻城略地。中梁在深研市场趋势后认为，（当时）之所以深耕三四线城市，外在逻辑是一二线城市的高房价和楼市调控政策，内在逻辑是三四线城市的产业转移、刚性需求和中低收入的增长。

然而，大部分三四线城市毕竟是人口输出而非导入型的城市，这决定了对于三四线城市的投资热潮普遍是机会性的。一直以来，一二线城市对于房企来说具有重要的"标杆"意义，中梁也深谙此道。因此，在三四线城市之外，中梁积极拓展重点二三线城市市场，并视适当机遇审慎进入一线城市。据中梁判断，2019年房地产行业形势还将继续调整，加大进入二线城市力度，只是顺应城市行情的轮动，使企业更好地发展。

中梁是怎么选择城市的呢？对于房地产的项目选址，中梁有自己的四个指标：看房价、看人口、看供需、看时间。按照城市人口、经济水平、成交量等对地块进行分级。按照"七问一测试"的标准来快速决策，确保整个投资的可控。除传统意义上的四大一线城市外，中梁更侧重经济增长强劲、人口长期持续净流入、发展目标清晰的"新一线"城市。此外，中梁还将触角伸向人口快速增长、拥有重要产业支撑、发展潜力巨大的全国性省会城市，如合肥、昆明、银川、呼和浩特、南宁等区域政治、经济、文化中心，并不断加大对该类城市的投资比例。截至目前，中梁已形成覆盖长三角、中西部、环渤海、海峡西岸及珠三角等全国重要经济区的战略布局。

可以预见的是，伴随二三线城市布局规模的持续扩大，未来此类城市将成为中梁销售业绩的重要组成部分甚至是主战场，助力企业在房地产下半场向着更高规模发起冲击。

案例5-7 在布局上，华鸿嘉信集团（以下简称"华鸿"）在浙南起家，深耕浙江是必然选择。随着2016年和2017年因城施策，三四线城市出现轮动机遇，华鸿也在一步步稳健地向周边市场拓展。从2016年3月开始，一二线城市周边的三四线城市土地市场活跃，5月以后，随着一二线城市政策逐步收紧、投资外溢，江浙、广东的三四线城市房价开始上涨。而整个2017年，是三四线城市棚改内生需求与一二线城市外溢叠加的效果。华鸿当下的布局是立足杭温、深耕浙江、辐射九省，最近在江苏、安徽、福建、湖北都拿了地，是开始走出去的几个省。

华鸿认为，所谓的全国化，从布局上来讲，覆盖面没有那么广或者密度没有那么高，一定是偏态分布。比如说现在华东九省的布局，九省里面也有核心，浙江肯定是重仓。2018年江苏拿了一块地，安徽拿了两块地，福建拿了两块地，湖北拿了三块地。这几块地是我们开始走出去的几个省，后面还有"+X"，可能有另外一些中心的、二级的省会城市，比如说西安、成都、重庆这些城市，有适合机会也可以做，开始相对点状的布局。在深耕的地方，可能就是片状的布局，所以就是"几加X"的形式，从哪里出发，这个是与企业自身资源禀赋紧密相关的。

滨江初步形成"雁形布局"模型，实现营业额和利润的上升。即在战略核心城市依靠完善产品系，形成流量、利润、中高端产品线和其他物业类型的开发组合；在根据地城市拿穿越周期的大体量地块，靠时间获取营业额和利润的上升；进入其他类型的城市以财务为导向，通过缩短管控半径实现成本的控制和利润的提高，有效提升运营杠杆。

三、城市与区位的对比

目前，不同城市之间以及同一城市的不同区域之间分化现象特别明显，这就要求我们在寻找客户、寻找投资标的的时候，不能笼统来看，甚至不能以城市为单位，而是需要以更小的颗粒度对客户作出更精细的分析。

1. 选择城市的观察指标

一般而言，对于一个城市房地产市场潜力的研判，需要从这个城市自身的经济、市场及政策三大维度进行综合评判。对城市的研判一定要做到极致，需要从宏观、微观等多维度综合判断，视角要更全面。

（1）宏观指标层面

过去开发商进入城市更多是看GDP、产业结构、人口数量等，而今天的城市进入指标更具落地性和深入性，比如城市人口净流入、初中小学入学人口增长率、高净值人群数量、有效库存结构等。

案例5-8 明源地产研究院经过长期深入研究与数据挖掘，提炼了城市研判的八大新经济指标。

> "人均及单位面积GDP"更能体现区域经济发展差距;"单位面积财政收入"反映空间的财富聚集量;"高净值人群"决定一个区域住房的最高购买力;"人口净流入"充分反映了城市吸引力;"第三产业占比"及"产业互补"反映了产业结构合理性;"房地产投资依赖度"反映一个城市经济的抗风险能力;"城市友好度"直接影响房企成本和办事效率。从物理空间距离到基于高铁节点的1~2小时经济圈,房企若能深刻洞察高铁带来的城市格局变化,将有助于快速发掘潜力城市,抢占市场先机。

(2)微观指标层面

"新开盘认购率"要比"销售量""网签量"等交易指标更加准确地分析城市真实的市场情况和市场信心。当一手市场价格受到行政手段限制的时候,二手市场的价格波动就更能够反映市场实际需求和买房者的心态,以及对未来市场走势的判断。

"开发商手中的土地存量"也是分析未来市场格局的一个重要指标。

"月供收入比"和"租金收入比"是反映城市张力的两个关键指标。既定的租赁规模决定了目前的市场容量,一个城市租赁市场的发展程度是房企布局首先要考虑的指标。也就是城市住房中租赁比例高不高,城市中的大量人口是否为租房住。本身比较发达的租赁市场,进去会相对容易。

城市没有优劣,只有冷暖,要从自身能力出发。进入的时机或者周期相对于是否进入,更为重要。核心是通过指标分析,发掘处于上升周期的城市。全中国的市场平均周期是43个月,但城市越大,周期越长;反过来,城市越小,周期越短。城市进入上,有一个巨大的风险,那就是踩错点。例如,在上海就不能选择高周转,一定是选择项目,然后认真做,追求毛利和绝对利润率。从一线到七线,能量等级越高的城市波动幅度越大,也就是说,越往下,踩对周期节奏就越重要。

成功的企业之所以成功就在于,它们对一线城市和强一线城市的进入节奏踩得很准,让自己上了一个台阶。上了一个台阶之后,对运营频率要求更高,所以才能迅速地下沉到二三四线城市,这就是它们的节奏。

鉴于各城市市场周期迥异,在市场下行期,企业要抵御各种诱惑,深耕已进驻的城市,同时挖掘黑马城市,在一二线城市和三四线城市间切换打法,根据自身实力开拓新领域,将有限的资源集中在市场前景长期看好的城市。

2.区位选择,跟着城市发展走,距离很重要

城市不同发展阶段的土地,成长速度不一样,找到成长最快的城市土地相对而言更为重要。识别城市发展阶段,关键是挖掘价值成长最快的土地。城市空间扩张可以分为6个阶段:历史老城、中心聚核、轴向发展、四向发展、郊区扩张、都市圈扩张。不同体量的城市,拿地的节奏是不一样的。有业内人士认为,土地也不存在所谓的好坏、对错,核心是你对城市未来空间发展的理解有多深。在同

样的一个城市里面，对应同样的地价，你选择的区域，是否是城市当下以及不久的未来的发展方向，如果是，那么你就把时间、空间打通连接上。在这种状况下，任何一个城市，任何一类土地，都能够找到它投资开发的机会。

一般说来，大部分标杆房企对区位选择的判断指标会有3个：一是城市发展方向，跟着规划走；二是看区位发展成熟度；三是跟着轨道交通走。针对不同的城市，区位的选择是有所不同的，但值得注意的是供求关系对距离影响非常大。目标市场供应量少，区位稍远，客户仍会接受；但目标市场供应充足甚至过量时，郊区地块竞争力进一步减弱，客户对项目的抗性加大。供求越不平衡的市场，对距离越敏感。

案例5-9

碧桂园一贯采取"二三线城郊、四线主城区"的拿地策略，避开相对发达，地价高企的成熟市场，进而成为区域全面领先者。在交通上，要有快速路与城市连接，可以快速到达市中心；在环境上，要风景好，宜居；在规模上倾向于大规模拿地，地块面积基本在千亩（1亩=666.66平方米）以上，建筑面积达数百万平方米。

碧桂园认为，在区位选择上，看区域的成熟度比看城市规划发展方向更实在，主要看以下四点。

① 很多地区的新区，虽然处于城市发展方向上，规划得光鲜亮丽、道路通畅、水电气等基础设施完备，有的甚至规划大型公园，但毫无人气，政府依靠华丽的外表出让土地，增加财政收入。对于这种情况要慎重再慎重。

② 能发展起来的新区需要带动人气的生活配套设施，如重点幼儿园、小学、初中、医院、超市等。

③ 区别对待规划中的和建设中的配套设施，客观评价政府的执政能力。

④ 评估次新区的发展可能性。碧桂园认为，在区位选择上一定要关注新区与市区的距离、交通如何，即到市区需要的时间。但是城市不同，对距离的敏感程度也不同。城市越小，对距离越敏感。

案例5-10 某房企建立预测体系，发现投资"遗珠"

某企业要求投资部门读透城市规划，从以下三个方面建立预测体系。

（1）了解地块所在城市的发展方向

通过空间布局、重点产业、重点设施，判断地块是否有潜力。

（2）通过建立人口、土地预测坐标来计算区域潜力

城市规划信息中的人口、土地、交通等元素与地产直接相关，用核心元素建立预测坐标，判断地块升值潜力更为精准。

该房企以用地、人口、交通以及配套维度在时间、空间上进行立体化分析，实现"增量空间"的可视化，并在此基础上，构建了判断区域发展潜力

的三级指标评价体系,最后形成投资潜力研判。

(3)多维度计算可行性,买入高潜力地块

可行性指标包括城区面积、商品住宅年销售面积、商品住宅年销售额、土地机会、土地竞争程度、政府配合效率、未来推地规划等。

第三节 谋事在人,拿什么样的地

具体到拿什么样的地,人的因素很关键。正如《隆中对》所言:"然操遂能克绍,以弱为强者,非惟天时,抑亦人谋也。"

一、拿地标准化

明确拿地标准,是确保拿对地的基础。每个房企都应该制定自己拿地的清晰标准。拿地标准明确,能更准确和快速地做出拿地判断。

众多房企对新项目的选择,实施统一的选择标准,包括项目区位、项目规模、项目定位、项目现状等。"标准化"可以确保新项目符合集团发展战略,保证项目能够开发成功,在项目选择阶段就将风险控制在了较低水平。

什么样的地能拿?什么样的地不能拿?每个房企都有自己的一套标准和模板,按图索骥,只要一对照,就能快速做出判断,降低出错的风险。

案例5-11　房企的拿地标准

某房企,在企业内部有一个关于好地的选择表,例如,具备高周转条件的项目、土地支出较慢的项目、年内能产生利润贡献的项目、能提升城市或区域规模的项目、刚性需求的项目、低于周边同类项目地价且未来有重大利好的项目、符合城市或区域规划发展方向的项目等。10个点只要符合4个点以上,就可以考虑拿。

中梁坚持不拿高价地,其拿地标准非常清晰。首先,对一个城市的判断,除了最基本的因素(人口不低于50万人、GDP不低于200亿元、一年的销量不低于5000套、房价不低于6000元/平方米)之外,中梁还研究了10个机会点,比如规划结构提升、土地价格、面积段和竞争环境等,10个点满足6个就会进去。其次,从地段上看,土地从优到次分为A、B、C、D(城市核心区、近郊、远郊、纯刚需)四个等级。项目自身的筛选上,二三十万平方米的面积最合适,以满足高周转;大的地块要求承受的容量更高,是有发展潜力的板块且地价低。正因为坚持了自己的一套标准,2017年中梁避开过热的三线城市,转而关注四线城市,由于控制了规模和地价,土储的溢价率并不高。

旭辉拿地时,每块地都会经过战略、市场、财务三个维度进行筛选,符合要求的地才会考虑去拿。

① 战略方面:满足宜居刚需的要求;符合快速开发、快速去化的要求;产品类型符合集团战略的要求。

② 市场方面:项目客源及市场容量有保证;产品定位与市场最优需求对应;售价预计和去化速度预计合理。

③ 财务方面:项目融资计划可实现;预计净利率达到集团的最低标准;项目总体符合"两高一轻"战略(高杠杆、高去化、轻资产)。

需要说明的是,拿地标准化并不意味着僵化教条,需要因时、因地加以权变。

"因时",是基于对市场的判断。

例如在市场下行时,提高拿地的标准和门槛。这是最为有效的策略,既能控制风险,也能保存团队。比如2018年,碧桂园就要求严格按照当地限价倒推拿地成本,保证"精准拿地",项目要拿一个成功一个,新拿的项目,资金投入回报率一般要求在8%或以上。恒大也提高了三四线城市的项目准入标准,侧重于在优化项目城市布局的基础上,适量补充优质土储。放慢收并购步伐之后,融创对项目的获取把关也更严格,比如净利率低于12%的不考虑等。

而预计市场上行时,可以适当放宽标准。例如2015年,恒大为了完成48天内拿下100个项目的艰巨的战略任务,在一定程度上放宽了"五星标准",以配合快速拿地,将认定项目标准的权力下放给地区公司,以免可能丢失好项目。

"因地",是基于对城市的理解。

某房企从公司投资指导书出发,考虑到各个投资区域的利润率差异(比如北京投资利润率不能低于8%,长沙不能低于12%),再结合公司的盈利要求,将要拿的地进行对比分析,就可以迅速从财务指标上决定这块地拿与不拿。

二、投资测算精细化

做投资拓展,前面若多花精力进行测算,后面就易下决心。投资测算要本着敬畏、进取的心态;对测算结果的判断,要坚持中西医结合。西医很简单,一切都是用数据说话;中医通过望闻问切,探究问题背后的原因,重要的是经验的积累。

具体而言,就是"远而观之,迫而察之"。

(一)"远而观之":洞见市场和客户的变化趋势

拿地对房企来说,是风险最大的事情。孙宏斌曾经说过:"投资本来挺难的,这个行业投资更难,因为投下去之后好几年才知道是什么样。这有点像种庄稼一样。农民种下去不知道是下雨、打雷还是洪灾，中间隔了很多东西。"所以，很多房企做了土地测算以后发现不赚钱就不敢拿了。这时，房企对周期的判断力就显得非常重要。特别是在市场下行时，选择，非常重要！选择大于行动，谋定而后动。

由于土地市场竞争激烈，在市场上行时，单纯地通过与目前周边楼盘售价作简单对照，来确定预计售价，很难竞得土地。我们必须要相对准确地判断出2～3年后的楼价涨幅，并以此来计算预计售价。对未来涨幅判断得越准确，理据越充分，在土地市场上的竞价能力就越强。这就逼迫着地产投资部门去寻找隐藏在房价上升背后的周期规律。旭辉集团董事长林中认为，房地产行业平稳增长、低频波动的现状，会对很多公司的策略、节奏、经营方式带来巨大的变化，房企要适应这个行业长周期的变化，去及时调整投资布局。

而在地产下行时，市场实难支持房价持续上涨。建议秉持保守的基本方针，例如以限价为纲，未来售价测算要参照现有限价标准执行，甚至要在低于现有限价的基础上，还能做到盈利，多加一重保险。只有审慎投资、优选项目，才能有效抵御市场下行风险。再例如2018年，弱三四线城市房价可能已升至阶段性高点，一旦市场需求出现断层，部分房企或将率先降价，进而引发降价风潮。对弱三四线城市房价的测算要保守再保守，不仅要做到房价零增长，还要考虑到折价因素。

除了对市场周期的判断，对客户的独特理解也至为关键。要找到更有价值、出价能力更强、购买欲望更强的客户。定义总价最好的方式是定义首付。要知道消费者能出多少钱来买房，能买多大面积的房子；还要知道消费者可以负担多少月供，可以直接按总价来划分客群。用总价划分是可以量化的，特别方便去做客户研究。

"多算胜，少算不胜。"目前，每家房企拿地，都会制定很多标准，用很多数字换算，这种面上的东西，只要是比较大的房企，几乎没有区别。核心问题在于，有没有穿透这些数字，透过未来看现在的能力。观点永远比数据重要！只要有趋势判断能力，就可以发掘别人还没有意识到的客群。例如某房企从一个区域奢侈品的消费数据，判断出当地有一个"轻奢改善"客群，然后按照这个定位去做项目，一举打败了周围所有刚需产品；又例如，一些区域深耕房企，因为深耕，所以熟悉，才能从一些独特的角度，判断地块的价值，一些外来巨头并不看好的地块被它们拿下，却获得畅销；再例如，一些房企针对自己发现的独特客群，研发特殊的产品，也就可以绕开大众化的竞争。

如何提升透过现象看本质的能力？投资人员要善于从大批杂乱无序的数据中将信息集中、提炼，分析出研究对象的内在规律，找出客户价值所在，避免被冗杂遮蔽了双眼。正如电影《教父》中的一句台词："在一秒钟内看到本质的人和花半辈子也看不清一件事本质的人，自然是不一样的命运。"

数据的积累、挖掘、分析、归纳、整理，是一支优秀团队所必须具备的基本素养，没有它，永远只能是匹夫之勇。

（二）"迫而察之"：对土地天性的把握、对企业能力的清醒认知，既知彼，亦知己

1. 市场分析是筛选地块价值的必要路径

看好的地，一定要舍得下精力深入研究。市场分析是筛选地块价值含量排名的必要路径。

要围绕符合公司战略和投资标准的地块从开始就做好细分市场的分析工作，包括国家及地方政策、金融环境政策、区域产业及人口结构、区域土地与楼市量化指标、周边配套等，并结合分析做出详细的项目测算表。

要针对地块本身的条件，从点到面做体系性的分析。比如影响成本和售价的因素要搞清楚，针对项目的卖点如周边良好的景观资源、靠近轨道交通的站点、优质的学区等，做好产品定位和户型配比；并依据前期是否进行了全面的计算，制定多种方案，其中重点地块连项目设计方案都是做完了的。只有这样做出来的测算才是相对精准的，集团才能下决心行动。在招拍挂时，还要做好激烈的现场竞拍准备。在做测算的时候，必须要做一张动态的地价敏感性分析表。对不同拿地价格的利润区间和现金流都要充分测算好，做好竞争准备。当然，竞争预判更重要的目的还是为了以最低价获取土地，对于不同的地价应有不同的应对方案。

"明者因时而变，知者随事而制。"不同于以往的拿时间换价格空间，当下房地产已经进入了长周期稳价格阶段，如果算不过账，则大概率几年内的涨幅都抵御不了财务成本。因此，拿地必须算好细账，要以全开发周期的方式去计算最终收益。招拍挂竞拍价格超过测算上限的和算不过账的地坚决不拿；二手项目报价算不过股东收益的（二手项目一般是协议定价，这里一定注意要刨除无法计税的费用科目算好项目利润，同时要刨除溢价后计算股东利润）以及达不到股东利润率要求的地坚决不拿。在现金为王的年代，拿地测算一定要优先做现金流回正周期测算，项目自有资金回正周期越短越好，比利润还重要。特别是对于高杠杆高负债率的房企。短期现金流不佳的项目有很多种，不同的情况做好同样的准备：回避！

在市场冰冻的区域，一定要深度调研市场，客观判断去化周期。存在开发手续报建困难的，要做好政府各部门手续报批的调研工作，比如存在控规调整的需要多久落地等；另外还有存在拆迁困难的，存在融资不畅困难的等。结合公司综合能力，在拿地前判断清楚能否在以上各种情况得以解决的周期内，通过项目融资渠道来实现现金流提前回正。

2. 不同房企的拿地能力不同

同样一块地，不同的房企来开发，结果可能大相径庭。冰山下面的是营销综合溢价能力、运营管控能力、低成本融资能力、成本管控能力、品牌溢价能力等实力的差距。

从短期来看，拿地能力主要体现在三个层面：一是找地能力；二是项目判断

能力;三是决策效率。但长期来看,拿地能力取决于规模、品牌、资金实力以及产品。管控能力、成本力、高周转能力都是综合能力,是由一个复杂的协同系统的效率决定的,只能靠前期积累。过往积累的综合实力,决定项目能否溢价以及房企能否进入"招标类拿地"的最后一轮。综合实力决定了溢价能力,也就决定了房企敢以什么价格拿地。例如,前期积累够的,最终就会算出有10%的利润,就敢拿地;前期积累不够的,可能只能计算出2%的利润,风险很大,就不敢拿。

好的地块全身都是优点!唯一的缺点就是贵,而"地买贵了,谁都救不了你,明年你可能就过不下去"。避开竞争激烈的地块,选择次优地块就可能是明智之举。这时,差异化定位能力至关重要。对产品进行定量评价,找出产品溢价点,让自己的产品在风停下来的时候,仍然可以依靠自己的翅膀飞翔。除了确保企业的性价比优势,还要挖掘客户不知的需求,引领需求,为顾客提供全新的生活方式。这就更需要了解城市的需求。

> **案例5-12** 比如某房企拿下周围没有名校的地块后,自己购买教育集团,将名校引入该区域产生溢价,从而获得了别人认为不可能获得的利润。没有什么客观条件是不可改变的,没有什么配套是不能做的。地产行业,只有投入和回报之间的比例这样一个本质问题。
>
> 某50强之一房企收购了西双版纳的一个项目,产品有很多缺陷。为此,公司将能改的户型都改了,样板房也做了优化,并且新建了售楼处。一般来说售楼处都会放在一楼,但是这个项目一楼的道路很不好,因此,该房企结合当地的文化和吊脚楼的元素,将售楼处放在二楼。这样既可以借树木将道路错开,同时还可以看到澜沧江。原来卖不动的项目,一开盘就卖光了!

三、集团投资专业赋能

集团的专业赋能主要是通过高效的决策机制、投资约束机制等方面的设计,为多拿地、拿好地保驾护航。

1.在精细管控和提高决策效率之间取得平衡

> **案例5-13** 俊发集团(以下简称"俊发")在拿地环节进行严控:一是建立投资卡片,二是建立三级审核制度。
>
> 项目投资卡片上主要包含两大类内容:一是土地储备计划书,即划定一个总的储备面积、拿哪些项目、各自规划面积如何;二是投资计划书,即针

对这个项目当年投多少钱、分解到每个月度如何投钱、招拍挂项目要投多少，以及前期事务的报批，报建。同时，俊发还设置"土地储备计划达成率"与"投资计划完成率"等绩效考核指标，促进投资卡片管理制度的落地。

在拿地审核上，俊发形成了严格的三级审核机制，即区域公司总经理审核、总部战略投资部审核、董事会审核。审核形式主要是召开会议。首先，区域会组织相关人员召开区域公司投资卡片启动会，对项目拿地进行审核；然后，总部战略投资部则通过总部战投对投资卡片穿透会进行复核；最终，董事会通过集团投资委员会决定是否针对该项目进行投资。

案例5-14　碧桂园投资拿地管理架构

碧桂园投资管理系统分为总部和区域两级管控。

① 总部投资管理中心定位为服务、管控、统筹，其下属投资拓展团队负责公司重点地区、重点项目等土地拓展工作。

② 区域投资拓展部门承担一线投资拓展任务，是投资拓展的生力军，并按照专属区域划分深耕各自专属片区，组织土地拓展工作，发起土地获取流程，开展区域市场研究，维护当地政府关系。

同时，拿地权利下放至区域公司，以促进地区深耕与规模扩张。碧桂园将拿地权利下放，提出"百花齐放"的口号，各区域公司投资团队都可在全国范围内拓展拿地，形成内部竞争机制。集团投资中心作为独立的部门对区域投资团队提交的土地进行审核和监督，并提出建议。投委会每周一晚上会有两个小时的商会，对所有的土地进行讨论并决策。委员会由集团主席担任组长，集团总裁担任副组长，相关的执行董事做组员的一个集体小组。为节省时间，原则上区域投策工作不允许到总部来进行汇报，须通过视频方式与策略中心沟通，投资奖励向一线投资团队倾斜。

决策过程中，该房企特别重视项目定位策划会，要在会前对项目进行全面研究，对项目情况了然于胸，对产品定位胸有成竹。因此，要求区域、项目、投资、营销四位一体亲自参与市场调研，在对当地市场有深刻理解的基础上，提出项目定位建议。项目定位务求精准，以保证产品适销对路，开盘即售罄。

在准备充分的前提下，编制高质量的定位策划方案，借助项目定位策划会，对阶段性成果予以确认，并借助会议决议和共识，推动项目开发。尤其要避免因前期研究不充分，方案有重大偏差或缺陷，导致方案被颠覆，影响项目推进。

① 根据项目地方情况进行不同产品组合：对不同组合下各产品的建造成本、销售价格、推售周期、去货速度、净利润、IRR、成就共享金额等指标

进行综合分析,采用能平衡销售与开发速度、项目获得最佳效益的方案。

② 建立与众不同的当地标杆产品:可以实现快速销售,打造完美示范区,尽可能采用标准化产品,借鉴周边区域相邻市场的畅销产品。

投资部门根据项目的定位审批报告,编制项目定案报告,报集团投资决策委员会审批。如果集团审批通过了,项目部即可按计划全面推进该项目。

在年度投资目标分解时,碧桂园会结合集团投资战略方向,明确集团当年投资目标,落实各区域投资计划。碧桂园投资管理中心每年根据区域综合实力和实际情况,对集团当年投资目标进行分解,形成各区域投资目标。原则上,目标分解需考虑区域上一年销售业绩、土地存量、投资业绩、综合开发实力等。集团投资管理中心每年末根据当年各区域投资计划目标和落实情况对区域投资拓展工作进行考核评分。

2.建立投资测算的约束机制

由于投资测算由一线主导,集团负责审核,因此,信息的不对称,可能会导致双方存在激烈的博弈。因为内部沟通成本较高,所以在实践中,很多房企试图通过约束机制进行化解。

提升投资拓展团队专业素质、设计土地激励配套体系、严把质量关、甄选优质地块的综合性投资拓展激励体系,是房企"重金求地"过程中应该全面考虑的问题。例如通过土地拓展专项奖金进行约束,所拓展项目在开盘之后,如果发现投资决策存在重大偏差或隐患的,不予奖励,并且由房企追究相关责任。某房企针对二级市场的土地拓展奖分三次发放:在获取土地时发60%~80%;开盘后再发10%~20%;现金流回正后再把剩余的部分发完。

此外,很多房企推出了项目跟投制度,增强员工主人翁意识,引导投拓人员寻找价值更高的项目。在投资测算报集团审批,双方有分歧时,可以通过增加跟投的倍数,提高决策有效性、目标一致性。

案例5-15 同心共享机制约束下,碧桂园的拿地策略

通过成就共享提供激励考核导向,拿高周转的地。

成就共享股权金额=净利润减自有资金按年折算后的金额×30%×20%。其中,自有资金按年折算后的金额=集团的自有资金投入×(自有资金被占用的天数÷365天)。

所创造的净利润越高,则经营管理人员所分得的利润总额就越高。若考核期间有亏损,亏损额的20%由区域总裁及项目总经理承担,其中区域总裁占70%,项目总经理占30%。若一年内现金流不能回正,项目将失去继续参加成就共享计划的资格。

同时规定，满足以下两个前提时，才可获得成就共享奖励。

① 1年内实现自有资金投入全部回笼。即现金流一年累计回正＝销售收入＋合作方投入＋银行贷款＋施工方垫款＋N－自有投入－支出＞0。

② 项目累计回笼资金＞自有资金投入＋自有资金投入按年折算后的金额×年化自有资金标准收益×30%。其中，自有资金投入指集团以任何形式向项目投入的资金，以资金到位之日起计。

碧桂园在业界率先开启同心共享模式。能否实现成就共享，拿地是关键，必须在拿地期间认真分析当地市场，确保财务测算的真实性、准确性，提前做好现金流规划。可获得成就共享计划超额收益的地块，高管强制跟投。区域判断土地"能够获得成就共享"，集团评判一个项目是否做到高周转，关键要从以下三个指标进行落实。

① 现金流回正时间：高周转实质是追求资金的高周转，核心是如何最大程度减少自有资金的占用，使收益最大化。

② 预售节点管控：实施"567"制度，要求项目拿地后立即进场施工，5个月开盘，6个月现金回笼，7个月达到资金平衡。

③ 产品销售速度：实施"789"制度，首期要推出80%的货量，一周内去化要达到70%，一个月内要去化90%，鼓励日光盘。

其形成了"143"拿地投资模式。

① 土地投资应坚持一个中心目标：实现成就共享，公司稳健发展。选择优质土地是实现成就共享的基本前提。

② 土地投资需结合当前市场形势贯彻四项基本原则：去化有保证，土地价格低，快开发、快预售，自有资金效益好。

③ 土地投资工作应实现三项重要举措：寻找优质土地，争取更好条件，加强内部管理。

碧桂园通过引入"同心共享"机制，项目总从盲目拿地转变为"去拿能够获得成就共享的地"。同时加大了培训。在人力线条方面，杨国强还强调："碧桂园自下而上必须加强对高周转的培训力度和要求，以确保新经理人尽快掌握和落实高周转的各项要求。区域、项目真正理解'每一天'，要知道付出一定的代价，但都要去提前每一天，懂得算账，懂得提前。"

资金回笼越快，自有资金按年折算金额越低，可获取的激励金额越高。其中，回笼自有资金必须是可用于购置土地的非受限资金，预售监控的受限资金不能计入自有资金回笼。从而倒逼团队积极主动地以合理成本取得外部资金支持（贷款、垫资等方式），以及尽早地实现开盘，减少集团自有资金的投入与占用时间，相应提高可提取的成就共享股权奖励金额，如图5-4所示。

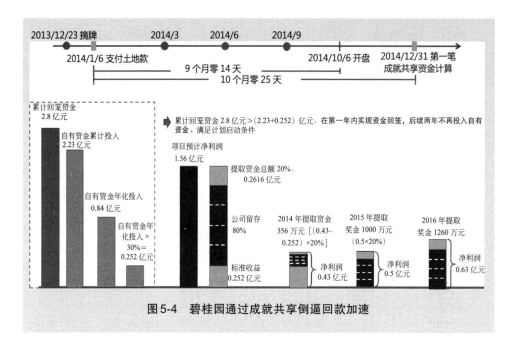

图5-4 碧桂园通过成就共享倒逼回款加速

3.通过拿地评判指标的设计,倒逼投资经营模式的变革

案例5-16　破解碧桂园土地获利倍数的真面目

土地获利倍数的本质是静态利润率。强调土地获利倍数,实质上是反映公司的经营理念:把自有资金的效用发挥到极致,用最少的自有资金,撬动最大的生意,博取最大的利润。非公开渠道项目土地获利倍数不低于0.5;公开招拍挂的项目土地获利倍数不低于0.4。

土地获利倍数=利润/地价中自有投入×(即地价−借款)。还款期限要求借款偿还必须在项目现金流回正之后,用项目净现金流偿还,资金利率必须低于项目息税净收益率。

新公式颠覆了旧有观念,解决高价地不敢拿的问题。那么高价地如何获取?提高土地获利倍数是跨越投资门槛的必经之路。

例如,400万元每亩(1亩=666.66平方米)的高价地,若项目亩产利润100万元,能不能拿?经计算,土地获利倍数=100/400=0.25,无法通过。但假设其中的300万元是借来的,那么土地获利倍数=100/(400−300)=1,这样就能通过公司要求。

最后的结论是只要是地价款可以借到,高地价的项目就可以做。碧桂园提出,畏高是可以的,但我们不应恐高,只要是合适的资金安排,高地价的项目将不再是我们的心病。只要措施得当,我们照样可以创造出高地价、高土地获利倍数、高周转的新型"三高"投资经营模式!

四、成立精干的投资团队，给压力、给动力

1. 纵向目标压力

将拿地和个人职业生涯相挂钩。例如某房企区域总裁被定位为投资的第一负责人，区域职能部门和项目总需要协助投资拓展的进行。在其投资体系中，"协助"投资拓展并非一句空话，而是关乎奖励和前途的。在对项目总的考核中，考核不达标，绩效减5分；获取1个新项目，绩效加2分；提高项目总的投资分配激励比例，获取土地≥3块，或者新项目贡献货值≥100亿元，晋升片区总。某房企的考核也非常残酷。比如，对于还没有拿到项目的筹备区域，集团只给这些区域董事长10个人以内的团队和350万元费用，如果在"6+3"个月内，钱花完了还没拿到地，团队就马上解散！

2. 横向竞争压力

"没有比较就没有伤害"，竞争激烈的不仅仅是区域公司，还有各部门甚至各组之间。

案例5-17 擅用竞争的某房企制造内部竞争，并将其效用发挥得淋漓尽致。该房企形成了各区域公司之间，各团队之间的内部竞争机制。例如区域之间可以打破区域限制，跨区域、跨城市拿地，总之谁拿到地谁开发，谁有资源谁上，非常务实。对于有项目的区域公司，干得不好，轻则屈辱割地，重则直接下课。2016年，其十几个区域公司中，排名靠后的区域降级为城市公司，不仅半年内不能拿地，地太多的还要割让给其他区域；2017年，由于区域多了，竞争更激烈，排名靠后的会直接淘汰。

为调动投资部门积极性，某区域的投资框架中，24名投资人员被分为9个组，除了行政和技术组，另外7个组则全为投资拓展组，并彼此开展竞争。在对各拓展小组阶段性考核中，目标投资额完成率低于70%的，小组负责人降职或免职；完成率在70%～100%之间的，小组负责人则是绩效扣分。除了严厉的惩处之外，考核制度中还设立了颇具诱惑的奖励措施：目标完成率在130%～100%之间，获得绩效加分；当完成率大于130%时，不仅可以绩效加分，投资拓展人员还可以获得实实在在的现金奖励。

五、收并购方式拿地，是房企拿地水平的集中体现

战国的经商大师白圭认为，一个商人要具备智、勇、仁、强四个条件。其经商致富的要诀，同样可以运用到收并购方面。

1."智"

（1）聚焦城市和区域

收并购拿地要聚焦战略进入的城市和区域，要有所为有所不为。

（2）精选项目

建立自己的标准，精选项目，不能"捡到篮子里的都是菜"。

> **案例5-18**　龙湖明确要求收购的地块本身具备低成本、去化快、高周转、高回报的特点。
>
> ① 位于城市主流区位，交通及生活配套成熟，规划条件可以打造主流改善产品。
> ② 更具优势的进入价格（收购价格低于市场价格）。
> ③ 收购标的公司已付清项目全部土地出让金。
> ④ 自获取后10个月内可以开始预售，首次开盘后3个月内可达到90%可售面积售罄。
> ⑤ 利用产品设计、成本控制及开发管理能力能进一步释放项目价值。
>
> 融创在并购项目选择上，呈现出以下几个显著特征。
>
> ① 契合战略布局。融创偏好基本面良好、有发展潜力的一二线核心城市，通过收并购，进入当地市场。
> ② 项目变现快。融创青睐变现快（处于在建、在售、尾盘阶段、当年可销售，次年可结利）的项目，以期缩短开发周期，快速实现入市销售、回流现金，如融创收购某项目，当月收购、当月开盘。
> ③ 项目性价比高。融创对性价比高的项目十分青睐：一是地段好，多位于一、二线城市核心区位；二是土地成本相对较低。
> ④ 契合产品定位。融创一直聚焦高端精品，在项目并购时也青睐与公司定位契合度较高的高端项目。

（3）穿越迷雾，探寻真相

收并购的难点在于信息不对称。为确保信息对称，决策者需要穿越重重迷雾，探寻事件真相。

并购的流程实际上是一个发现价值、实现价值的过程。在这个过程中，要寻找筛选潜在的交易对象，做好调查、核心资产和非核心资产的评估。基本方法是以终为始，即以股权交割、资产过户、风险点防范、债务重组、土地开发建设、估值合理性为终，以推导交易结构设置为始。

> **案例5-19**　由于土地性质、取得方式、规划用途、使用期限以及房地产开发建设之间的复杂关系，对于久拖未建的项目公司，在收购时，涉及房地产领域中具体专业问题的风险比较多。
>
> ① 土地使用权风险：出让金是否支付、土地出让合同中有无股权转让的

限制、开发条件限定、有无代征地情况、土地使用权权属是否清晰、项目用地是否存在被征收或征用等风险。

② 项目主体的风险：开发主体与审批主体是否一致、实际建设项目与审批项目是否一致的风险。

③ 规划风险：规划有无调整，调整是否符合受让方的开发需求，规划有无超过期限，需要重新申报的能否获得批准。

④ 需要政府审批的各类证照是否已批的风险：如动工开发期限是否已超过出让合同规定的动工期限，是否获得延期开工，有无被政府收回的可能。

⑤ 项目建设中各类合同的风险：尤其是在建、停建、缓建项目的合同情况更复杂，有无履行纠纷、合同违约或解除纠纷，是否有因建设工程进度监管不严给予施工单位不当工程签证的风险。

⑥ 违法建设风险：如超规划建房、工程质量风险、已售商品房按期交付的风险。

⑦ 不动产有无抵押担保的风险：土地及在建项目存在转让限制（如划拨用地、军产用地、产业用地）、宗地涉及拆迁问题等。

⑧ 合作方的诚信风险。

⑨ 债务风险：例如土地方未披露或有债务。或有债务是股权收购的最大陷阱，包括担保之债、未诉讼或潜在诉讼及施工款拖欠等。

⑩ 对等投入风险：例如协议约定由收购方通过收购取得项目公司51%的股权，约定双方按照股权比例投入后续资金；又例如设计补缴地价款，合作方以资金缺口为由表示无法履行对等投入的承诺，根据原合作协议也未约定在此情况下的具体处理方式。

（4）抓住每个并购案件的关键点，瞻前顾后，做好风险点防范

所谓"瞻前"，就是慎重选择项目，选择信誉度高的合作方合作同时，明确若干红线，避免火中取栗。比如存在环评影响、开发指标尚不明确、项目所在区域控规正在重新编制等政策变化风险的项目不拿；项目有司法纠纷的，在解决之前，尽量不拿。再如，相对于招拍挂项目，大多数房企给出了更高的投资标准。因为收购兼并实际上是充满不确定性的，充满法务、财务等各种风险的，所有的防范措施都无法完全回避这些风险，只能通过风险溢价去覆盖，以便即使在税务、财务、法务上出现了一些闪失，也能给自己一定的安全垫。当然，选择并购项目时，选择靠谱的、风险可控的远比选择效益最大的明智。

所谓"顾后"，就是除了前期调研和充分尽调外，还要通过交易文件中约定的相关条款进行风险防范。例如，通过控制付款节奏来控制合作风险。主要通过设定付款条件加以控制，如以拆迁交地或取得土地证等作为付款条件，并同时考虑付款比例和付款时间间隔，而不是简单地以时间作为付款条件。特别是最后一笔

款项的支付，可以约定至项目开工后支付，甚至约定为交易完成后2～3年内支付。如出现未披露的对外债务，便可以履行合同抗辩权要求被并购方先行清偿债务再支付交易尾款。又如书面约定隐性债务由转让方承担，转让方或有债务的担保及连带赔偿责任。再如通过合作方式共同开发项目，避免转让方过早脱身，合作中设计明确的处罚条款，例如减少利润分配或股权转让，同时争取控制股东会和董事会的表决权。此外，在交易文件中约定，转让协议签署后，双方应尽快对项目土地进行共同控制（如派驻人员进行管理等），并对土地使用证等相关文件进行共管，避免其他第三方进行占有或变更登记，并将共管作为支付交易价款的条件。还有约定高额的违约责任，增加违约成本，尽可能避免合作方违约。在拓展项目的过程中可能遇到各种类型的合作方，在保持互相信任的同时，也要保持谨慎，通过把控流程的细节来防范风险的发生。

2."勇"

（1）领导冲锋在前

很多在收并购方面斩获颇丰的房企，对于重点目标地块的并购，在前期接洽后，需要收购方最高层快速决策，董事长层面都会亲自出马，一方面抓大放小，为了大局迅速解决相关问题；另一方面在并购过程中抓住核心问题，对症下药。由于房地产行业收并购涉及的环节步骤非常多，甚至会有很多债务上的纠纷，如果不能快速决策，拖得时间越久就越容易黄掉，这就相当考验决策者的勇气和魄力。例如，面对市场上大量好的并购机会，发现这些优质资产的房企并不少，但第一个扑上去的永远是孙宏斌，这背后都得益于融创化繁为简、大事化小、高效决策的能力。孙宏斌有一套成熟的财务经营检视机制，只要将各项指标一对照就知道项目的好坏，而他的并购决策团队也有着全面的信息和数据参考，评判标准非常清晰。因此，融创在收并购市场的决策效率和灵活程度非常高，在业内有口皆碑。有口碑、决策快，使得融创因并购获得最多的项目而被称为"并购王"，并成为业内公认的较佳合作伙伴。

（2）团队优秀

很多房企成立专门并购特种部队，内部设置并购整合过程中所需的各个职能部门，确保能够随时将专业、充分的资源，全面投入到并购工作中，并建立机动高效的并购团队，对并购业务进行职业化运作，而各个模块的专职人员，由于长期共同体合作，配合自然也会更加顺畅。例如中梁独创了诸多收并购的新模式：其行业首创的收并购BG集团，专门做收并购；控股集团设立并购重组中心，做并购项目的法务、税务评审，以及风险管控。

（3）扁平化的决策流程

收并购是市场波动偶发出现的，被收购企业出现的问题通常是比较尖锐的，收购的手段也是非常规的，因此，决策流程很关键。例如，融创和阳光城的并购团队都有着精细的组织架构、明确的职责分工，无论是并购前的尽职调查，还是并购后的运营管理，都能做到快速而高效。俊发的组织比较扁平，参与并购的都是高管，效率很高。虽然收并购不是一个常规可复制的动作，但由于多线同时作战，俊发收并购一个项目的平均时间仅为一个月左右。

3. "仁"

"将欲取之，必先予之"，就是要针对出让的初衷，有针对性地予之。转让一定是有各种问题的，因此，收购兼并的时候一定要研究清楚对方转让的初衷是什么，才能有的放矢地谈判，才能有利可图，实现双赢。

案例5-20 俊发收并购的原则是所有参与方（原控股股东、政府、施工方和购房者）都满意。破产无非是由于资金链断裂——欠政府、银行或大众（购房者和农民工）的钱。因此收购时，如果能在顾及利益相关方诉求的同时还有盈利的话，做决策就会很快。

融创孙宏斌曾表示，找融创并购有三点好处："第一，我们就要市场价，不占你便宜，价格好谈；第二，卖完不想了还可以退；第三，有时候卖不是全卖，50%、60%或者70%，你还是股东，融创产品好、有溢价能力，大家可以赚更多的钱。"

让利才能得利。2011年，融创和保利开始合作，合作之初的合资公司，保利往往处于控股地位，具体项目则由融创操盘。作为保利"子公司的合作方股东"，在子公司有资金结余的情况下，为提高资金使用效益，各方股东按约定比例调出资金使用。这种在融创报表中对应的针对保利的"应付关联公司款项"，在2016年底高达516亿元，这些资金不仅为融创提供了现金流，而且涉及关联公司和合营公司的应付账款无抵押甚至免息。融创与金茂的合作也是如此获得低息贷款的。

孙宏斌说："我理解的合作精神，一是合作一定要双赢，一方合适的合作长不了；二是合作一定要算大账，不算小账，大小账一起算算不清；三是不管多大问题全放桌面上直接说，一定能解决；四是求同存异，两口子也不能全一致。"

融创厚道、洒脱、大度的良好口碑为其带来了大量投资机会，而合作让融创迅速发展，并不断为其创造未来新的增长点。

其实不只是收购兼并，与其他金融机构的股权合作同样也要求秉承开放透明、合作共赢的心态。所有的合作，都是人品的合作、企业文化的合作。

4. "强"

"打天下易，治天下难"，收并购的前提一定是具备更强的能力。

（1）通过财务整合提升价值

主要是依靠自身的信用背书，迅速对被并购项目本身的债务进行重组。

（2）通过产品、营销等创新升级提升价值

很多房企在并购后会在产品设计、配套和社区服务、营销等层面进行创新升级。例如某房企在接手某项目后，在优化项目品质的同时，导入高强效营销，实现了高溢价与高销量。融创在收购定位相似的项目后，也同样会对产品进行调整及包装，再推出市场，提升产品溢价，巩固融创的高端定位。

（3）通过精细化运营提升价值

并购前，运营是并购谈判的重要筹码，运营实力的提升将有效推动并购谈判进程，并获得中意的价格；并购后，对运营管理也同样提出了更高的要求。很多房企正是在练好内功、提升运营实力后，为大举并购积蓄了能量。低成本拿地叠加精细运营管理，实现项目的高周转。某房企一旦收购意向确定，就迅速派自己的人入场开展工作，同步与政府沟通，补充项目缺失的证照，同时蓄客，迅速开卖。最快的一个项目，在签完协议两周之后就拿出来卖了，开盘后一个月，资金流即回正，正好可以用来付被收购方的款！

第四节　以投促变，提升拿地综合竞争力

对于房企发展来说，拥有充足的土地储备是未来后续发展的根基。现在的土地储备规模决定了以后的销售规模，更决定了在下一轮行业洗牌时是否能够立足。因此，土地市场特别是优质土地的竞争是非常激烈的。

拿地，是一个系统能力，是房企内外部"综合运营能力"高低的体现。房企拿地，融汇了外部关于市场、行情、周期、售价、对手的整体研判和取舍，而内部则融汇了产品设计、成本、采招、营销、运营、财务多专业的深度协同和支持。因此，企业现阶段的综合能力决定了其土地市场的竞争力。

面对激烈的市场竞争，要提高拿地能力，对于企业而言，唯一的选择就是四个字"以投促变"：以投资为牵引来促进组织变革、管理变革。

一、提高战略眼光能力

"兵者，国之大事，死生之地，存亡之道，不可不察也。"对于投资来说，"风物长宜放眼量"，视野不能局限在单项目的测算上，要算"小账"，更要算行业和城市周期的"大账"。单个项目只有放在时空背景下，才可能精准投资，精准的周期预判能力与项目盈利能力成正相关。

精准的时空布局是战略能力，没有这种能力，就会像诺基亚一样，"我们并没有做错什么，但不知为什么，我们输了"。在周期性波动时，踩准行业和城市周期的节奏使得很多中小房企脱颖而出，大房企则强者恒强，"冠盖满京华"；而错过风口的房企，则"斯人独憔悴"。

逆周期拿地固然需要勇气，但更需要判断市场周期的战略眼光。而战略眼光

源自对市场和城市周期的深刻洞察，以变制变。例如近年来迅速崛起的房企，基于城市周期的判断，在一二线城市调控加剧、楼市降温的形势下，通过不断向三线城市下沉，实现了业绩的高速增长，并有效实现了风险对冲。而在对市场周期的预判下，此前重仓三四线城市的房企，近两年又开始回归一二线城市。事实上，早在三四线城市方兴未艾之际，碧桂园战略的天平已经在向一二线城市倾斜。2017年，碧桂园投入的1281亿元权益土地金中，有64%投向了一二线城市。中梁早在2017年底就开始积极拓展二线城市市场，2018年力度进一步加大。据中梁判断，2019年房地产行业还将继续调整，加大进入二线城市力度，是为了顺应城市行情的轮动。

现在大家的投资逻辑已经趋同，就看谁对宏观经济运行规律、房地产周期的把握能力更强，谁能够想得明白，干得坚决，围绕战略果断决策。知行合一不易做到。

当然，逆周期拿地除了精选城市外，在地块选择上，投资策略也应更加稳健，例如放缓拿地节奏、提高拿地标准、更加注重收益率以及现金流、尽量拿较小的地块、减少重资产项目、争取操作更多轻资产项目等。

完全做到逆周期拿地非常难。对于更多中小房企而言，可适时利用周期，与周期共舞，力争吃到最多周期红利。在房地产市场下行周期左侧，市场底部并未真正到来，在何时探明市场底部尚未可知时，不应片面强调投资收益，而忽视投资风险。类比于股市，左侧投资或许能赚取超额收益，但也要承担更高的投资风险，风险与收益孰轻孰重，可谓莫衷一是。对于多数投资者而言，右侧投资（市场底部探明，上升周期刚启动）或许是更好的时机。房地产市场似乎也有相似的规律可循，成交量价止跌回升之时才是投资的良机。一方面，可以赚取合理收益，坐享房价上涨所带来的资产增值收益；另一方面，投资风险基本可控，安全边际也更高。

二、保持战略定力

正如融创孙宏斌所说："有了判断你就要行动，就要坚决执行，否则要战略做什么？"比如，战略规划深耕本地阶段的，必然具备区域的独有资金资源、人脉、客户画像及团队优势，拿地就要围绕区域深耕去发展，若非要跳出阶段性战略去了外地，碰一鼻子灰拿不着地还好点，不顾一切拿下来搞不好反而会伤了大本营的元气；再比如坚持高周转战略阶段的房企，非得硬着头皮拿一批持有物业项目，持续经营先不提，恐怕连融资模式都跟不上，断了周转中的现金流，后果是不堪设想的；做刚需产品线的房企，也不要去抢人家地王争头条，那是豪宅战略房企干的事，一时冲动，搞不好产品力跟不上，到时候赔了买卖连吃喝都赚不到。

具体到单个地块的评审来说，不符合公司战略的项目，绝对不拿！拿地，不仅仅是简单的测算，公司对应的资金安排、人才储备、产品能力都要与目标项目匹配，这就是在公司战略导向下去拿地的意义所在。

投资部门应深刻理解并紧密围绕公司战略去拓展项目。公司的战略是多维度、分阶段的，要看近期的发展阶段是偏重商业还是住宅，做高端还是刚需，做规模还是追利润——对应的就是重点跟进商业还是宅地，跟进低密、核心区还是限价房、远郊，大体量还是低溢价等。同时还要结合公司实际情况，重点了解现金流（包括账面资金、融资渠道、在售盘回款预期等）、团队擅长等。

三、提高战略应变能力

要想拉开与别人的差距，必须靠自己的远见与行动！逆周期调整可能带给大部分企业的是灾难，是信心的溃散，但带给志存高远的房企的是对投资的再检讨，对布局的再思考，对组织架构的再优化，对泡沫城市布局的独立判断，对三四线城市趋势的重新审视。

"天下有大勇者，卒然临之而不惊，无故加之而不怒。此其所挟持者甚大，而其志甚远也。"对待周期，企业应当保持积极的态度，上升期宜扩规模、提利润；下行期宜练内功，优化机制、体系，升级团队。碧桂园杨国强主席强调："市场波动，其实只是淘汰竞争力不强的房企罢了。"

特别是应当抓住底部周期，不悲观，勤思考，在投资、策略、品牌、组织架构等方面进行调整，逆势修行，厉兵秣马，为未来发展蓄能。例如，围绕核心竞争力，既要"均好"，还要有拿得出手的"长板"，为之后顺势崛起打下扎实根基。想进入一线城市的企业，就要培养能借到跨越周期的钱的融资能力；想要在三四线城市持续发展的企业，就要提高控制成本的能力和高周转的能力。自有资金力有不逮的企业，要选择战略合作伙伴，通过收并购、合作等方式，提升获取优质土储的能力。

"手把青秧插满田，低头便见水中天，心地清净方为道，退步原来是向前。"做企业有时候就像这插田，看似在退步，实则取得了进展。我们相信，下一轮的腾飞崛起，一定会留给能在底部快速响应，做足前置准备的企业！

第六章 合作开发

第一节 以小博大,轻资产运营

唯一不变的是变化。

在激烈的市场竞争环境和楼市调控的背景下,土地更贵、融资更难、开发周期拉长、消费者对品质要求更高……因此,越来越多的房企选择合作开发项目,房企之间由竞争转为"竞合",各房企既要龙争虎斗,又可相互借力。

一、合作开发

合作开发的好处,可以归纳为以下两点。

(一)规模上台阶

合作开发可以借助各合作方在土地市场上的议价能力、资金和品牌优势,以较低成本为公司提供土地储备,是降低自有资金投入比例、放大企业规模的重要手段。

合作开发,一般会优先考虑与土地方的合作模式,这样一方面可以降低企业的资金投入;另一方面借此获得优质土地。比如有房企明确提出:与土地方合作、联合竞买时,自有资金投入应降低到独立开发的60%以下。甚至有标杆房企提出,与土地方合作时不出资金,只负责开发与销售,但也获得销售规模和利润分成。

> **案例6-1** 凭借品牌、管理和平台等优势，通过小股操盘、联合开发策略获取市场规模和份额成为百强品牌开发商的"快速"成长和夯实地位的重要手段。
>
> 比如绿城、旭辉等，执行小股操盘策略，其在项目销售权益中的比重仅有50%左右。通过此类杠杆操作，这两个排名本来就在前30名的房企，排名又上升了10多个名次，大大提升了其市场规模占比和话语权。
>
> 而有些房企，过去的发展相对保守，未能充分把握市场机会并利用联合开发、小股操盘等杠杆工具，进一步扩大规模，最终还是在销售总额的百强榜单中被新晋者挤掉队。
>
> 对于"被合作"的中小房企来说，则可以和名牌房企合作来借品牌。毕竟，千亿元房企、准千亿元房企们想继续扩大规模，而它们的能力短期也是有限的，如果有操盘能力强的小房企找上门来，它们是乐于接受的。通过合作开发，中小房企借到了品牌，大房企获得了并表的规模，各取所需。

（二）管理上台阶

不同房企在开发能力上各有所长，通过合作开发，各自发挥所长，可以实现专业能力、资源配置能力、管理能力等方面的嫁接，达到"1+1>2"的效果，有效促进运营效率和项目品质的提升，大大提升项目市场竞争力。例如，某房企对于合作开发，提出要实现"合纵连横"："合纵"即敢于舍得并且团结优势力量，积极与行业或区域实力房企加强合作；"连横"即在合作中挖掘和发挥自身优势，通过资源整合、优势互补，在合作开发中学习，实现"1+1>2"的共赢模式，并形成一套非常灵活开放的制度。该房企从成立到现在基本都是合作开发的项目。

> **案例6-2** 在联合操盘模式下，各合作方会通过协商分别负责项目开发的不同职能，发挥各自的优势，增强项目整体的市场竞争力。如在由世茂和碧桂园联合操盘、四家房企共同合作开发的广州亚运城项目中，世茂承建、碧桂园负责营销，而另外两大合作方中海、雅居乐则分别负责财务和物业。四家千亿元房企通过股权合作，发挥各自在建筑、营销、财务、商业运营及物业服务上的优势，提升了项目整体的竞争力。

合作开发主要体现在联合竞拍、收并购等投资手段的变化上。

1.对手变伙伴，联合竞拍拿地成为潮流

通常采取的模式是，各合作方联合参与土地部门的招拍挂，竞买成功后，双方按份额缴交土地出让金，土地按份额共有，双方共同出资开发建设，分享利润。也可采取双方先成立合资公司，再参加竞买的方式。

为何联合拿地？原因很简单：一是地价高，联合拿地可以快速减轻资金压力，并能有效分散市场风险；二是联合拿地使对手变伙伴，避免各方因土地资源紧张而引发的非理性竞争，提升利润率；三是合作也可以拓展到产品研发、销售、融资的优势互补方面，实现互补式合作。

各方联合拿地的诉求和模式通常有以下四种。

① 追求控股，并表。一般要占股50%以上，这样才能合并财务报表，达到业绩考核要求。一般是国企和上市公司对这方面诉求更强烈。

② 只小股操盘，不并表。实现品牌输出，同时按股份占比获得权益利润。这种企业多为产品力突出的房企，希望借助联合开发模式，通过使用自身长项——品牌、产品体系、信用和采购资源等，输出品牌和管理、提高资金利用效率，同时获得品牌力提升。

③ 一方操盘，其他方作为财务投资人分享收益。开发时使用操盘方的品牌。如果某个联合体经常组团拿地，那么很有可能这次是A企业操盘，下次由B企业操盘。

④ 合作方根据股权比例成立项目开发公司，根据出资比例和自己能力所长，委派工作人员，共同操盘，按比例分红。

2.过去招拍挂是拿地主渠道，今天收并购成为拿地主渠道

（1）战略层面

行业洗牌加速，做大规模的同时，优化全国城市布局是很多房企的诉求。在地价高企、利润下滑的新常态下，房企通过收并购可以迅速进入目标城市，这是优化城市布局的较佳路径，尤其是在地价高企的一二线热点城市，并购方式能助力房企以更低的成本获取更大面积的土储。从标杆房企的实践来看，收并购是其城市布局的重要策略。例如融创通过并购，迅猛完成了一线、环一线及核心城市的全国化布局，并且在一二三线城市的布局更为均衡、合理。

（2）业绩层面

通过收并购，房企可以获取大量优质土地。充裕优质且价格低廉的土地储备，为业绩爆发提供了强劲动力。而且拿地效率高，短期内就能获得大量优质土地。从规模上说，收并购可以极大地降低土地成本及资金支付，如果用300亿元的资金去公开土地市场拿地，产生的货值大概在600亿～700亿元，而通过收并购手段则可以撬动2000亿元的货值；从利润上来说，由于收并购获取的土地成本相对低廉，对提升企业盈利能力大有助益。因此，相比招拍挂拿地，合作和收并购拿地可以降低拿地的成本和风险，同时也可以快速推向市场，压缩回款周期。

二、小股操盘

从联合竞拍、收并购的演变趋势来看，更多房企在股权比例分配上，从此前的绝对控股转为相对控股，甚至小股操盘。

所谓小股操盘，是指开发商在合作项目中不控股，只占有较小比例的股份

(通常不超过50%）。根据相关委托协议，项目由持小股的团队操盘，操盘方全权经营管理项目，并会先按照销售收入收取一定比例的管理费，然后按照股权比例进行利益分配，分配比例与持股比例往往不同。合作方无论所占股权大小，都不能干预项目的具体经营管理。双方按照约定方式进行收益分享。

其合作方可以是土地方，也可以是资金方，或者两者兼有。与土地方合作，通常是共同成立项目公司，合作方授权该房企开展项目的经营管理；与资金方的合作，通常是双方联合竞买土地，并共同成立项目公司进行项目开发。

不仅大房企与小房企可以采用小股操盘模式，规模相当的房企之间也可以形成多方合作机制，将各自的股权占比控制在一定范围内，形成从拿地到开发的合作，达到分散风险、分享收益的利益共赢局面。

相较于一般的合作开发，小股操盘的优势更加明显。小股操盘通常通过资金端和业务端两方面介入项目，以小比例股份获取项目的开发控制权，通过操盘及资本运作能力获取超额利润。

小股操盘的本质是地产企业开发、融资、管理能力的变现，获取项目管理费和超额利润，同时凭借其运营能力和品牌影响力反哺业绩增长，推动企业的规模化扩张。因此，小股操盘可以有效提升企业的ROE水平，减少资金风险，同时可以扩大企业的市场份额，提升品牌价值。

随着这种模式影响的扩大，未来或将有更多的房企加入其中。但由于在实际操作上更加繁复，对合作双方的各方面条件和配合能力提出了更高的要求，因此该模式能够顺利实施的前提是操盘企业需具备较强的产品打造、项目运营管理能力和强大的管理团队。

案例6-3 万科利用小股操盘的合作模式向"轻资产"转型

其核心特点在于同股不同权，万科以较低的持股比例取得操盘权力，高效利用外部资源抢占更多的市场份额，输出运营管理和品牌进行项目开发。在收益分配上，万科通常会与项目方约定项目的预期收益标准，并设立浮动的分配方案，而非简单按照股权比例进行分配。通常而言，万科将赚取股权收益、项目管理费、项目超额利润分配这三道利润。

① 先按照销售收入收取一定比例的管理费，再按照股权比例进行收益分配。

② 根据和其他投资合作方事前签订的协议，按照项目最终的收益情况，设立浮动的分配方案，收取项目的超额利润分配。

任何形式的合作都会存在一定风险，因此包括万科在内的房企在选择小股操盘的项目时，不仅前期要做研判，而且还设置了一定的进入指标和选择标准。首先，权益收益这部分要比自身的项目大，比如占股5%，但是ROE必须要大于这个5%所获的收益，有可能对应不同项目甚至可以达到10%。之所以能够产生这种收益的原因在于品牌房企的号召力与产品专业运作能力。其次，在资本市场上，品牌房企的融资成本与额度有优势，融资成本为4%~5%，而小房企融资成本一般会高于5%。很显然，上述品牌房企与小房企这种高达5%的资本利差，对于小股操盘的合作方来说，是具有一定吸引力的。这就会形成合作房企之间的分配机制，具体体现在资金管理费等收益上。

以具体项目小股操盘为例。某项目由于一期销售欠佳，资金遭遇困难，引入万科进行开发，并与万科达成小股操盘协议：投入该项目0.23亿元占股23%，并与土地方达成小股操盘合作协议，约定了阶梯式技术服务费用，即根据二期的开盘均价收取5%~6%不等的服务费，并确定在一期存货和二期销售达到95%并完成结算、利润分配及交付的情况下，万科退出项目公司。通过该项目的成功操盘，万科共收益2.27亿元，其中管理费用收入1.26亿元、万科融资渠道及手续费是0.17亿元、项目收益分配0.84亿元，而万科的投入仅仅0.23亿元，投资回报率达到987%。

三、代建

所谓代建，一言以蔽之，就是不投资（股权比例为0），只输出品牌与管理，轻资产平台运营。开发商不作为股东，而是作为经营管理者，通过专业素养和品牌号召力提供全流程的开发及销售服务，并获取固定收益和超额回报。

代建的主要操作模式是委托方负责筹措项目开发所需全部资金，拥有项目开发中的投资决策权、监督权、建议权和知情权，享有项目的投资收益，承担项目的风险。代建方主要负责项目管理团队组建、规划设计管理、工程营造管理、成本管理、营销管理、竣工交付管理等开发环节的全过程管理，并根据代建合同使用开发商品牌。

案例6-4 绿城集团（以下简称"绿城"）从原来的重资产、弱运营，未来要转型为轻资产、重资本、强运营、新技术。提出一个高品价比战略，它的聚焦点不在价格，而是在品质。同样的价格，品质最优；同样的成本，品质也是最优。

绿城项目代建的基本模式是合作方以契约的形式委托绿城进行开发销售环节的全过程管理，同时根据合同，绿城可以在项目销售阶段使用"绿城"商标，从而推广自己的品牌。资金管理方面，委托方负责项目开发阶段的全部资金，拥有投资决策权，承担投资风险，享受投资收益。绿城的收益来源于三部分：派驻团队基本管理费（包括管理团队基本工资、社会保险、福利等）、委托开发管理费（主要的代建收益来源）、项目业绩奖励（根据考核指标给予绿城的项目业绩奖励）。

四、轻资产模式

从大运营的角度来看，小股操盘、代建可以归结为"轻资产"模式。

所谓"轻资产"模式，是在有限的资源前提下，利用在行业产业链中的优势，例如品牌、技术和资源的优势，在经营过程中加"杠杆"，在进行品牌输出的同时，迅速扩大经营规模、获取品牌溢价，从而实现较高的净资产收益率。

房地产是资金密集型行业，项目开发涉及的资金量大，很多人自然地把房地产开发归于"重资产"的商业模式。但一种商业模式的"轻"与"重"并不取决于它的绝对资金量，而是取决于相对资金量——即自有资金的比重，在财务上表现为净资产与总资产的比率。

随着地产行业高速增长和集中度的提升，传统的房地产投融资模式正在发生改变，由融资、拿地、开发、销售、物管为一体的开发模式，逐步向投资与开发分离、上下游分离的结构形态演进，进而催生了小股操盘、代建等轻资产合作模式。较之以往的重资产模式，轻资产模式通过土地、资金、开发合作，或者委托代建等方式，实现投入少、风险小、回报率高，对于优化房企的财务结构作用明显。经过近几年的摸索，"轻资产化"已经不再是个概念，不少房企已经通过代建品牌溢价、物业管理、商业运营、资产证券化等方式，由赚取资产升值向赚取增值服务收益转型。

轻资产模式将企业盈利能力作为侧重点，着力解决因快速扩张产生的资金问题，通过投入较少的资金，撬动更多的销售和收益。

1. 提升盈利水平

轻资产模式中，房企权益收益比全盘自己投资要大。降低前期的投入成本，有助于提升利润率，从而提高ROE。

> **案例6-5** 以小股操盘简化的测算模型为例。假设一个项目初期的投入总额为6亿元，营业收入为10亿元，净利润为1.5亿元。操盘方收取的管理费为营业收入的1%。权益100%和权益20%两种模式的股权回报和ROE值如表6-1所示。
>
> 表6-1 两种模式的股权回报和ROE值
>
> | 权益占比/% | 100 | 20 |
> | --- | --- | --- |
> | 股权回报/亿元 | 1.5 | 0.4（即0.3+0.1） |
> | ROE/% | 25 | 33.3 |
>
> 当然，在实际操作中，收益分配标准要复杂得多。合作双方要提前约定预期收益标准，并根据和其他投资合作方事先签订的协议，按照项目最终收益情况，设立浮动的分配方案，收取项目的超额利润分配。

2. 对资金依赖度更低，以较少的资金维持快速扩张

小股操盘可以在同等资产规模下支持更大的经营规模，用最少的资金撬动项目，扩大项目的选择余地。例如，通过小股操盘投入1亿元，以往全资只能拿一个4亿元的项目，现在就能拿四个4亿元的项目。

> **案例6-6** 旭辉自2017年以来采用合作拿地、合作开发等模式来控制成本，让旭辉能够在不增加财务杠杆的情况下扩大规模。2017年，其新增的1320万平方米土储，旭辉应占权益为590万平方米。目前，旭辉50%以上的项目是合作项目，合作伙伴达到100多家，对降杠杆起到很大帮助。
>
> 截至2017年年底，融创集团（以下简称"融创"）总土储权益面积在75%左右。从当年布局的8个区域来看，权益面积占比最大的是华中区域，达到85%；最低的为海南区域，占比为55%。可见风险越高的地方，权益占比越低，越需要合作，需要通过低风险投资撬动大规模增长。
>
> 2017年，滨江集团（以下简称"滨江"）以招拍挂、兼并收购等方式获得了深圳、杭州及浙江省其他地区的16个土地项目，其中有13个项目都属于合作开发模式，这些项目中权益比例最低的达到17.15%。小股操盘的模式为当年的业绩作出了很大贡献。2017年滨江销售额615亿元，其中，权益金额仅为260亿元。

3. 分散投资风险，有利于企业安全过冬

轻资产模式可以使企业利用有限的资源抢占更多的市场份额，也为团队提供发展空间。当然，轻资产模式也存在局限性。比如对项目的控制权不完整，开发过程不可控因素多，对制度设计能力要求较高，不同的合作方有不同的利益诉求，在运营和分成等环节容易产生矛盾，比起重资产模式，扩张速度慢、不容易形成超大规模等。同时不可避免地面临被摊薄的利润，需要在整体把控时权衡扩大规模与提升利润之间的最优关系。除此之外，对公司自身运营操盘能力要求较高，这是实现超额收益及品牌溢价的保障。轻资产模式要求公司具备更大规模的项目管控能力，须确保项目不出现质量问题，在采用时应充分考虑开发商的自身条件及能力。

对于"被轻资产运营"的另一方来说，虽然多是无奈之举，但也会从中受益。在拿地环节，土地资源已经越来越集中在大房企手里。有些中小房企对地块有意向，但没有拿地资格，或者政府要求高（比如有些地区要求新建房屋必须符合绿色建筑标准），通过和品牌房企合作，容易获得拿地资格。比如绿城相关负责人表示，中小房企和绿城合作更容易拿到土地，甚至低价获取，在这个环节中，绿城管理给委托方带来的价值，比后期的销售溢价更难得。在获取融资环节，很多金融机构会因为绿城参与代建而通过融资方案；在营销环节，客户对房子的品质要求比以往挑剔，房子变得难卖，开发能力不强、品牌影响力不高的企业，独立开

发产品的风险增加,而通过绿城代建或与绿城合作,相当于得到了一种信用背书,对去化都有正面的推动作用。

五、提升轻资产运营能力

轻资产模式能够使房企攫取品牌和管理输出的"超额利润",获得更高的分成比例,因此房企需要提高轻资产运营能力。具体来说,需要从品牌和管理两个方面发力。

1. 品牌:提升品牌价值管理能力

无论是小股操盘还是代建,都必须能够对项目起到背书的作用,这就要求采用轻资产开发模式的房企具有被普遍认可的品牌价值,这样才能够给合作方足够的信心。

品牌包括两个维度:知名度和美誉度。

一个企业布局广、规模大,知名度就不会差;而品牌美誉度不仅能给产品带来溢价,还可以提高轻资产的能力,出最少的钱,干尽可能多的事。品牌美誉度靠什么建立?最根本的是产品!为什么相同地段的房子,只要打上品牌开发商的标签,就能比其他楼盘高出20%的价格?因为产品好!

> **案例6-7** 万科是行业公认的"老大哥",经过多年积累,万科已经建立起了明显的品牌优势,这种品牌优势与万科的销售规模形成良好的正反馈,已经成为万科核心竞争力之一。其管理模式和产品创新一直是同行追随的对象,作为合作方,其操盘很具说服力。
>
> 作为绿色建筑领域的领跑者,朗诗集团(以下简称"朗诗")的小股操盘也不少,这源于其13年来,在绿色建筑的研发上投入了大量的人力和资源,其所开发的绿色住宅产品得到市场的认可,无论在一手房市场还是二手房市场竞争优势都很明显。具体表现为复购率高、溢价率高、销售速度快。
>
> 正是基于高品质产品构建的超强品牌力,绿城犹如代建领域的苹果,可以迅速博取委托方的信任和好感。绿城代建的项目多半在三四线城市,因为这些地方的中小开发商多,缺乏开发经验更缺乏品牌。
>
> 中国金茂集团(以下简称"金茂")在产品上的强大品牌影响力,也使得很多拿了高价地的房企主动找其合作。由于以"科技住宅"区分于其他品类住宅,金茂的销售均价位列"TOP20"房企之首。这其实就是放大技术(产品)和品牌杠杆,以此助推其规模的迅速增长。

2. 管理:提升资源整合能力

(1)协调合作方的能力

以代建为例,委托方的诉求千差万别,并不是每个诉求都能够得到满足。什么能做，什么不能做，由谁做，做成什么效果等，都需要有明确的衡量机制，否则会造成沟通成本高、协同效果差的结果。

因此，轻资产型的房企需建立一套合作标准，并与委托方形成共识。绿城管理在2018年推出了一套"绿星标准"。该标准对产品指标、运营指标、服务指标、供应商指标都做了详细的界定。这套标准是绿城管理和委托方以及供应商之间的"共同语言"。委托方可以根据土地、资金等情况，确定星级标准，选择对应的产品、供应商、运营团队和物业服务等主要内容，还可通过绿星平台案例库选择案例对标，提前明确成本区间和预期收益，进而实时监督工程进度和成本管控。

（2）项目品质管控能力

中小房企不自己做产品，其中很主要的一个原因是缺少项目管控经验。而这恰恰是代建或小股操盘的房企的核心优势，它们在品质管控方面往往有自己的一套方法。朗诗就主打小股操盘模式，因为这种模式由朗诗全程主导，可以借助以下一些措施来保障项目品质。

① 管理前置，签委托开发协议。这类似于顶层设计，其中一个关键点是约定在开盘前和交付前内部要做反向审查，如果认为不合格就不能开盘、不能交付。

② 采用朗诗产品技术。使用朗诗品牌要赋予朗诗完整的控制力，项目重大事项由操盘团队提交董事会讨论决策。

③ 对于工程质量要做第三方评估，如评估分数达不到要求，便停工检查。

（3）强大的资源整合能力

轻资产型的房企需建立自己的资源系统，比如完整的供应链，这样既能够提供与自己需求相匹配的资源，又能形成规模优势，降低采购成本，为项目争取更大的利润空间。寻求大企业操盘或者代建的项目，通常存在操作难度，比如前期关系复杂、资金困难、供应链不完善等。被委托操盘或代建的房企要通过自己的资源系统，先帮对方解决一系列问题，如理清关系、导入资源，然后才能推动项目进度。

3. 轻资产合作模式的设计和选择

对于大运营而言，不但要对合作开发知其然，还要知其所以然，参与到合作模式的设计和选择上。

例如，和代建模式相比，小股操盘模式在获取项目利润分成、超额收益方面可以增加盈利点。因此在房价上涨或增值效益明显的背景下，小股操盘模式收益更高；当房价下跌时，代建收益更加稳定。

又如，股权合作的好处是能使报表负债率低、评级高，企业债融资成本降低，经营风险被分担；缺点是权益销售占比降低。在项目利润好时，少数股东实际分成往往高于债务利息，而债务合作则相反。现实中，当房企成本优势显著、项目预期回报率高、胜算大时，采用债务融资更能使股东利益最大化，获得更高的ROE；当项目预期回报一般，胜算不够大时，采用股权合作更佳。

第二节 相向而行，以合作促共赢

合作开发最大的痛点就是决策效率较慢。解决痛点的主要思路就是建立好机制。

一、法人治理结构层面

在决策层面上，要明确董事会议事规则。

合作项目的公司治理结构中很重要的部分是"三会"（即股东会、董事会、监事会）的设置。

1. 明确合作项目的最高决策机构、最终争议审判机构是股东会

作为最高权力机构，其审批范围约定是基础，表决方式选用是核心。其中，关于经营方针、投资计划、预决算方案、损益分配方案等问题，因企业不同、项目不同，会有不同的选择和安排。董事会作为合作项目的经营决策机构，其要审批的事项中最重要也是最容易引发争议的就是涉及业务运作的内容。

2. 明确董事会议事机制是重中之重

到董事会决策的事项都很关键，通常分为两大类：大事与大变化。所谓"大事"，是指经营目标、重大预算、产品定位、目标成本、销售策略、融资安排等；"大变化"则是指出现与既定目标差距很大的情况，比如预算调整超过5%、一级计划延期超过1个月、售价波动超过10%等。这其中的尺度需要结合各公司的实际控制情况来把控。

主流公司的董事会审批要求，可总结归纳为下述6类，如图6-1所示。

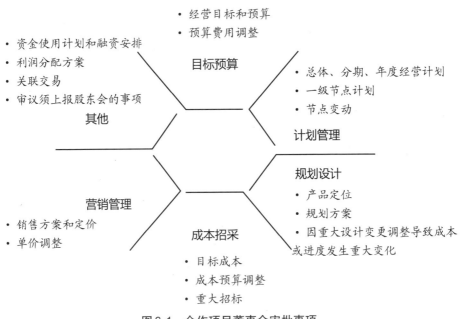

图6-1 合作项目董事会审批事项

为确保董事会的高效运作，董事会应"抓头、控尾、放中间"。前期在现金流回正之前，加大董事会召开的密度，通常每季度召开一次；在现金流会回正后，则可降低频率至每半年召开一次。在这期间，要锁定一些关键会议时点：前期的关键时点包括产品定位、方案设计、开发策略、开盘前，后期的关键时点包括开业、交付、清算等。例如，某房企合作项目的董事会设计了两条线的议事安排，包括首次会议、产品定位、方案评审、开发大纲、开盘、开业、交付、清算8个常规召开时点，以及重大计划调整、重大财务决策、成本费用调整、影响指标事项4个重大调整时点。

3.明确项目经营总负责制，适度授权给合作项目总经理

合作项目的项目总定位，往往是一个争议点，可参考万科的定位"董事会领导下的项目总负责制"。建议对于合作项目，在风险可控的情况下，应授予项目总更多的决策权，以对冲由于决策主体增多而带来的效率损耗。

合作项目的项目总应该是对整个合作项目负责的统筹人。无论是哪方派驻的人员，都应被赋予一定的管辖权。特别是对于联合操盘的项目，各方派驻的所辖条线人员需要明确在项目总的领导下开展工作，避免因各自为政导致决策缓慢。因此，孙宏斌认为，若要项目合作能够顺利、高效地进行，就必须开诚布公地说清楚，如果是1∶1股权合作模式，股权结构对等，就需要开诚布公地提前明确各自权责。"要么你说了算，要么我说了算。"

总体来说，在合作前就应该尽可能地将可能出现的争端的解决机制谈定。当然，问题不可能一次性发生，也没有一个机制能一劳永逸地解决合作中的问题，因而要通过不断迭代予以完善，实现更好合作、更快决策。

二、建立顺畅的沟通机制

1.以合作协议为纽带

合作协议常常在合作项目投资方案与公司期望之间起到衔接作用。以某房企为例，其对于制订合作协议条款有明确的标准化规定：对于有条件引用标准合作协议的项目，必须直接使用协议条款；对于无条件直接引用的项目，合作协议关键条款标准化模块必须纳入。这一标准文本中，就明确了相应的投资约定。除了合作模式、股权比例、并表、公司股东会、董事会、监事会、经营管理层权责及相关决策机制的相关约定以外，还包括项目总体及年度经营目标的相关约定，关于成本、费用总额及控制要求的相关约定，关于合作各方资金投入、使用及返还期的相关约定，关于年度投资回报率的相关约定，关于利润分配、清算退出的相关约定，关于信息披露及通报的相关约定等。

为确保合作协议的质量，在最初的合作谈判阶段，就应尽可能地把关键要点谈清楚。但合作本身并非易事，总有种种盲区，几乎潜伏在项目各专业线、各个环节，而主导前期谈判的投资人员往往很难完整具备这些知识、能力和经验，这

就需要各个专业口把本专业的谈判要点标识清楚。

很多领先企业就特别关注提前筹划，以各专业线作为用户部门提出谈判需求清单，明确需要谈定的关键点。提前识别"坑"是后面填上"坑"的前提，按照一份精准翔实的谈判清单谈到位，是减少后期决策纠纷、提升决策效率的基础和前提。

为确保合作协议执行到位，需要做好交底工作，与相关专业充分"交圈"、审批。

案例6-8　某房企在合作项目中的两次交底

第一次交底。以收购及合作拿地开发项目为例。首先投资职能组织、法务职能等协助进行收购或合作拿地开发协议交底，运营职能、项目团队、"三会"（董事会、股东会、监事会）成员及主要高管成员参与收购或合作拿地开发协议交底；其次，收购及合作拿地开发协议交底的内容主要为：合作各方权利义务、后期履约重要关注点及风险点、后期项目运作权责等。

第二次交底。首先，在合作协议交底后，需由项目团队负责人（合作对接负责人）组织合作各方相关人员进行项目交底对接；其次，结合合作协议明确"三会"议事规则、合作各方人员权责、合作各方资金进出、项目决策议事规则、信息通报规则、合作各方联络方式等合作备忘，以保证合作各方参与项目的人员对项目管控有一致认识。

2. 加强过程沟通协调

除了主导权，双方在企业文化、经营理念、利润分配上的默契也很重要。唯有此，才能"闻其音而知其雅意"，减少误判可能。

例如，在合作项目中，有一种审批方式叫做联签，即某个事项要经过各方人员联合审批方能执行，有一方不同意即未通过而停滞。联签固然是一种控制风险的有效方式，但综合来看，也是导致项目慢下来的缓慢决策，对各方都有不小的损害。因此，建议谨慎设置联签权，最好将联签权定义为不同意但通过的审核权，而非否决权。特别是减少使用财务付款类型的联签否决权，即不到万不得已时不要用财务控制业务。因为恰恰是这看似最安全的把控方式，为决策停滞乃至合作破裂埋下了重大隐患。那么，如何有效替代联签的方式？建议优先通过大量的沟通协同达成一致，加强过程中的各方联动。

此外，任何一个合作项目的快速推动，无论操盘与否，其背后一定要有一个强有力的管理团队。需要注意的是，对于我方不操盘的项目及条线，更应该按照投后管理的思路去管控。不操盘并不等于不管理，这点基本可以形成共识，但问题往往出在派驻团队上。一方面，有必要任命一个涵盖各个专业条线的投后管理团队，对前线人员提供全方位的重火力支持；另一方面，投后管理团队的负责人要"高配",即级别要高,以便调动资源,比如由地区公司总经理或总部副总级人员担任。

总体来说,秉持目标清晰一致、合作规则先行、过程交圈协同、谁操盘谁负责的四大原则,就能预判风险、规避风险,实现合作开发项目的经营目标。

3.打破信息壁垒,确保信息对称

开诚布公,也是合作精神的体现。

信息壁垒贯穿于合作项目的开发全过程中,无论是联合操盘项目还是不操盘项目,都有数据管理上的风险。一方面,我方无法获取项目公司客户、销售、财务等相关数据;另一方面,影响我方进行管理分析及积累,乃至影响并表项目的信息披露。

(1)通过设置关键会议来提高决策层级

建议在合作各方总部层面建立"总"对"总"沟通机制,即关键问题由双方总部能决策的高层直接对话确定,降低流程过长、悬而不决的概率。

(2)通过合作项目经营月报来进行经营跟踪

合作项目经营月报涵盖的内容包括(但不限于)项目概况、项目经济指标、项目开发经营动态、项目面临主要问题、下月重点工作计划、需要股东方(合作方)支持的工作事项等。其中,合作项目的开发经营动态信息包括本月主要节点完成情况、设计工作进度、现场工程进度、招采工作进度、营销动作、报批报建进度等。

(3)通过信息系统进行固化,各条线业务管理采取哪方主导则使用哪方系统的原则。

三、关键事项管控

合作开发涉及协调的事点多面广,因此,在合作过程中,要找到效率低的关键点,选好破题的突破口,有策略、有步骤、有尺度地推动。

案例6-9 合作开发中的常见关键事项

(1)出图延误

直接导致工程进度延误,且难以及时发现图纸存在的问题。在联合操盘的合作项目中,设计可重点关注进度管理、品质管理、供方管理、费用管理、方案(包括概念方案、设计方案、专项方案、施工图等)、设计变更等。同时,可通过项目设计管控表来明确分工。如Z企设计条线为合作项目设计了分类分级管控点,包括操盘项目、联合操盘项目和不操盘项目,在项目不同阶段的设计条线工作项都有明确规定。

(2)工程进度延误

造成开盘、交付滞后。从工程事项上来考虑,可以按抓大放小,突出重点的原则,向合作方或主操盘方来授权。某房企关于合作项目和管理输出项目,有专门的授权管理体系范本。

(3)战采风险

无法直接使用某一方的战采体系,战采无法采用战略价,需另行比价,造成战略单位配合意愿度风险。因此,对于合作项目而言,要确定战略合作单位和集采供应商,在保证品质的前提下,奉行"低价原则"。另外,售楼处、示范区、首开区根据项目进度按主导招采工作的合作方规定可采用直接发包、核价比价等方式确定单位,不得影响项目进度。

(4)税务风险

总体税筹方案受合作方限制,埋下较大的税务风险。首先,前期谈判时要沟通双方的计税依据,并在合作协议中明确计税口径,便于清楚项目利润目标值的真实性;其次,合作项目要进行严谨的税务管理,项目双方初期在协议中就要明确向税务方提供报表时是按操盘方标准还是并表方标准;再次,除了过程中的税务信息对称,在合作协议中还要有追责的条款。例如在合作协议中可以写明:经营过程中由于合作方不作为而产生的各类罚款、滞纳金、损失,均由合作方一方承担。

(5)操盘并表

并表权即是将项目公司纳入母公司合并财务报表范围的权利,且只能选择一方合并报表。在企业会计准则中也对合并财务报表有规定:"合并财务报表的范围应当以控制为基础予以确定。"我们认为,合作项目的财务并表主要遵循以下三个原则。

① 上市房企优先并表。在上市房企与非上市房企的合作中,一般都会由上市公司的合作方优先并表。从对母公司报表影响的角度考虑,并表后会显著提升上市公司的营收规模。

② 实际控制方优先并表。对于多家房企合作开发的项目而言,一般优先由绝对控股或相对控股的房企进行财务并表。拥有项目的绝对控制意味着可以直接进行财务并表。

③ 股权一致则协商并表。合作开发项目中在各房企股权比例一致的情况下,通常会根据各方的利益通过协商一致决定并表方。比如对于部分利润水平较低的合作开发项目,对企业整体毛利率有一定要求的房企可能会放弃并表。如果各方僵持不下,双方可以通过条款设置各自阶段并表。

总体来说,房企之间通过收购、参股、控股等方式联合做加法,实现合作共赢、强强联合、相互赋能已逐渐成为地产圈的趋势和潮流。大运营要通过良好的合作机制来尊重每一位合作伙伴,更要苦练内功,创造能够被合作伙伴利用的价值。

第七章 投融协同

从战略上讲，融资能力直接影响到财务价值创造的能力。大运营部门需要不断提升融资能力，积极助攻公司的快速发展。

从战术上讲，大运营部门也需要不断地化解高负债下的风险，为公司的安全运营保驾护航。

第一节 积极有为，融资要坚决服务于投资

融资是投资的前提，是房企的生命线，没有金融的支持，企业很难做大。

众所周知，地产行业的资产负债率普遍较高，高负债经营是多数地产企业的经营常态，一定程度上也可以看作是地产行业的经营哲学。对于规模快速扩张的地产企业来说，投资开发资金需求强烈，但销售规模的增长滞后，而且销售回款往往难以支撑其投资开发需求，因此，融资、轻资产运营成为拉动现金流、减轻现金压力的主要方式。

一、高周转、高杠杆的房企成为行业"领头羊"

成功的房企总是相似，高杠杆是房企规模扩张的必由之路。但凡想快速扩张规模的开发商，几乎都走在高杠杆的路上。杠杆的释放助推了房企的快速发展。

根据近几年的数据总体来说，杠杆在提升，而且幅度还比较大。前200强房企的杠杆，要远高于200强以后的中小房企。在百强房企内，10～30强、50～100强这两个"冲规模"愿望最强烈的群体，其杠杆又要高于其他百强房企。

从时间角度来讲，20强房企的杠杆，基本都是在不断上升的。敢负债的结果是负债变成了大量优质的土地，而土地是中国过去二十余年来增值最快的大类资产。这是房企做大规模的第一步。在行业集中度进一步加强的背景下，这类房企也纷纷抓住机会继续扩张规模、加快布局，资金需求量陡增。在资源抢夺和资金的较量中，大型房企借助融资优势，拿地布局表现积极，杠杆和规模呈现出同步增长的态势。

从横向比较看，成名多年，排名却越来越靠后的内地房企是由于大势判断失误、战略选择偏差，最终导致落伍，有的甚至跌出百强行列。它们的共同特点是：资产负债率低于40%。与此相对应的是，香港房企以谨慎著称，杠杆率高于30%它们就会睡不着觉。因为经历了多次金融危机，它们深知"活得久，比当下活得好更好"的道理。但是，在过去多年的大陆房地产市场上，香港房企也普遍掉队了。

二、杠杆推动企业规模的上升，为继续低成本融资铺平道路

规模是通往未来的桥梁，有了规模，则意味着对市场具有影响力，意味着在拿地与融资方面具有优势。规模代表一家房企的土地谈判力、资本融资力和品牌影响力等综合能力。没有规模就没有江湖地位，没有江湖地位就没有话语权。

从资方角度看，国内主要商业银行总行业务口径，已经开始规范要求客户名单的资质门槛为地产50强集团或地产30强集团，区域性银行也在提高门槛。并且金融政策顶层设计对于大金融体系表外资产负债总规模收缩，表外转表内，打击通道业务定调明确。房地产企业通过表外融资的难度逐步上升。贷款额度会更加集中于排名靠前的房企。而随着这些房企的销售额越来越多，它们所需的贷款额度也就越来越多；随着其市场份额的不断增加，也会蚕食更多的贷款额度。

从房企角度来看，越是大的房企，信用等级越高，融资成本越低。换句话说，越是行业排名靠前的房企，越是有能力获得更多的金融支持，由此带来龙头集团规模与利润的双集中。例如信用利差扩大，大型房企的融资成本优势增加。大房企项目数量多，抵押融资空间大，可以通过灵活安排项目间资金流动，降低单个项目滞销产生的资金链风险。禹洲集团董事局主席林龙安在2018年半年业绩发布会上说："过去只注重品质不看重规模，如今没有1000亿元的销售，评级都上不去。"低评级往往意味着更高的融资成本。

在融资渠道收缩的同时，招拍挂资质的门槛也在提高。例如国内核心城市的众多核心项目已经要求房企必须有世界500强资质，一二线城市地方政府对于房企招拍挂拿地的资质门槛认定也在不断提高。此外政府控价稳市，都是地产供给侧改革的核心。地产供给侧改革的政策顶层设计导向便是让数千家中小房企无法维持债务杠杆，并且无法补充土储货值，从而实现中小房企的产能与规模市场出清。

过去加杠杆上规模的房企，有了继续加杠杆扩规模的资格和资源；过去没有

下定决心加杠杆扩规模的中小房企,错过了风口,未来即使想再加杠杆,其难度也是越来越大了。事实也是如此,从2016年"9·30"调控政策以来,房企融资渠道全面收紧,融资门槛提升,销售排名不靠前、信誉不佳的中小房企融资难度大幅提升,大型房企的融资渠道优势加大。

三、积极打造高效协同的价值创造型投融资管理体系

1.融资战略要与业务战略达成共识,保持战略协同

控制风险是为了帮助企业实现规模成长。CFO(财务总监)最主要的工作就是控制风险,而公司最大的风险是没有规模或者规模不能超越行业平均成长。没有规模就意味着连控制风险的机会都没有。有很多房企管理非常规范,文化也非常先进,但是企业没有发展,最后慢慢地消失了。正如这样一个故事,有人问农夫:"种了麦子了吗?"农夫:"没,我担心天不下雨。"那人又问:"那你种棉花没?"农夫:"没,我担心虫子吃了棉花。"那人再问:"那你种了什么?"农夫:"什么也没种,我要确保安全。"因此,最大的风险就是厌恶风险。

德鲁克认为,企业家和管理者是两种人。管理者往往沉溺于"解决问题",而企业家则需要"抓住机会"。CFO要换位思考,走进老板的心智,学会站在他的角度考虑问题,学一学CEO的眼光,也训练自己"因为相信所以看见"的思维。很多时候,企业的发展需要老板疯狂一点。曹操曾评价袁绍:"色厉胆薄,好谋无断;干大事而惜身,见小利而忘命,非英雄也。"

"云从龙,风从虎",CFO一定需要深入业务,以更具战略性和前瞻性的眼光来看待他们所扮演的角色,和CEO相向而行,在关键时候具备加杠杆的能力、勇气和智慧。正如某房企领导人所言:"在做生意方面,财务要记住,在不违法的前提下,永远不要让公司受到任何拘束,有得做就狠狠地做,没得做就耐心地等待。"

2.顺应监管趋势,拓宽多样化的融资渠道

房地产项目开发前期需要的资金量较大,企业主要通过自有资金、合作开发、信托、并购贷等方式融资;开发中期,资金来源方式则主要有土地抵押、开发贷、预收账款;开发后期围绕产权和经营权,常用资产证券化、房产抵押等方式获得资金。不同企业会根据自己的企业战略、发展规模、经营状况、资质能力、信用评级等情况进行不同的融资组合,总的原则是成本最低、效益最高。

当下,房地产行业的监管政策不断趋严,一行三会针对房地产融资频繁推出了多项规定细则,限制房地产在非公开市场渠道的融资。

对于房地产行业,监管方更希望以一种阳光化的融资方式,在公开市场发行标准化产品,尤其是以商业地产为标的的资产证券化产品,是监管方主推的方向之一,包括ABS(资产抵押债券,如购房尾款ABS,物业费/租金收益权ABS和供应链ABS等)、CMBS(商业地产抵押贷款支持证券)等。房企多为重资产,在融资收紧的情况下资金链会变得紧绷起来,若能通过资产证券化将自身"变轻",

则既提高了灵活性又降低了风险。

与股权融资相比,资产证券化不会稀释现有公司股份和公司管理结构;与债券融资相比,资产证券化不占用企业的贷款和发债额度;而与银行贷款相比,资产证券化能优化房企的资产负债表,降低对银行信贷的依赖。

"常恨春归无觅处,不知转入此中来。"融资部门要顺应趋势,提升融资技巧,积极研究如何拓宽融资渠道,打开多渠道多层次的融资渠道,建立多渠道多层次的融资体系,分散风险,对冲不确定性。

融资渠道越多元、越丰富,就越利于企业灵活选择和组合,以及降低融资成本。例如阳光城积极尝试并购基金、资产证券化等多种创新融资工具,利用多元化的融资渠道优化了债务结构。

3.顺应长周期慢增长的新常态,借到可以穿越周期的钱

从业内人士判断来看,未来几年,房价不会大幅上升或者下降,而是箱体震荡。在新一轮长周期中,房价可能保持与GDP同步平稳增长,即年涨幅为6%上下。房地产市场已进入低频波动的长周期,房产真正回归居住属性。

因此,在长周期下,能穿越周期的金融能力将成为房企的核心竞争力。以前,融资成本高的房企,少赚一点钱;融资成本低的房企,多赚一点钱,不会影响到房企的生存。但在"房住不炒"的总基调下,房价上涨的周期将进一步拉长。对于低成本融资且还款期限够长的房企来说,房价的上涨即使很慢,算上CPI,也不怕等待整个周期,更有低气迎接新一轮周期开始。房价的上涨完全能覆盖等待期间的财务成本。例如2019年初,中海成功发行35亿元公司债券,其中6年期债券票面利率仅为3.47%。

而如果融资成本高于房价年上涨幅度,且还钱期限小于这轮周期,则等得越久亏得越多,杠杆越高越危险。唯一的选择,可能就是高周转。但如果拿地太贵,再遇到限价等调控政策,即使马上就卖可能也是亏本。"忽见陌头杨柳色,悔教夫婿觅封侯。"无法高周转也无法等待的项目多几个,这家房企资金链就会很紧绷,就会出问题。

特别是在行业下行的时候,只有具备融资成本较低并能够坚持更长时间的金融能力,去收并购大量的企业和项目,才能把握更多机会,取得更快的发展。孙宏斌在2016年年底的一次演讲中说得很清楚:"在经济下行压力大的时候,有很多并购的机会。谁能借更多的钱、更便宜的钱、更长的钱、可以穿越周期的钱,就有很大的优势。如果有这个机会不去做,反而减杠杆那是不对的。"

当然,这个"便宜"的定义也是和企业的周转能力相关联的,企业扩张时,不可避免会借一些贵的钱。但是年利息这个数字本身不是最重要的。判断这些钱能不能借,要看自己的周转能力、溢价能力。举例来说,甲房企借钱利息是10%,但是从拿地到开盘只用了5个月,现金流很快回正,而且项目溢价20%,赚钱不少;乙房企借钱利息是7%,但从拿地到开盘用了3年,也没能溢价,亏本了。甲房企借钱虽然贵但是没问题,乙房企借钱相对便宜,却有问题。

第二节 举重若轻，化解融资风险

房企尤其是中小房企在做融投资平衡时，大原则就是坚持"流动性覆盖安全性，安全性大于盈利性"。

一、对财务指标的变化保持高度警觉

财务部门要善于运用底线思维的方法，加强融资自律，凡事从坏处准备，努力争取最好的结果，做到有备无患、遇事不慌，牢牢把握主动权。所谓"底线"就是不可逾越的警戒线，是事物质变的临界点。一旦突破底线，就会出现无法接受的坏结果。

底线思维注重对危机和风险等负面因素进行管控，而不是降低标准、无所作为。财务可建立一套底线思维的动态管理模型，主要用于量化控制财务指标，以明确划定企业财务红线，作为管理的强控指标，在提高资金使用效率的同时，确保负债率处于合理区间。当然，标准线水平取决于企业对内、外部风险的综合判断。

例如，有业内人士认为，房企要"均好"发展，一般会在五个方面给出财务量化思维的控制底线。

① 净借贷比率，长期不应超过100%。如外围环境好，此比例偏高是可以的，但要随时做好回归的安排。

② 一年以内的短期负债占比，不应超过30%。如果中长期融资成本过高，则在某个限定期间内稍高一些也可接受，但要不失时机地调整回来。

③ 年度经营现金流，尽可能做到年年为正。如果外围环境非常好，负现金流预算也是可以的，但不能做长期安排。

④ 在手可动用现金与资产总额的比率：一般不能低于10%（有的房企控制在5%左右，这取决于风险偏好），以确保当外围恶劣环境突然降临时，财务具有较强的弹性。

⑤ 一定要安排好未来3～6个月到期的刚性兑付的需要。这一点绝不能马虎。

明确了量化控制底线后，大运营部门要做到"吾道一以贯之""须在事上磨，方能立得住。""知而不能行，与不知同。"

1. 以静制动

借助"价格围绕价值上下波动"的思维，通过大运营调度，使得指标尽量向标准线靠拢，尽量保持资金效率与财务风险的最优匹配。可以借助运营管控的主要工具是：融资、投资、回款。例如当预计企业未来净负债率在标准线以下时，可通过加大投资的方式使其逼近标准线；反之当预计企业未来净负债率超过标准线时，可通过加快股权融资、加快回款、减少投资等方式使其回到标准线。

当然，要做到上述要求，也面临以下管理难点。

① 市场投资机会存在不确定性，加大投资具有一定的时间延迟。
② 未来现金流的预测对公司管理能力有较高要求。
③ 融资难度因时因政策差异而所有变化。

而这一切工作的前提是，需要建立企业经营信息数据库，并及时更新，动态把握项目未来的经营状况。同时财务人员需要和决策层保持密切、顺畅的合作和沟通，并形成共识。在这其中，财务的作用有以下三点。

① 反映风险，引起管理层、决策层的高度重视。
② 提出专业建议，建议要经过测算和分析，这体现财务在风险管控中的科学参与与量化管理。
③ 处理好融资策略和企业经营的平衡，如果企业整体较为保守，融资策略可以适度激进。

2. 攻守兼备

大运营部门要结合企业现阶段的能力、战略诉求等，按照防守反击的思路，灵活切换激进型、适中型和保守型的营运资本筹资策略，动态把握净负债率。

总体来说，净负债率与规模正相关。

规模较小，经营稳定的小而美企业，其融资意愿不是特别强烈，导致净负债率水平处于极低的位置。不少企业出现货币资金超过有息负债的情形，存在资金被闲置的情况，流动资金未得到充分利用，市场活跃度低，不利于企业后续的成长扩张。

在行业集中度提升的背景下，市场竞争更加激烈。据统计分析，营业收入超过500亿元和100亿～500亿元规模的房企对加速扩张规模的诉求尤为强烈，因此在杠杆使用上相对激进，净负债率都位于相对较高的水平。

在净负债比率大幅攀升的情况下，当财务战略整体激进时，个别指标处于稳健防守的姿态就尤其重要。

（1）确保现金短债比处于一定合理水平

一般来说，现金短债比低于1就危险。账面现金要足以覆盖短期债务，确保资金情况处于健康的状态。以万科和碧桂园为首的龙头房企手握近千亿元资金，现金短债比均维持在200%左右，说明龙头房企具备足够的短期偿债能力，财务相对更稳健，资金流动性也较好。

（2）高度重视现金占总资产的比例

在公司账上，永远都要留足够多的现金，一方面保证安全，手中有钱心中不慌；另一方面也为伺机拿地做好准备。

对于某些快速冲击规模的企业而言，如果现金短债比低于100%，且货币资金总量相对有限，短期偿债能力未得到有效保证，企业就会面临较大的偿债压力，而且可能带来连锁效应；如果还不上，那么企业信用就会出现问题，资本市场也会有连锁反应。

> **案例7-1** 恒大集团(以下简称"恒大")近几年奉行"高土地储备下高负债经营"的战略,但同时采取保证账面现金的短期策略来对冲高杠杆风险。要求保证账面600亿元以上的现金,这样即使银行不对恒大发放一分钱贷款,现金流也足以维持1年的项目建设和交付运营。充足的现金流在保障其地产业务快速发展的同时,也可以支撑其在并购方面有更多的动作,进一步扩大市场规模。
>
> 碧桂园一向以"高周转"著称。上市之后,碧桂园在其财务管理方面设置了两道红线:一是净借贷比率不高于70%,二是可动用的现金要占总资产的10%以上。在这两条制度红线下,碧桂园虽然高速运转,但依然保证了充足的现金流和稳健的财务结构,使其可以在运转速度和经营安全之间游刃有余。

(3)尽量把一年内到期的有息负债控制在一个合理的范围内

旭辉过去几年一年期负债基本上都是控制在15%以内,并且试图控制在10%以内,越少越好。

由于房企的开发项目有一定的运营周期,因此债务融资工具期限应该以长期为主。债务结构如果多以短期有息债务为主,企业则需要依靠短期债务滚动来维持现金流周转,这样资金周转压力较大,存在一定风险。

因此,在经营性和投资性现金净流量确定后,融资期限一定要尽量覆盖整个投资期。可以选择借款期限在3年乃至更长的中长期借款,确保贷款结构与投资计划支出匹配,避免频繁应对还贷高峰,避免短债长用,为公司留出必要的利息支付空间,降低"新还旧"的风险。在做融资设计的时候就要把这个控制好。"东风不与周郎便",不要因为心存侥幸,把企业带入"铜雀春深锁二乔"的困境。

此外,在还贷日期结构上,不要把很多还贷堆放在同一年或半年内,以保证正常的经营节奏不被打乱。

(4)融资成本与融资规模也要存在一个平衡

例如恒大以平均8%利率融资5000亿元,比以5%利率融资几百亿元的开发商发展快得多。只比借款利率高低,忽视融资总额的差异是不行的,在融资成本和融资规模间进行平衡,才能助力企业迅速做大做强。

3. 居安思危

古人云:"君子安而不忘危,存而不忘亡,治而不忘乱,是以身安而国家可保也。"例如在郁亮的带领下,万科成为一家把每一天都当作最后一天过的公司,忧患意识极其强烈:"把环境想象得坏一点,准备充足一点,没有坏处。万科始终如履薄冰。"

在阳光灿烂时修屋顶是CFO的职责。"善战者,先为不可胜,以待敌之可胜。"孙子谈到好的将军要扎扎实实做基本功,机会来的时候才能一战定胜负,融资也是如此。一些打仗的技巧,融资的技巧,在实操中并不是主要因素,诸葛亮不可能天天靠空城计打仗。只有平时多流汗，才能战时少流血。机遇总是给有准备的人，平时做的每一件事其实都是蓄势待发。在好过的年份，如果不把财务架构做得很稳健的话，到关键点上就很难发力。

> **案例7-2** 万科向来有逆周期抄底土地市场的传统。在市场下行期采取平稳扩张的投资策略已经不是第一次。市场调整走向深水区，对于万科来说确实是绝佳的抄底机会，因为万科的确具备逆周期拿地的动力和资本。
>
> ① 从动力上来说，周期性调整意味着市场新一轮洗牌，很多中小企业面临被迫退出或出售资产。万科作为规模前三的龙头房企，在规模效应下拥有更多的机会以较低价格接盘。逆周期抄底，降低了土地成本，保证了更大的利润空间，为业绩增长创造了良机。
>
> ② 从资本上来说，现金流是房企生存和发展的关键，拥有充足的现金流就掌握调控节奏的主动权。截至2018年9月末，万科持有货币资金1328亿元，远高于短期借款和一年内到期有息负债的总和865.9亿元。而有息负债中，66%为长期负债，基本没有短期偿债压力。尽管三季度末净负债率较半年度有所上升，但51.2%依然处于较低水平。充足的现金流和稳健的债务结构，是万科逆周期抄底的资本。

（1）不断动态优化财务结构，留出足够的安全"刹车"距离

对房企来说，正确的思路应该是先做大再做强，先是又快又好发展，然后才是又好又快发展。对于融资而言，这个思路同样适用。在融资环境宽松时，要不断用长债去替换短债，用低成本的新债，还高成本的旧债。

包括碧桂园在内的大部分房企，走的基本是类似的路子——先扩大总量，能借就借；再优化结构，有选择性地借。在债务结构优化上，碧桂园一方面不断引入成本更低的新债，进行整体债务替换（比如当公司发现某笔债务利率过高，即使还没有到期，也会用成本更低的资本去赎回），以此降低整体债务成本；另一方面，碧桂园努力提升中长期债务占比，以此实现企业整体经营风险的下降。在还贷日期上，则不把很多还贷堆放在同一年或是半年内，以保证正常的经营节奏不被打乱。通俗地说就是"先有眼前的苟且，再谈诗和远方"。

（2）保持合理的财务弹性

"君子藏器于身，待时而动。"主要手段就是将拿地权益和销售金额挂钩。核心思想就是量入为出，即卖多少，拿多少地，保持合理的财务弹性。

经营现金流一方面是现金收入，另一方面是现金支出。现金支出最主要的两个部分就是买地支出和建安支出，而撬动高增长的最主要因素便是买地，影响经营现金流的最大因素也是买地。因此只要把买地和现金流入很好地挂钩（譬如占比30%、40%、50%、60%等，而挂钩比率取决于房企可承受财务风险的能力和偏好），就能避免矫枉过正，或过犹不及。

案例7-3 以某房企为例，为平衡高增长和高负债，该房企以正现金流作为核心管理目标，在公司内推行"销债率管理"，即将销售回款收入和同期债务总额进行比例换算，确保销售额远远高于银行借款，确保"流入-流出"持续为正，通过高速发展、快速回款解决资金需求的问题。这种模式对于拿地的科学性、产品定位的准确性和后续去化速度有严格要求。因此，形成了与之匹配的运营模式。

① 谨慎拿地，量入为出，根据准确的销售策略确定拿地时点和规模。
② 坚持区域聚焦及高端精品战略，保障产品竞争力和去化速度，满足回款要求。
③ 打造支持高周转的业务和决策体系。
④ 通过合作开发降低资金压力，分散风险。

（3）从管理上寻找解决困境的办法

"行有不得，反求诸己。"房企遇到的困境不是负债率高低的问题，而是管理根本不到位的问题，应从管理上找原因，找解决办法。

在高杠杆下，大运营部门一定要倒逼高周转能力，用高周转对冲高杠杆带来的风险。说到底，高周转的根本原因是资金有限，且资金成本高，还想实现赶超，只能高周转。无论是旺市，还是逆市，高周转都意味着现金流入有保障，因此也就不会有资金链断裂之忧，反而是资金周转慢的房企更容易出现现金流枯竭。

特别是要高度重视销售回款。在"以债养债"模式下，规模增速过快意味着，一旦销售回款受阻，就容易导致资金链过紧，甚至断裂。追根溯源，还是现金流入减少的问题。越是这样，就越要提高周转速度，加快资金回流。这也是在市场不好时，很多企业降价跑量的根本原因。

案例7-4 2017年碧桂园销售业绩5508亿元，而回款高达5000亿元，占比达到90%；而且，尽管其规模巨大，但净负债率仅为57%。碧桂园能有这样的财务数据，在很大程度上得益于高周转，因为周转得快，资金回笼就快，利息成本就低。难怪碧桂园董事局主席杨国强曾公开表示"高周转是抵抗任何风险最有效的手段"。围绕高周转，各家房企也是各显神通，比如某房企的"567"策略，即拿地后5个月开盘销售，6个月现金回笼，7个月达到资金收支平衡。

总体来说，融资工作要管好总量、盘活存量、及时偿债、维护信用，不仅要努力为发展筹集必需的财务资源，还要在现金的筹措和运用上将"单纯解决现金缺口"转变为追求"现金使用效率最高、现金使用成本最低和资本结构不断优化"。

"由戒生定，由定生慧。"举重若轻，临大事有静气的背后是各种因素的慎重考虑，穿越周期的经历，培养出来的自信、洞察力、极度的耐心和极度的决心。

二、非财务指标

只有将财务指标和市场、业务相关联，分析才有意义。

1. 对外部市场的流动性保持密切关注和预判

在可预期的市场中，企业负债率略高并无大碍，只要现金流能够覆盖经营成本、还本付息，企业就没有问题。但随着融资渠道收紧，融资成本接连上升，以及在地产周期性调整下，楼市流动性大大降低（没有流动性就没有能力偿还资金成本），高的负债率相当于悬在房企头上的"达摩克利斯之剑"，随时挑战其现金流所能承受的极限。

因此，在不确定的市场下，企业负债率过高，就可能遭遇失控风险，包括销售不畅、现金流断裂、资不抵债、控制权转移等。"君子以思患而预防之"，财务部门需要对外部市场保持足够的警觉，有备才能无患。

> **案例7-5** 某房企在积极拓宽融资渠道、优化融资结构，加大与各大实力金融机构合作的同时，还在控股集团成立了作战指挥部，除了融资团队，还有三个前端团队、一个策研团队、对接金融机构的后台风控团队，以便更好地洞悉外部市场变化，对整个融资团队起到引领作用，不打无准备之战。
>
> 此外，诸如美联储加息等资金面的影响，是公司战略突破中心关注的重点，要进行深度解读，然后与融资中心互动，对公司现有的融资渠道进行全面盘点梳理，看对哪些渠道影响很大，提前做好预案，制定相应的措施，并通过"三预"——预见、预警、预案，从控股集团到区域集团再到区域公司打通。

在不可预期的不稳定市场中，用降杠杆来预防企业系统性风险这一相对保守的策略是更有效的。因此，很多房企提出把高负债率降下来作为首要任务，把维持资金链"活下去"作为主要诉求。

> **案例7-6** 目前，已有多家房企提出了降负债目标，并且减少了土地获取及其投资。拿地金额减少有助于降负债，负债率下降有助于现金流的改善，现金流改善也会为企业带来捕捉新市场机会的可能。
>
> 在2018年，无论是恒大地产、碧桂园、融创等第一梯队成员还是融信、阳光城等中小型房企，都将"降负债"作为一个重要的财务目标。雅居乐提出未来会把控利息支出和负债率，回归60%左右的稳健负债水平，增加盈利空间。
>
> 恒大也将发力高质量增长，步入"规模+效益"发展阶段，推行低负债、低杠杆、低成本、高周转的"三低一高"经营模式，强调规模上适度增长，

> 更加注重增长质量,其中降低负债率成为企业未来的经营重点。而融创中国董事长孙宏斌则表示,今年的目标就是控制风险降杠杆。"减少支出+配股融资+提升回款速度"成了融创在"去杠杆、降负债"大形势下打出的组合拳。其他各家也都通过增大融资、加速盈利、减少支出等打法来降低负债率。
>
> 对于中小房企来说,学习标杆企业,不是学习他现在讨喜的模样,而是学习他曾经令人厌恶的面孔。先发企业已有在位优势,控负债率、低融资成本属于它们;后发企业按这个套路永远没法弯道超车,因此更要关注什么时候加杠杆、什么时候去杠杆,需要增强企业战略研究能力。

当然,规模扩张早已成为市场共识,不管是否明确销售目标,大房企都不会放慢规模扩张的脚步。规模不断扩张之时,资金的饥渴可想而知。我们可以设想:如果销售规模增长50%,而负债总额只增加30%,那么负债率自然就降下来了,风险也就降低了。从这个意义上讲,"降负债"不是降低负债额,而是在规模扩张的同时控制负债的同比例增加。发展中的问题只能用发展的办法解决,这才是"降负债、去杠杆"的核心逻辑。合理的负债是必要的,但重点还在于资产结构和财务结构的稳健。

2.企业自身流动性

控制负债的同比增长,流动性是生命线。事实上,近两年大量被收并购的房企,大多是因为杠杆太高,现金流又不足,还不了钱,面临崩盘破产,才被迫以身相许。

对于房企来说,企业资产的质量是第一位的,融资的方法是第二位的。换言之,流动性管理是第一位的,传统的资产负债管理是第二位的。在流动性管理中,存货变现能力是重点。

保持良好的存货变现能力和良好的经营现金流成为房企得以生存壮大的关键。只有这类企业才能在合同销售金额大幅增长的同时,控制住负债率的发展。流动性强的企业,往往更容易实现逆周期操作。淡市拿地,旺市卖楼,实现逆势高速增长。

确保流动性最基本的思路就是资金方面的增收、节支。

"增收"的方法就是强化现金回款率。房地产销售的好转是现金流恢复的基础。

在目前房企外部融资收紧的背景下,销售资金回笼可以说是最便宜的资金来源。只有快速回笼现金,才能确保企业现金流安全,也才有能力实现高周转的滚动开发模式。例如,近年来经营现金流量连续为正,使碧桂园对外部融资的依赖相对下降,在一定程度上折射出这家经历了一轮急速行进的地产巨头始坚守着"安全行车"的基本准则,将资金链风险牢牢锁在笼子之中。

"君子求诸己,小人求诸人。"实现资金迅速回笼的最基本方法就是高周转。例如2018年下半年,房企纷纷加快项目周转和推盘速度,就是为了加速回笼资金，以应对市场风险。

"节支"就是果断地进行去杠杆，而去杠杆去的其实就是土地。

因为对地产企业而言，所有的杠杆、所有的融资都是为了拿地。拿地规模的回落，对于地产企业资产负债表的修复、杠杆率的下降、经营负债率的下降都是非常关键的。这部分所导致的融资减少，对宏观层面上的总融资渴求就会减少。

市场调整期对于中小房企而言，往往并非是土地投资的良好时机，因为多数城市供求关系失衡，或者土地价格调整不到位，此时贸然投资拿地往往是风险大于机会。更为重要的是，"十个茶杯三个盖"的高杠杆经营模式注定不可持续，一旦个别项目出现去化难题，便会引发"蝴蝶效应"，带来不可抗拒的市场风险，极端情况下甚至会危及企业的生存空间。

为了更好地活下去，在地产业下行时，土地投资建议谨慎当道，要将控制投资风险摆在更为靠前的位置，并以降杠杆为宗旨，将净负债率降至相较合适的水平。尤其是前期激进拿地、净负债率偏高的房企，更要缓拿地甚至暂时撤出土地市场。例如，某房企放缓了拿地节奏，以前是半个月拿一块地，现在一个月拿一块地。

> **案例7-7** 到了危急时刻，收割现金与冻结项目成了众多房企的"过冬术"。
>
> 因为"清理存货、收割现金、加快资金回笼"是应对寒冬的有效办法，所以许多标杆企业以及香港四大开发商在历次金融危机和楼市寒冬中都首选此种方法。又比如在2008年金融危机时，长江实业在自身已为20%的资产负债率的保障下，依然坚持清理存货、快速销售的策略，在2008年上半年就完成了全年在香港的销售任务，也因为不惜售，终于赶在9月楼市低迷之前储备了足量现金过冬。2008年10月25日，和黄地产（以下简称"和黄"）提出"持盈保泰"策略，宣布在2009年6月底前冻结所有未落实的投资项目，全面检讨现有的投资计划。10年后即2018年，由于感受到资金和生存压力，万科下达了铁令：如果6300亿元回款目标没有达成，万科所有的业务都可以停止，对业务进行收敛和聚焦。

除了减少土地投资之外，由于项目一旦开工，建安材料与设备等众多资源就开始快速消耗，在现金为王、销售乏力的市场环境下，为避免存货高企，资源尤其是大额资金的消耗应成为节流管控的重点。房企需要及时调整生产计划，减少在建工程支出。

总之，房地产企业在整个开发过程中，最主要的两个环节就是获取土地和为整个流程提供资金。这也决定了土地资源和资金成为房企竞争力的关键点。从实践来看，凡投资和融资携手共进的房企，都是"白日放歌须纵酒"，"春风得意马蹄疾"，成为业内标杆或黑马；而两者貌合神离的，都是"座中泣下谁最多：江州司马青衫湿"，或错过了行业发展的机遇，或成为了收并购的对象。

第八章 高周转

第一节 大象无形,掀起高周转的盖头来

老子在《道德经》中说"执大象,天下往",意即哪里有"道",天下的人便会向往哪里;又说"大象无形",真正的"大景观"往往是"无边无际"的,并不拘泥于一定的事物和格局。

一方面,高周转已经成为各房企提升ROE之重器,高周转模式成为主流房企的主流模式;但另一方面,对其内涵行业内又众说纷纭。因此,需要从房企的核心要义进一步加以阐发。

无论房地产开发多么复杂,其核心要义只有一个:追求投资收益最大化。用一个公式表示,就是:$M=S f$。

【注】式中,M指投资收益,也就是赚了多少钱(利润);S泛指企业的规模类指标,可视为总资产、净资产、投资额、开发量、销售额等;f泛指盈利能力指标,可视为收益率、IRR或ROIC等(当S是总资产,对应的f就是总资产回报率;当S是净资产,对应的f就是净资产收益率ROE;当S是股东自有资金投资额,对应的f就是股东自有资金投资收益率ROIC)。

实现M最大化有两条途径:一是做大S,即做大规模;二是提高f,即做优做强。

S(规模)是客观存在的,主要取决于企业的资金量("资金池"容量)。中小企业之所以很难追赶上万科、保利、中海、恒大等大企业,主要原因就是S基值

（即规模基础）不一样。

在较小S值的情况下，要尽快做大S值，只能走可快速做大规模的高周转之路——只有高周转，速度才能更快，才能跑赢市场。企业竞争类似赛跑，前面早已起跑的企业年销售额已经达到几千亿元了，而且仍以每小时15千米的速度在跑；基数低的、起跑晚的，只有以更快的速度才能实现赶超。

因此，要做大S值，也就是做大规模，前提是要有资金和土地。但在资金和土储相当的情况下，为什么不同企业的发展速度却差距很大？主要是因为做大规模的方式不同。做大规模有三种方式。

① 最简单、最直接的方式，是做加法。从一个项目到多个项目、从一个城市到多个城市、从住宅拓展到商业、从国内拓展到海外等，归根到底，都是做加法。做加法用一个简单的公式表示就是：$S=A+B+C+\cdots+N$。只有做加法，销售额才能从十亿元到百亿元，从百亿元到千亿元，从千亿元到万亿元。这也是一线标杆房企能实现全价值链、全国化（甚至海内外）布局、全产品系覆盖的根本原因。

② 做乘法。当一个项目或一种产品模式成功后，就进行复制。假如某项目规模指标为A，复制了x个，那么用公式表示就是：$S=xA$。

③ 最快、最好的方式是做加法的同时做乘法。也就是企业有多条产品线，而且多条产品线复制开发，用公式表示就是：$S=xA+yB+zC+\cdots+X$（其中X代表不能标准化复制的特殊项目规模指标）。

而房地产开发的收益率f不仅只是利润率（f_1），还与周转率（f_2）和杠杆率（f_3）直接相关，而且是连乘关系。

用一个公式表示就是：$f=f_1 f_2 f_3$。这就是著名的杜邦公式。显然，要提高收益率f值，就要提高利润率、周转率和杠杆率。

特别强调的是，利润率是没有时间概念的——同一个项目，三年赚了10%，与五年赚了10%，利润率都是10%。有时间概念的是周转率，以资产为例：资产四年周转一次，周转率是0.25；两年周转一次，周转率是0.5。项目投资也如此。杠杆率也称为权益乘数，就房地产项目而言，可理解为撬动项目的总投资额与自有资金投资额的倍数。

一、利润率（f_1）

要提高利润率f_1，只有两种途径：一是"降"（降低成本费用），二是"提"（提高销售价格）。但随着市场竞争愈发激烈，加之受限价政策影响，除非产品特别好，否则要提高销售价格是很难的，也是冒很大风险的。所以主要措施，也是自己能说了算的办法就是"降"。

降低成本的传统方法是控制成本。但问题是，随着土地成本、薪资成本等不断增长，工程费用几乎没有降低空间——传统方法显然不灵了。但高周转却可以，而且能从根本上降低成本费用！

因此，要提高利润率（f_1）的房企有两条路，即高周转和高溢价。但一个共性现象是：一直关注高溢价的房企貌似都没做大，慢慢脱离了地产主流阵营；而奉行高周转体系战略的房企都做大了——高周转房企长期完胜高利润房企。

高周转的主要表现是"快"。因为"快"，最直接的成效是能大幅降低期间费用和资金成本。仅以资金成本为例，假设项目的土地成本是10亿元，资金成本（负债息率）为8%，那么每天的资金成本就是22万元；假设推行高周转模式后项目周期缩短了5个月，仅资金成本就能降低三千多万元。

根据测算结果显示，同等规模的项目，开发周期每增加一个月，由于资金成本、管理费用等随之增加，项目投资回报率将会降低0.8%左右；反之，开发周期每缩短一个月，项目投资回报率可提高0.8%。自2017年以来，银行已经对三四线房企停止放贷，中小房企只能转而采用民间借贷等利息极高的资金，如果速度不够快，就会被利息吃掉。

二、杠杆率（f_3）

企业成长，一靠积累，二靠负债，三靠股权，没有其他路可以走。要快速积累就要高周转，当年拿地、当年销售、当年再投。在上升通道中要敢于负债加杠杆，在震荡通道中要及时去杠杆增加股权性融资比例，小股操盘，提高自有资金杠杆率。

在既定的高负债下，也只能通过高周转进行化解风险。此前许多高周转企业就把自有资金的杠杆倍数放大到5～10倍。这些房企负债比率越大，越要求高周转，越要在项目布局时，多选择现金流型项目。所以很多高周转的房企，对于市场容量大能提供现金流的项目，哪怕利润偏低也会做。事实证明，对于高负债的房企而言，只要能够高周转，只要现金流没问题，风险就是可控的。

三、周转率（f_2）

在当前市场形势下，随着竞争越来越激烈，行业平均利润率大约以每年一个百分点的速度在持续下滑。而且，因为近年来土地成本和资金成本越来越高，事实上股东资金的杠杆率也是越来越低的。

因此，当下周转率（f_2）成为了提高回报率（f）的最直接、最有效的着力点。为了提高周转率，众多房企实践并不断完善了"高周转"模式，以此作为化解投资风险、获得股东资金回报率最为关键的观察指标。

1. 利润更高

在高周转模式下，房企的利润率似乎更多是一种财务高速运算的复杂结果。它与速度高度相关，或者可以说，利润率是靠速度跑出来的，不见得非大不可。

高周转模式起到了"四两拨千斤"的作用，对于房企来讲，高周转主要反映的就是投资效率，可以提高股东资金回报率。例如一年做一个项目利润率为15%，如果能做两个利润率为8%的高周转项目,加之资金流转、成本下降,赚的还更多,可供选择的项目机会也越多。

而且如前所言,高周转需要配合能支撑高周转的产品线及标准化开发,因此它还是快速做大规模(S)的最快、最好方式,不仅不会牺牲利润,反而能快速提高利润。近年来,恒大、碧桂园等高周转的企业,不仅规模增速快,而且年度净利润高达几百亿元,这就是最好的证明!

2. 规模效应

高周转的本质是现金流的快速周转。本来资金1年可以周转1次,但高周转之后,资金一年可以周转两次,同一笔钱一年里先后做了两个项目,规模比只做一个项目扩大了一倍。现金流周转得越快,企业规模增速就越快,随之而来的资金、人力、技术、供应商等的聚合效应就会更大。

成长型企业要让"大象跳舞",规模和高周转是孪生兄弟,结合在一起企业才能安全。要做大规模,目前来看,高周转是基本功。在企业资金有限的情况下,要想实现高增长,无论是在过去、现在还是可预见的将来,高周转都是主流的开发模式。

案例8-1　现金流回正快,1亿元可撬动60亿元规模

地产作为资金密集型行业,其规模及利润与现金流密切相关。而备受推崇的"高周转",产生了自有资金和销售额之间的梯度关系,起到了四两拨千斤的作用。以某项目一期为例,项目建筑面积为18万平方米,销售额(含税)为11亿元,资金峰值4亿元,净利润率10%,净利润1亿元,如图8-1所示,项目自身现金流贡献可以为企业提供规模杠杆,实现利润倍增。

	3年项目数	3年总销售额	3年总利润
2年现金流回正	2年后自有资金+现金流贡献做2个项目,共3个	3个项目每个11亿元,共33亿元	3个项目每个1亿元,共3亿元
1年现金流回正	1年后自有资金+现金流贡献做2个项目,2年后做4个,共7个	7个项目每个11亿元,共77亿元	7个项目每个0.9亿元,共6亿元
8个月现金流回正	8个月自有资金+现金流贡献做2个项目,16个月后做4个,2年后做8个,共15个	15个项目每个11亿元,共165亿元	15个项目每个0.8亿元,共12亿元

高周转企业的核心经营逻辑:通过回收自有资金及项目现金流贡献实现规模发展。

图8-1　不同现金流回正时间对规模的拉动

> 我们可以再做一个假设，如果项目地货比（土地价值和能够提供的货值之间的比例）为1∶5，项目净利润率为10%，一年可实现2次周转：原始投入1亿元，当年可实现总货值10亿元，净利润1亿元；项目预售资金的50%再投入到新项目，循环两年，可实现62.5亿元的规模和6.25亿元的利润。当然，地货比可能因城市而有所不同，但杠杆效应是可以在各级城市彰显的。

3. 化解风险

据研究，房企的资产负债率如果能大致控制在资产周转率的两倍左右，就基本安全。比如资产周转率是0.45，那么资产负债率提到90%，几乎没什么问题；但假如资产周转率只有0.3，那么资产负债率即使只有70%，资金也会非常紧张。

只要周转率提高了，现金流就有保障，就能用更少的资金撬动起更大的投资额，就能增加投资机会、分散市场风险、降低投资峰值、熨平现金流峰谷、降低资金链断裂风险等。这也是为什么有些高周转的企业能够高负债运行却还安全，而有些周转速度慢的企业虽然负债率不高，反而现金流却非常紧张的根本原因。

总之，高周转可以从根本上提高利润率（f_1）、周转率（f_2）和杠杆率（f_3），进而可以从根本上提高收益率f和投资收益M。因此，越来越多的房企提出高周转的口号并践行之。

第二节　知止不殆，拿能高周转的地

"知止不殆"，意即懂得适可而止就不会遇到危险。因此，拿地时设定标准，明确何时"止"非常关键。

评判一个项目是否做到高周转，关键要看三个指标：整体的现金流回正时间，从拿地到动工、预售的时间，销售去化速度。其核心就是一定要快，把流动性做起来！

选择大于努力。高周转必须对资产对象有界定，一定是流动性好的资产才能高周转。除了"客品匹配"的产品业态外，在投资时，就要选择能够高周转的土地，这是关键。如果地拿错了，后期想要高周转的难度就会加大。

对于正在冲规模的中小房企来说，要在保证流动性和安全性的前提下做高周转。只有对土地的规模、素质等要求更高，才能让自有资金快速滚动起来。例如有些企业在冲规模阶段，明确指出要获取小型地块（20万平方米以下），要提高在三四线城市的占比等。房企拿地不再过分追求利润率，市场容量大能提供现金流的项目，哪怕利润偏低也会做。因为这种项目更利于高周转，并能够推动规模快速增长。

在现金流型项目高周转的理论模型中，自有资金放大的规模=年资金周转次数×资金杠杆率×货地比×土地首年供货比×销供比×自有资金。参考以上几个指标,房企就可以决定要去找什么样的项目,围绕这些指标中小房企应快速形成核心竞争力,如表8-1所示。

表8-1　现金流型项目高周转的理论模型

项目类型	年资金周转次数	资金杠杆率	货地比	土地首年供货比/%	销供比/%	理论销售规模/亿元
利润型	0.6	1.5	1.5	30	90	3.6
平衡型	1	1.5	2	60	90	16.2
现金流型	1.5	2.5	2.5	80	80	60

【注】 指标解释如下:

指标一:自有资金的年度周转次数。假如项目做到12个月回正,则为1;当前较为优秀的企业可以做到6个月回正,即周转次数可达到2;9个月左右现金回正,资金周转为1.5次。

指标二:资金杠杆率。杠杆率决定了自有资金的撬动能力。在市场单边上扬、利润高且对市场判断精准的时候,政策允许时一定要敢于加杠杆。此前很多房企的融资比例可以做到4(自有资金):6(外部融资),即1亿元的自有资金可以撬动1.5亿元的土地。一旦市场横盘,在一个箱体内窄幅震荡时,为了降低风险,就要降杠杆,少用债务融资,提升股权性融资比例。

指标三:货地比,也就是项目的整体货值和土地价格的比值。高周转房企的地货比平均差不多在1:2.5以上。地价越高,资金峰值越高,需要的回款越多,现金流回正越慢。即货地比越高,现金流回正越慢。

指标四:土地的年度转化率,也就是当年获取土地进入到市场的货值和项目整体货值的比值。某房企要求,6月份前的土地,当年的供货率要达到80%。

指标五:当年销供比,指的是当年销售额和供货货值的比值,一般都按80%来要求。

从这个模型可以发现,如果能最大限度地降低自有资金占用,放大资金杠杆,就能提升资金的周转效率;如果再叠加快速开发和快速销售的运营节奏,则能对规模递增产生放大效应。

从投资阶段而言,重点要关注"货地比"和"土地的年度转化率"两个指标。

1. 要保证高货地比

当房企拿地利润率很低,资金紧张时,如何用更少的投资额换取更大的业绩规模?选择高货地比的土地是一种务实的策略。如地价投资是1亿元,货地比3倍的土地就能带来3亿元的销售货值,高货地比的好处就是能够用更少的拿地资金换来更多的货值,也相对在利润率上比较安全。

为了保证货地比,房企会更倾向于向三四线城市下沉,因为高货地比往往在一二线城市的郊区,或者在低能级的三四线城市。一线城市和二线城区的溢出效应,使一线城市周边和二线城市郊区的新房需求量增加,进入这些市场的性价比就很高。而三四线城市基本是轻量级选手同台竞技,拿地成本相对可控。当然,这些土地,也往往位置偏远,配套不成熟,甚至有瑕疵,所以反过来也需要谨慎研判,确保具备快速去化的条件。

2. 要提高土地的年度转化率

"船小好掉头",要提高土地的年度转化率,就不能拿太大的地,否则很难在当年就能全部卖掉变现。

(1)拿中小规模的地块

例如实力强的房企可以拿二三十万平方米的地块,实力略弱的房企拿10万~15万平方米的地块即可。这样可以高周转,当年就全部变现。同时,小企业不宜有大量土储,应尽量采用轻资产模式。政府一旦推地,一定要快速拿地、快速开发、快速清盘。

(2)拿便宜的地

买地是最大的成本。地拿得便宜,是控制成本和实现高周转的基础。

对各大房企开盘周期的统计结果显示,地价高的项目开发周期要比地价低的项目慢很多,原因在于高地价的项目对产品溢价能力要求更高,对项目定位与设计考虑更多,以实现销售溢价最大化。特别是在政府限价政策的背景下,如果地价便宜的项目卖得也便宜,不但可以不突破政府指导价,还可以快速拿到预售证开盘,而且卖得也更快。

同时,在市场有下行压力时,地价越低,房价的下调空间就越大,就越能吸引首置客户,应对市场变化就越能游刃有余。如果拿地价格过高、房价顶在高位,进而抑制销售与现金回笼,就有可能陷入资金短缺的困境。

(3)拿能以价换量的地

这样的地,可攻可守,风险可控。

拿的地要有抗跌能力,关键是要在核心地段拿地。核心地段除了一线城市、强二线城市,也包括一些中小型城市的核心区、优质学区、有绝对资源资金支持优势的重点开发区等。这样的地,即使市场下行,也能够保证资产安全,也能够断尾求生,亏一点就能够快速出货回笼资金。如果是非核心地段的项目,建议把分析做得更透彻一点,谨慎参与。没有刚需和改善市场的边缘土地坚决不碰。

(4)拿净地

要想高周转,还要尽量拿净地。对于牵涉的问题比较多的地块,一定要慎重。

相对于招拍挂拿地,收并购方式拿地可以获得更有竞争力、更确定、更快速开发的土地,在市场预期下行之时,不但机会更好,而且风险更小。例如,可以将大部分土地交易对价款在现金流回正后支付，降低自有资金的投入压力；还可以通过业务前置，实现拿地即开工。某房企就要求收并购项目需要在摘牌前完成施工图方案（而招拍挂土地只需要在摘牌前完成产品定位，摘牌后70天完成方案）。

而一些房企过于追求通过收并购来获取低价地，但是对并购项目本身遗留的一些疑难杂症未能充分预计，处理起来比较困难，不能快速供货，因此不但不能实现高周转，反而使这些风险货值成为了企业的压力。所以，某房企要求以净地交付或首期净地交付作为投资团队的考核条件，所有没有净地交付的项目不能算作完成投资任务。当然，如果拿地后"拔出萝卜带出泥"，发现地上有障碍物时，就要重新对项目进行评估，算大账，制订专项计划，及时止损，不能捡了芝麻丢了西瓜。

（5）进对城市

例如当地预售条件是正负零、投资额25%还是主体1/3、1/2，按揭放款条件是预售即放款还是封顶放款，银行按揭、公积金额度、办理效率如何，政府有无桩基先行政策，相关规划政策是否透明、报批报建流程是否快捷等。这些都是高周转房企需要在投资前考虑的问题。近年来房企的销售排名变化已经说明了，由于一线城市地价占房价比例高、预售条件相对严苛、调控政策繁多，所以早期聚焦一线城市的房企发展速度都较慢；而采用农村包围城市策略，能在二三四线城市做到拿地5～8个月开盘的恒大、碧桂园、中梁等房企，却在行业排名中后来居上，很大程度上依靠的就是三四线城市天然的高周转条件。

第三节　慎终如始，将高周转做到极致

除了拿对的地，做对的事也很重要。投资环节拿好地只是成功的一半，开发环节还要"慎终如始"。具体说，就是按照万物万事的生成与演化规律，即"道生之，德蓄之，物形之，势成之"，将高周转做到极致。

一、"道生之"——明确项目经营定位

高周转的本义是现金流高周转。

高周转企业的核心经营逻辑是通过尽快回收自有资金及项目现金流贡献，进行再投资以实现规模发展。所谓的房企追求高利润率，其实不是单纯追求项目的销售净利润率更高，还是追求自有资金的收益率更高，而且后者是核心所在。因此，很多企业更关注现金流回正后的利润。

为了使自有资金的使用效率达到最优，房企要明确项目经营定位，因材施教，搭建差异化的项目开发路径图。

"一个猎人不可能同时追到两只兔子。"在项目获取前或后，就要快速确定项目运营目标追求的是现金流型，还是利润型，并以此定义项目开发的策略和节奏，

例如在确定开盘节点和现金流回正节点的同时也确定项目开发的整体节奏。

对于利润型项目，应着重前端，并监控后端，追求产品的高溢价，使项目投资收益最大化。

现金流项目管理的核心为现金流回正，强调快开、快售、快"平"、快投，即快速开工、快速开盘、快速现金流回正、快速资金再周转，不可恋战。如果明确项目的经营定位是现金流型，那么在执行中就不能左顾右盼、见异思迁、产生动摇，不能将项目最终做成利润型。

二、"德蓄之"——确保有品质的高周转

高周转无非就是三个诉求：一是钱贵；二是短期上规模；三是变现避险。极致高周转会造成成本增加、政策风险、法律风险，包括员工劳动强度加大、激励成本增加。因此，高周转有其边际效应，高周转不是越快越好，也要遵循一定的规律。

企业家和项目管理者要本着"为天地立心，为生民立命，为往圣继绝学，为万世开太平"之胸怀，"修己以敬，修己以安人，修己以安百姓"之理念，对客户负责，对历史负责，追求高品质下的高周转，而不是单纯地追求个人利益和企业利益最大化，更不能盲目求快，偷工减料。

1. 加强自身能力建设

高周转战略需要辅之以高效运营的标准，而高效运营标准的核心就是工作前置。

在明确的开盘时间下，为确保合理工期，企业唯一能做的就是工作前置，进一步压缩出图和报批报建时间。如果未能做到，就应重新调整开盘时间，而不是以邻为壑，将自身运营能力的问题转嫁成粗暴地压缩合理工期，不顾一切地高周转，从而触发更多突发事件。

同时，高周转战略还要辅之以产品标准化。仅靠管理不可能从根本上提高开发效率（比如无论再怎么加强管理，从方案到施工图完成最快也要35～40天，无论再怎么考核，也不可能压缩到15天），要根本上提高开发效率和周转速度，最终还是要靠产品标准化。很多标杆房企之所以能那么快，就是因为它们的产品都标准化了。比如某房企的图纸据说是全国通用的，这样一来，就能有效缩短投资决策、项目前期定位、规划设计、招采这些环节的时间了，从而进一步提高效率。

此外，还需从人才、资金、组织效率等方面着手，全面保障高周转的有效落实。高周转涉及房地产开发的各个环节，是企业综合能力的体现，是一种系统能力，关系到产品、设计、运营、成本、营销、财务、公司文化、奖惩制度等。单方面追求速度或者偏向追求业务线的速度，孤军深入，都不是真正的高周转模式。"罗马不是一天建成的"，高效运营标准和产品标准化都需要长期的管理沉淀，才能厚积薄发，确保项目有质、有速、有效地完成，追求极致完美。

经过一段时间的喧嚣和沉淀后,行业现在的主流价值观是奉行有质量的增长。以品质为前提的高周转,才是行业的未来。这会倒逼房企加强标准化建设,在施工、集采、成本、组织管控等方面,做到有据可依、更加规范,提高企业运营效率;同时在规划设计方面保持一些灵活性,确保产品更加贴合市场、品质更加有保障。

案例8-2　严格实施标准化,缩短技术决策周期

为缩短前期设计周期,碧桂园要求项目严格采取标准化的方式来操作。针对刚需及改善客户,要求选择标准化产品,在区域范围内全面快速复制,特别是同一区域,如果客户定位相同,必须选择标准化产品,在区域范围内快速复制。通过标准化,设计周期平均缩短超过50%,如图8-2所示。

单位:天

工作项		正常	标准化	周期减少	备注
规划施工图		56	14	42	平均提速超50%
市政施工图		14	7	7	
结构图	别墅	28	14	14	
	多层	35	17	18	
水暖电图	别墅	3	1	2	
	多层	5	2	3	
装修图	别墅	45	1	44	
	多层	30	20	10	
园建图		30	15	15	

图8-2　标准化产品对设计周期的影响

另外,为保障示范区尽早完工,要求示范区采用已有标准户型,这样可以做到套用原有土建、安装施工图纸和装修图纸,节省设计、采购和招标时间。

2.保证质量、品质和客户的利益

高周转不应以牺牲项目质量和品质为前提,即不以牺牲客户利益为前提。只有以质量为第一原则,保证每一套房完美交付,树立良好的口碑,才能保证一个房企长期健康地发展,实现基业长青。

和高周转如影随形出现质量和安全问题的根本原因是,有的房企追求早开盘,不是通过精心科学地工程策划、优化工期将闲置的时间节省下来,而是简单粗暴地压缩前期施工时间,这样很多动作就会变形,也就难免不出现质量事故。

因此,要确保合理工期,尽量避免人为抢工期,节点计划的编制必须科学合

理并具有可执行性。合理工期的优化是由下至上的，可以以三级节点的工期与搭接关系为基础进行分析。兰德咨询反复做过时间的推算。推算结果是，如果要在开盘前预留一个月蓄客期的话，那么在拿地后140天开盘是极限，而且拿地后一个月必须开工（示范区及售楼处时间压缩到80天，开盘前10天拿证，拿证前商品房施工时间为100天）。

此外，现场管理必须满足文明施工、安全生产、培训覆盖、监管到位等要求。

在实践中，一些房企通过采取"分段聚焦、分时聚焦"的策略，实现高周转与高品质之间的平衡。他们认为，高周转并非追求项目开发从拿地到交房整体的"快"，而是一般以"预售"（现金流回正后的时间）为界，前段求快，侧重高周转，后段以质量为先，侧重高品质。特别是在实现现金流回正后，后期施工速度可以放慢一些，甚至有意放慢。从资金角度来说，银行放款后，后期施工速度放慢的话，工程款支付节奏自然也延缓了。特别是最后的精装，时间拉得越长，开发商的占款时间也就越久。这也正是很多期房销售后，开发商两三年才交房的真正原因，如图8-3所示。

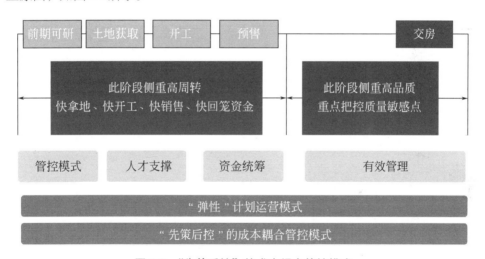

图8-3 "先策后控"的成本耦合管控模式

三、"物形之"——提高效率，提前每一天

兵贵神速。开工、开盘越早，现金流回正的时间就越早。

一般通过"早起跑""串改并""控周期"等管理方法改变关键路径及缩短关键工作时间，提高项目开发效率。

1. "早起跑"

例如在拿地前完成定位、概念版方案，可以缩短拿地后设计周期30天；示范区设计单独立项，在概念设计方案完成后（示范区选址及定位确定）独立开展，可使示范区开放提前1个月。

部分企业会因为顾虑浪费成本，而以一种谨慎的态度看待工作前置，但从大运营财务经营角度来看，有效的工作前置能够切实减少综合成本。以建筑面积15万平方米的项目为例，售价10000元/平方米，股东自有资金约3亿元，按照资金利率12%计算，每月股东自有资金利息成本=3亿元×12%/12=300万元；如通过工作前置优化开发周期（减少2个月），则资金成本总计节省600万元，而前置工作的风险成本约为100万~150万元，因此财务经营维度的综合成本可节约500万元。

2."串改并"

在工作前置的同时，可针对开发环节从原来按部就班的方式改为多线条穿插的方式进行，设计、报建报批、招标采购等工作并行展开，以最大限度地节省时间。比如设计节点并行设计，方案阶段即确定施工图单位，取得方案设计审查意见通知书后并行进行桩基施工图设计，工程节点并行，土方施工、示范区施工穿插进行；又比如在规划方案基本确定时，即同步展开桩基单位及总包招标，在规划方案确定后，示范区选址及方案即要马上确定下来等；再比如建立专项报批报建计划，将取得项目立项批文、工程规划许可证、施工许可证为三条不同阶段的报建主线，合并或平行各个阶段的报建任务，编制行之有效的报建计划，缩短报建时间。

3."控周期"

除了优化关键开发路径以外，减少每个关键环节的操作时间，也可以达到缩短工期的目的。常见手段有严控土方、桩基施工周期，严控示范区施工工期及主体结构施工工期等。

综上所述，高周转的核心是指现金流回正这个时间段的高周转，以快速回笼资金后再投资来倒逼快速开工、快速预售的方式来提高资金利用效率。受制于金融去杠杆愈加严苛，中小房企的融资渠道日渐逼仄，金融机构资金募集难度加大，融资到位时间延后，造成自有资金投资峰值提高；同时，银行按揭贷款额度缩小，放款困难，客观上造成经营性现金流回正延后，资金周转率降低。

在此背景下，企业的回款能力更为重要，这决定了企业能否更好地活下去。在抢开盘的同时，建议企业着重加强对现金回款的考核力度，适当调升现金回款所占权重，以期实现稳健经营、有质量增长。在极端情况下更要牺牲一定的利润率，以求换取更快的现金回款。从投资端而言，要坚持现金流为主、利润率为辅的原则，首选高周转项目，以竭力压缩回款周期，确保企业拥有充裕的现金流。

四、"势成之"——打造强势的高周转文化

"激水之疾，至于漂石者，势也。"很多奉行高周转策略的房企，之所以势不可挡，主要是因为做了以下工作。

（一）静水流深的专业沉淀

大运营部门应积极整合相关专业部门，研究如何提升开发速度，特别是如何

快速开盘、快速回正现金流。通常做法是"创新在下面,规范在上面",集团层面要对内外部成功经验迅速加以复制推广,减少其他项目在黑暗中摸索的时间。

案例8-3 以工作前置为例,各房企针对关键的工作环节不断进行优化,形成了各具特色的打法和套路。

1. 团队前置方面。

在前期拓展时,如果是投资拓展部门唱独角戏,则容易导致后期投资与开发环节脱节。为推动后续快速开发,组建多部门联合的精干团队是第一要务。项目团队越早组建、越早介入投资谈判,则对项目风险识别、后续快速开发越有利。

某房企要求,在拿地前,项目总和七大员就要全部到位。一旦有意向拿地,就马上组建团队。某房企要求,在区域有意向地块后,就开始着手组建前期工作小组。前期工作小组一般是区域投资部或项目总牵头,成员包含项目部及区域设计、营销、成本、财务、运营等各职能专业人员,该小组的主要工作就是深入现场,对项目进行论证及编制各专业的前期工作计划和安排。重点是围绕如何实现项目摘牌即开工、工程关键线路、人山人海及第一时间提供绿化工作面等工作内容展开。同时要求放开编制,提前储备项目团队,枕戈待旦,保证人等地。拿地要提前做好项目总、营销总、工程经理、开发报建经理储备,拿地当天项目团队即抵达现场。队伍不仅要建得早,还要快速形成战斗力。有些房企都是"新老搭配"的策略,让经验丰富的"老马"领队,搭配拼劲足的年轻人,方向对、马力足,前进速度自然快。

2. 规划设计前置方面

规划设计前置是缩短周期最关键的环节,一旦设计决策反复,周期就可能无限拉长。某房企通过以下措施确保设计周期可控。

① 标准化,对于实行产品标准化的房企,新项目应尽量选取产品库的产品,缩短设计周期,要把工期短、能快速预售的产品放在首期供货中,从而实现产品快速入市。某房企之所以能在当天内出图,是因为户型图、施工图都是现成的,在已有图纸基础上优化或修改,一天时间能完成。所以该房企要求,在三四线城市项目区域范围内,特别是同一区域,若客户定位相同,必须选择标准化产品。通过标准化,设计周期平均缩短超过50%。

② 所有的设计工作尽可能前置。在项目内部立项后,即可开始规划设计工作。提前了解当地的规划设计要求及要点,保证不踩政府红线。接下来由营销、设计、成本和财务等多部门进行规划设计方案分析。规划设计要求严格按照当地规划要求进行,避免后期因方案修改影响进度。摘牌前要提前预报规划方案,通过规划部门预审批。同时,勘探先行进场,提前进入地块详勘并取得详勘报告,这样可以提前了解目标地块的地质情况,为设计提供基

础参考，也为前期工程提供依据。

③ 设计与报建报批基本同步。为了报建能快速通过，某房企还要求设计部门要研究出当地政府报规报建的特别标准做法及政府要求，整理成工作手册，帮助项目一次报建通过。

当然，对于大部分管理基础薄弱的中小房企而言，设计前置成本太高，难以具备条件，同时产品标准化由于受地块条件、管理基础等限制也难以实施，因此，比较现实的路径是重点解决设计单位选择周期长、高层决策反复以及报建与设计脱节的问题，让高层统筹与联合办公机制串联起各部门，从一些企业经验来看，为解决前期营销、发展和设计等部门工作脱节或者重复工作的问题，建立前期工作小组来推进是有效方式之一。在公司内部没有合适的标准化产品的前提下，应该充分利用与市场结合更紧密的设计公司的产品库进行填补空缺。就是借鉴同区域内，客户定位相同的产品，选择与产品类型合适的设计供方战略合作伙伴，对加快设计进度有事半功倍的效果。

3. 报建前置方面

每进入一个新城市都要提前吃透当地的政策法规，提前了解报建报批的难点和重点，做好和政府、设计单位的沟通协调，看哪些工作可以提前做，哪些工作可以穿插着做。

某房企报建前置的要求如下。

① 多个证件同步办理：从国土证到预售证，先行审核已有资料，待前一个证件手续办理完成后，即可快速办理剩余后续证件手续；

② 规划整体报批，分项报审：先送审整体方案稿，得到批复后，即可分项报审，这样即使有分项小调整，也不会导致重新报审，从而缩短时间；

③ 施工图审查灵活变通：召开专家初步审查会议，初审通过后可变通使用初审合同，办理后续手续，重复户型不再审查，以节省施工图审查时间；

④ 提前进行房屋预测绘：施工图纸出具后，提前进行房屋预测绘工作，争取政府支持进行加班加点，重复户型快速出具报告；

⑤ 提前审核预售证资料：先行审核预售资料，与前期规划许可证、施工许可证同步进行，审核通过后补齐前期所欠证件即可办理预售证，节省审核时间。

4. 招标前置方面

某房企为确保拿地即开工，采取了如下做法。

① 在项目立项后，就开展招标立项、投标单位确认、发标、开标、定标工作。招标立项方面要前置的工作包括：尽快了解当地的市场材料价格、购买当地的定额及材料信息资料、了解项目现场的特殊情况；将现场的环境及特殊性、具备的施工条件等提供给成本管理中心，以便招标文件快速编制；明确招标工程各专业的施工承包范围，利于招标文件的快速编制，减少后期争议。

② 快速确定施工单位：项目必须主动参与到招标工作中，选用熟悉的、合作过的公司操作模式，优选合作良好的施工队承包示范区并扩标到货量区。为保证顺利开工，示范区应将桩基础或其他基础类型与总包工程招投标分开进行。

③ 为保障示范区按时完工，为营销创造蓄客条件，需要优先确定示范区基础施工单位及总包单位。示范区与货量区施工合同签订时，工期务必分别约定。

④ 优秀的供应商队伍也是快速开盘的必要条件，为节省招标时间，该房企针对新老项目都有特别的管理措施。对新项目，可考虑寻找已经合作过的优秀施工单位做示范区。计价方式按后续货量区定标价格约定点数上浮。对旧项目、新地块，若相近时间内刚招过标，则可以直接以扩标的方式确定单位；对使用原有图纸且已施工的工程，可以由总包单位按原有合同造价原则进场施工。

为确保施工单位早日进场，尽快开工，某房企针对招标提出具体时间要求，如图8-4所示。

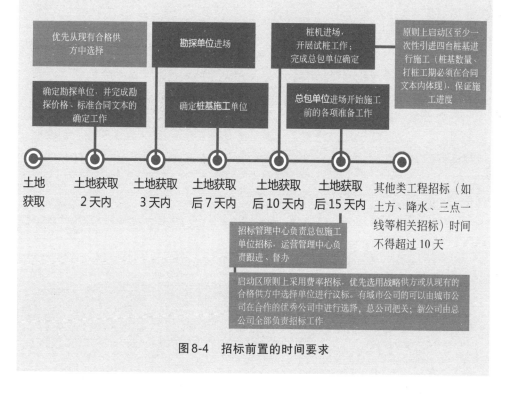

图8-4 招标前置的时间要求

（二）厚积薄发的管理积累

"台上一分钟，台下十年功。"对于高周转而言，这种管理积累集中体现在高效的运营标准和产品标准化等方面。

1.高效的运营标准

（1）差异化标准工期

明确差异化标准工期。建立差异化的标准工期有利于优化资源的合理调配，有利于企业高效的决策管理，有利于挖掘管理潜力，使资源效率最大化。

案例8-4 赛普地产研究院提出，通过"强经营、量业态、明变量、定工期、落权责、搭看板"6大关键要点搭建"差异化标准工期模型"。一方面可以帮助中小型企业在产品标准化未形成的情况下，基于项目实际情况测算合理的工期标准，从而支撑计划铺排的合理性；另一方面对于所有房地产开发企业而言，可以做到工期与经营定位、运营标准、计划管理、开发路径等相结合，从而支撑企业更快更好地发展。

1.强经营：以差异化标准工期匹配差异化经营定位

制定与经营策略一致的工期标准

经营定位的差异化决定了标准工期也应当适配，应制定与经营策略一致的标准工期。

对于现金流型产品，以开盘点作为分界点，前期的工期要侧重高周转，而后期要以品质为前提，通过"早起跑、串改并、控周期"尽可能提升效率。但是工程施工的周期一定要以质量安全为前提，不鼓励一味地压缩工程施工周期。

对于利润型产品，在方案设计获得政府批复以前应尽可能给予充分的时间周期，保障方案设计的精细化，提升产品溢价；而后以开盘为界，方案批复至开盘阶段关注效率的提升，开盘后关注产品质量，如图8-5所示。

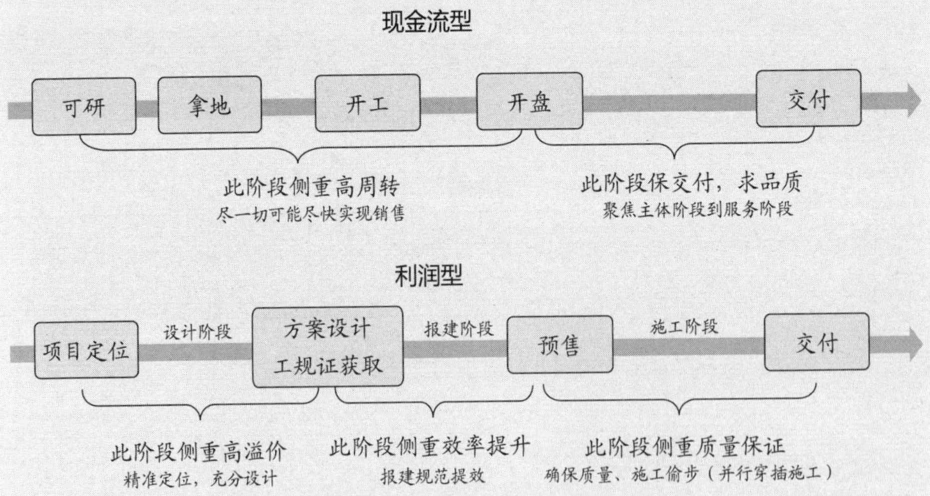

现金流型

可研 — 拿地 — 开工 — 开盘 — 交付

此阶段侧重高周转
尽一切可能尽快实现销售

此阶段保交付，求品质
聚焦主体阶段到服务阶段

利润型

项目定位 —设计阶段— 方案设计工规证获取 —报建阶段— 预售 —施工阶段— 交付

此阶段侧重高溢价
精准定位，充分设计

此阶段侧重效率提升
报建规范提效

此阶段侧重质量保证
确保质量、施工偷步（并行穿插施工）

图8-5 标准工期和经营定位的适配

通过城市等级与经营定位类型划分工期档位，并用价格进行修正。

城市等级划分为一线城市、二线城市与其他城市，结合三类经营定位，可将工期划分为五个标准工期档位，如图8-6所示。

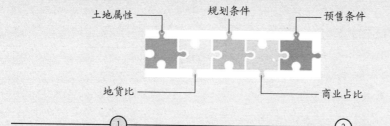

经营定位	城市级别	一线城市	二线城市	其他城市
	现金流型	3	2	1
	均衡型	4	3	2
	利润型	5	4	3

售价	一线城市	二线城市	其他城市
售价低	≤3	≤1	
售价高		≥4	≥2

图8-6 标准化工期与城市等级的适配

五个工期档位中，1档代表工期最短，5档代表工期最长，工期的时间长短由短至长的排序为：1档<2档<3档<4档<5档。

在档位初步确定的基础上，还需要根据当地的市场销售价格的实际情况对档位进行修正。修正的规则是，当项目所在城市预计售价低于其正常售价时，工期延长，档位提升（5→1）；当项目所在城市预计售价高于其正常售价时，工期缩短，档位降低（1→5），原则上档位仅提/降一档。

在设计周期及设计可以前置的周期内，进行工期分档。

① 差异化的工期档位决定了差异化的工期，而档位的差异化主要体现在设计阶段。

② 差异化的拿地模式决定了设计可以前置的周期的差异化，所以将设计周期与设计可以前置的周期进行结合，可以基本锁定"拿地—方案设计完成"段的合理标准工期。

2. 量业态：以多业态组合明确合理的工期测算标尺

当以项目多种业态组合推售时，"±0—主体结构封顶"段应该选择何种业态测量工期？对于产品未实现标准化的中小型企业来说又该如何测算？

在差异化标准工期下，明确合理的工期测算的基本逻辑是，通过录入首开的产品业态及对应业态的层高，根据项目所在城市的预售条件、在不同经营定位下的单层施工天数判断各业态"±0—施工至预售条件"段及"施工至预售条件—主体结构封顶"段所需要的施工周期。两段均选择各分段下最长工期所对应的业态作为度量卡尺。

举例来说，假设某城市某项目的首开业态包括别墅、高层和多层三种业态的组合。通过在工期测算表中录入首开业态及首开业态的层数,则可以根据各业态的预售条件以及各业态在不同经营定位、不同阶段的单层施工标准,判断得出各业态"±0—预售"段的施工周期及各业态"预售—主体结构封顶"段的施工周期。

若此时工期测算为"拿地—开盘"的周期(工期1),则:

工期1="±0—预售"各业态中工期最长的周期

若此时工期测算为"拿地—主体结构封顶"的周期(工期2),则:

工期2="±0—主体结构封顶"各业态中工期最长的周期

由此,也可以得出:

"预售—主体结构封顶"的周期=工期2-工期1="±0-主体结构封顶"各业态中工期最长的周期-"±0—预售"各业态中工期最长的周期

根据示例,"±0—预售"以多层作为工期测量的标尺,"预售—主体结构封顶"以高层作为工期测量的标尺,如图8-7、图8-8所示。

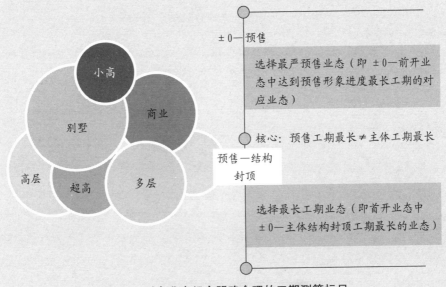

图8-7 以多业态组合明确合理的工期测算标尺

3.明变量:以工期主路径为依据将各类变量融入各开发阶段

厘清项目开发路径变量及其对应阶段,并基于不同变量设计标准工期,可以为标准工期自动化计算提供底层支撑。

工期一般受城市/区域、运营标准、产品业态、预售条件、工程实施等变量影响。基于节点"开工"切分,开工以前为"前期工作节点",开工以后为"工程施工阶段"。在此基础上进一步细分各子变量,共计20个变量。并最终将这些变量融入主路径各个阶段,如图8-9所示。

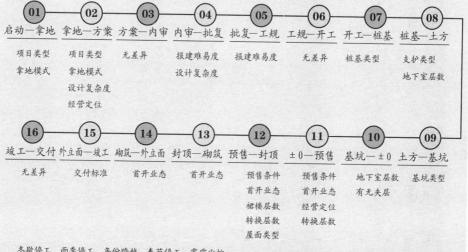

预售条件表		经营定位下单层的施工标准表 /(天/层)						工期测算表			
城市	昆明	±0—预售	别墅	多层	小高	高层	超高	首开业态	别墅	高层	多层
别墅	100%	现金流型	7	6	5	5	5	首开业态层数/层	3	18	9
		均衡型	8	7	5.5	5.5	5.5	对应预售条件 /%	100	7.00	100
多层	100%	利润型	8	7	5.5	5.5	5.5	预售对应层数/层	3	7	9
小高	7	预售—封顶	别墅	多层	小高	高层	超高	±0—预售标准/(天/层)	7	5	6
高层	7	现金流型	8	7	5.5	5.5	5.5	±0—预售天数/天	21	35	54
		均衡型	8	7	5.5	5.5	5.5	预售—封顶标准/(天/层)	8	5.5	7
超高	7	利润型	8	7	5.5	5.5	5.5	预售—封顶天数/天	0	60.5	0
								±0—封顶天数/天	21	95.5	54

±0—预售　　　　　　　　预售—封顶

多层 /54 天　　　　　　　　高层 /95.5-54=41.5 天

备注：销售条件表中百分比表示"要求达到形象进度的比例"，若显示为100%，则表示要求形象进度为主体结构封顶，而整数表示"要求达到形象进度地上×层"，若为7，则表示要求形象进度为地上7层。

图8-8 "±0—预售"以多层、"预售—主体结构封顶"以高层作为工期测量的标尺

图8-9 工期主路径各类变量融入各开发阶段

4. 定工期：以变量为基础定义各类情况下的标准工期

在前三个关键要点的支撑下，搭建工期模型仅需要明确各分段下、各变量影响下的差异化标准工期（例如在不同的支护形式及不同的地下室层数下，施工的周期标准有所差异），并基于项目的实际情况对变量进行组合勾选，得到各分段下的合理工期（如在地下室层数-2F及有夹层的情况下，地下室的施工周期为21天）及项目分段式的工期汇总如表8-1所示。

表 8-1 标准工期表

阶段	前期工作阶段					桩基土方阶段			主体工程阶段					景观配套及精装	设备及交付阶段	浮动因素		
细项阶段	拿地-概念设计方案完成	拿地-方案报规报建、拿地方式	拿地-方案内部评审完成	拿地-用地方案取或政府内部评审完成-取得用地证或政府批复意见	用地证或政府批复意见-开工规证取得	桩基启动	桩基完成-土方支护完成	土方支护-基坑完成	地下室-预售	预售-主体封顶	主体封顶-砌筑完成	砌筑-外立面完成(含落架)	其他变量	外立面-毛坯/精装完工	完工-设备(含工验收)	气候	节假日	其他
对应变量	档位设计复杂度、拿地方式	设计复杂度、拿地方式		设计复杂度	工规证取得-开工	桩基础	土方开发及支护	基坑支护类型	地下室层数	±0.0-预售	首开最严预售业态	首开最长工期业态	首开最长工期业态	屋面楼层类型	支付标准	支付标准	季节	假日	春节
变量勾选	2	2	已设定	1.1	无	先土方	-3F锚索腰梁	深基坑	-3F	夹层	高层	高层>3层	普通屋面	毛坯	已设定	无	无	无
	1.1	1.1		1.1						有夹层	100	55.0	0					
	收并购	收并购		收并购														
工期档位	-70	-48	-4	1	8	1	35	45	15	24	5	20	110	0	70	40	15	0	0	0
签字核对确认	投资已核对签字确认:	设计已核对签字确认:		报建已核对签字确认:	工程已核对签字确认:											工程已核对签字确认:		

5.落权责：以权责分判为原则明确填报责任主体保障落地

为了保障铺排的工期能有效落地实现，可搭建三个层面的权责分判，分别是填报环节、分段工期的确认环节、最终标准工期的评审环节。

① 第一层：在填报录入环节，规范各表的填表责任单元，以及对标准修订的审核权限。一方面可以保障标准执行的严肃性，另一方面可以保障工期测算的合理性。

② 第二层：在各分段工期的确认环节，由对应的专业部门对勾选的变量及自动输出的结果负责，并签字确认留痕。

③ 第三层：在最终工期评审环节，由各层级大运营工作小组，对最终的工期结果进行评审并基于评审结果会签。

6.搭看板：以开发路径图为工具实现工期的可视化

为了保障工期结果最终实现可视化，辅助项目计划管理中的开发路径及其与主项计划之间的勾稽关系，并同时解决各房企在项目相关变量变化的情况下不知道其他节点对应如何调整的困惑，各开发路径节点时间的输出可以与工期模型中主路径的节点进行关联绑定，并在绑定的基础上制定与绑定节点之间的前后置关系及工期标准，最终输出开发路径图和所需节点的所有开发路径时间，即"拿地-各开发路径节点时间"，并最终绘制各节点的开发路径图，实现工期的可视化。

举例来说，假设某项目的节点"项目定价确定"绑定工期模型中的节点"开盘"，若"项目定价"完成的对应标准为"开盘前15天"，且通过工期模型的测算"拿地—开盘"的天数为"180天"，那么此时"拿地-项目定价确定"的天数=180-15=165，此时开发路径图上该节点的对应所在位置为165。

案例8-5 基于不同经营定位模式及不同区域的差异化标准工期

某房企根据项目所处区域（长江三角洲、环渤海、中西部等）、城市（上海、苏州、镇江等）、产品类型（别墅、多层、高层等）等差异制定相应的标准工期。且开发项目若从拿地到销售开盘阶段中，土建施工跨越春节的，则在拿地到销售开盘标准工期上酌情增加20天（长江三角洲及中西部城市）、60天（环渤海城市）。针对新进入的城市项目，酌情在"拿地—销售开盘"标准工期上进行适当的延长。

某房企计划工期"分门别类"，在不同区域间保持"相对公平"。对于一二线城市项目来说，其计划开放/开盘工期原则上可参照以下几种情形中的最短工期进行确定：集团投资决策意见表上承诺的工期，集团营销供货需求计划确定的工期，同行先进工期，经集团审批通过的开放/开盘基准工期（一事一议原则）。对三四五线城市项目来说，计划开放/开盘工期按以下几种情形中的最短工期进行确定:原则上所有三四五线城市新获取项目均需按照"456"要求执行——4个月开盘、5个月资金回正、6个月资金再周转,集团投资决策意见表上承诺的工期,集团营销供货需求计划确定的工期,不能超出集团开放/开盘基准工期所约定的时间周期。最早开工时间的确定,应该遵循以下三个原则:土地获取时间、自有资金已实质投入超过3000万元(含)的时间、项目实质性开工时间。如以上情形无法涵盖,则可按一事一议原则确定。

(2)差异化运营标准

在差异化标准工期明确的基础之上,建立差异化运营标准。

针对不同经营定位的项目,需要差异化的运营标准,包括计划标准、去化标准、回款标准等。例如,现金流型项目需要快速开发、快速销售,均衡型项目则需要正常开发、正常销售;利润型项目需要放慢开发、掌控速度。与开发路径图和标准工期类似,运营标准同样需要差异化适配到具体区域和项目。

案例8-6 某房企总体要求"456"模式,但各区域会根据其城市具体市场情况灵活调整。如某区域的"8910"模式:在土地获取后8个月开盘,9个月资金回正,10个月经营性现金流回正。某房企对高周转项目进行了更精细、适应性更强的分类,在成熟的根据地要求做到拿地后1个月开工,4个月开盘,首次开盘卖掉70%,8个月现金流回正。常见标杆企业的运营标准有:万科的"5986"(即5个月开工,9个月开盘,一个月去化80%,现金流型产品占60%),融创的"591230"(即5个月开工,9个月开盘,12个月现金流回正,30个月交付),旭辉的"8611"(即8个月开盘,首次开盘去化率60%,11个月回笼资金),碧桂园的"456""789"(即4个月开盘,5个月自有资金现金流回正,6个月资金再周转,首期推出80%的货量,一周去化70%,一个月去化90%)等。

总体来说,高效的运营标准要以现金流回正为核心指标,兼顾开工、开售时间等。因此,在具体执行中,要站在现金流回正的角度来统揽全局,而不是"刻舟求剑",过度拘泥于运营标准。例如开发周期要尽可能和市场趋势相吻合。

(3)运营标准重在落地

① 管控。通过业绩与绩效考核,形成强大的压力倒逼机制。

案例8-7 恒大超强的执行力和铁一样的运作纪律,使其无论项目有十几个、几十个还是几百个,都能凭借标准化的执行方案在极短的时间内达到高度统一,传檄而定。例如,为抢前期时间,抢开盘节点,实现资金快进快出，在按照适度从紧的方式确定开盘等大的节点后，会将目标逐层分解，压力到人，着力形成各司其职、各负其责、一级抓一级、层层抓落实的工作局面。

为保障计划执行力度，杜绝过程中的相互推诿，恒大明确提出"三不放过"原则：没有查清原因不放过；没有落实责任人和责任单位不放过；没有处理的不放过。通过这样的方式在全集团范围内有效树立了狠抓落实的企业文化，集团的任何决策在半个小时内就可以到达集团项目一线人员执行。

同时恒大强调计划目标的严肃性。过程的监控考核也是基于目标来分析评判的，每年年中、年底，对地区公司进度管理等七方面进行评比、排名并公布。对于连续两次以上排名位居倒数30%之列的公司，给予分管工程领导降职、降薪处分。

许家印表示，恒大考察一位董事长的水平能力，包括上项目、队伍建设、工程管理、按时提前开盘等各方面。为此，近年来恒大还提拔了一批非常年轻的董事长，以树立典范和榜样。

案例8-8 在月度区域高管会上，某房企将区域总按业绩排座位，业绩好的坐前排。在业绩导向下，区域裂变，业绩不佳的区域将并入周边业绩较好的区域。某高管坦言："这很让人受刺激，每个人都很在意自己的位子，有许多区域总会感到很没面子。"

此外，还有诫勉谈话，例如每一个业务的进度都被设计了红绿灯的预警时间。当出现3个红灯时，业务相关人员会被职能中心负责人约谈，一旦出现4个红灯，等待你的是总裁的约谈。此外，如果工程质量月度考核排名靠后，区域总在高管会后就会被立马约谈，很多时候双方都是饿着肚子谈，如图8-10所示。

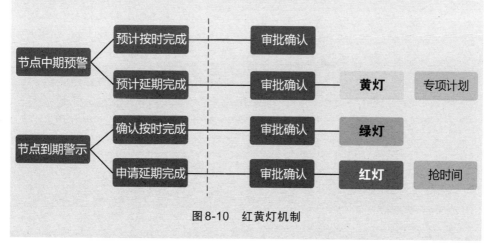

图8-10 红黄灯机制

② 赋能。为政在人，通过利益绑定，运营最终的落脚点就是通过将结果和利益进行绑定，来激发个人的积极性。

案例8-9 某房企将跟投资金滚动的次数与运营目标直接绑定。一是时间要求：公司标准要求是6个月开盘，如果能做到4个月开盘，则奖励100万元；如果做不到6个月开盘，则每晚一天罚款3万元。二是去化要求：首期开盘必须卖掉总货值的70%（6万平方米以上）；第二次推盘不能晚于第一次开盘3个月。三是现金流要求：若6个月现金流回正，则奖励100万元；若12个月现金流不回正，项目将失去继续参加成就共享计划的资格。

某房企针对高周转的激励中有一个节点专项激励，即针对不同区域项目的开盘节点都有考核：老市场新项目，要求在拿地后4个月内开盘；新市场新项目，要求在拿地后5个月内开盘；一线城市新项目，要求在拿地后7个月内开盘。开盘节点如果能按要求完成，则奖励80万元；如果不能做到，奖励逐渐递减；如果超过180天，即延期了3个月，则要处罚40万元。

案例8-10 中南认为，投、融、管、退是运营的四大能力，是支持中南1000亿元、3000亿元战略的核心；如何让"投融管退"做到极致呢？其核心是独立激励。

比如投，就是中南针对投资拿地的独立激励体系。其考核指标就调整为与拿地规模、拿地结构、拿地方式去挂钩，整个激励机制就专门聚焦这三个拿地指标进行紧密挂钩。

比如融资条线，可以不背营销指标、利润指标，就负责多融钱。考核指标直接与融资规模、融资成本、账龄账期挂钩。

比如管就是大运营。大运营是个复合型要求，难度很高，要考虑高周转，又要考虑多赚钱，它的考核指标与周转率、利润率直接紧密挂钩。

比如退是指的营销。在新激励体系下，营销只要考虑如何卖得快，价格多少不是营销人员需要考虑的事情。其考核指标直接与卖得签约额、回款额、回款周期、存货量挂钩，这样营销就可以甩开膀子干了。

总裁陈昱含强调："以前业务条线往往各自要背负太多指标，而且有些指标自己也控制不了高低，很多时候你甚至不知道在哪里用力才能奖励更多。但如今的独立激励体系，就业务属性来说，非常清晰明确、可核算，各条业务线就可以撸起袖子加油干，主动干，一分心血就有一分收获。如此一来你的奖金就特别高。"

各自释放能量，做到极致，会不会导致业务之间、条线之间失去平衡？对此，陈昱含解释："这就需要总经理、管理层去制衡、平衡。"比如战区总就是天然的投资总、运营总、营销总，是头"狼"，要做好"三好生""均好生"。举个例子，比如一个项目既要卖得贵，又要卖得快，这看上去是矛盾的，但其实并不矛盾。这需要综合规划和测算，需要集体的、均衡的智慧，这样就能真正把大家合在一起，相互争取，最终达到一个均衡的结果，这样每条业务线的专业性、积极性就都调动出来了。

2.产品标准化

除了高效的运营标准外，"产品标准化"是推动高周转的另一利器。

高周转的基础是强产品力。产品线开发是高周转得以实现的最有效途径。能否高周转主要取决于产品的成熟度，和产品的档次高低关系不大。据统计，产品标准化的房企平均开发周期，相比没有做产品标准化的房企，大概要短7个月。当房企的产品标准率达到50%时，回报率可超过行业平均回报率一倍以上。很多房企的高周转之所以心有余力不足，从项目一开始就慢半拍，很大原因就是在于没有对产品进行梳理总结，沉淀数据，形成自己的产品线。

产品标准化对于高周转的意义主要有以下几点。

（1）降低拿错地的风险

在土地意向确定后可以迅速匹配产品，实现定位，能有效预防定位偏差，避免房企高层的拿地冲动。这样就不会去拿一些莫名目标的地，大大降低出错概率，从而降低营销费用。很多房企都有一个产品类表，知道自己在什么样的土地属性上，选择什么样的客群，去做什么样的产品，而且这个产品做出来，比同行是有相对竞争优势的。同时，基于这样的品类，去选择城市：哪些城市可能特别适合这些品类；哪些城市可能特别不适合。

（2）大大缩短前期设计周期

设计图纸都是现成的，不需要重新来作，这样可以减少大量前期论证、比较工作，缩短技术决策时间，可以迅速实现方案，并完成施工图。此外有了设计标准，设计费用也能降低很多。

（3）实现提前招标

什么产品线用什么材料都有数据了，可以提前进行招标。此外，采购可以由集团统一进行，成本也可以大幅降低。

（4）有利于确保产品品质

提升产品设计和工程施工质量，减少设计变更和返工率。如果产品没有实现标准化，反复修改的可能性就很大。

（5）保障利润快速实现

有助于沿用已经形成的固定市场和销售套路去推动项目快速去化、资金回笼，最终保障项目利润的快速实现。

（三）大道至简的管理哲学，不纠结、不反复

这种管理哲学的核心要义就是目标明确、行动迅速。

任正非将华为成功的基因和秘诀总结了一点，就是在华为只有几十人的时候，就对着一个"城墙口"进攻；几百人、几万人的时候也是对着这个"城墙口"进攻；现在十几万人，还是对着这个"城墙口"冲锋。密集炮火，饱和攻击。

对于高周转管理要求而言，这个"城墙口"就是项目的最终运营目标。高周转就是要一切以项目运营的整体目标为重，以项目运营为导向，抓大放小，如果节点对目标达成最重要，那其他就果断让路。把时间全花在管控和审批上，最后只会把项目拖死。很多房企出现纠结、反复而影响目标达成的主要原因还是只算小账，不算大账，忘记了初心。例如，搞不清成本与进度的关系，过于计较成本，各种审核花费大量时间，却不去算算延误了进度，一天要损失几百万元。

在明确目标后，付诸行动时，就要树立雷厉风行、一抓到底的执行力文化。高周转的比拼，在某种程度上讲，就是执行力文化的比拼。对于中小房企而言，如果既不能创新，也没有效率，机会就会很少。

1. 提升执行力，首先要坚持知行合一、剑及履及

市场形势瞬息万变。在公司战略决策、重大决策、主要决策作出后，对付变的唯一手段就是以快制变，以变应变。

房企应对政策和市场变化的能力，很多时候建立在反应速度的基础之上。在战场上，一道指令执行得慢可能会导致全军覆没；一个企业执行指令的速度慢就可能会被高效力的竞争对手所淘汰。因此，"执行"就是马上去办，就是雷厉风行。不能办的要及时汇报，分析原因群策群力来解决问题。要树立急报忧、缓报喜的风气。对发现的重大问题要迅速形成共识，并立即采取应对措施，迅速在财务报表上体现出成果。

> **案例8-11** 某房企将高速度、高压力、强执行、撸起袖子加油干的信条，镌刻在魂与骨里。
>
> 通过所有会议室张贴、员工笔记本粘贴、内网首页、效益计算与跟投路演、工作决策等方式，贯彻落实高效运营标准的要求，更以此作为日常量度、考核员工管理行为的重要标准。
>
> 强化考核兑现的执行力。例如"绿黄红灯"考核：马上开工就是绿灯，不能马上开工就是黄灯，如果延误工期就是红灯，免职处罚，直截了当。同时责权对等，如赋予大运营工作组组长以经济决策权，人事任免权，可先斩后奏。
>
> 正是这样简单、直白，甚至粗暴的制度，通过一遍遍地强化、执行、考核、激励，使涓涓细流汇聚成砥砺前行、衔枚疾进、逢山开路、遇水搭桥的强大执行力，从而积小胜为大胜，最终形成了该公司难以被复制的高周转竞争力。
>
> 优秀的企业在于知行合一、快速的执行力，要有强大的体系做保障，有

全面的认同感做基础。当你还在为开不了工找各种理由时，人家已经落实到执行层面上了。也许该房企内部并不是所有人都认同这个要求，但是大部分人能从内心先去适应这个要求，然后想办法去突破和实现。观念的扭转很重要，有时候知道为什么做比知道如何做更重要。否则，当你表示不理解的时候别人已经出发了，当你刚开始理解的时候，别人已经走远到你追不上的程度了。

众多房企对标标杆，从羡慕到奋起直追，使行业整体周转水平上了新台阶。但有些房企仅仅是表面上的模仿，"得其形忘其意"，没学到敢于亮剑的精气神和简单、高效、务实的工作作风。比如文山会海做得多，实操落地关注得少，热衷于做方案，大事小情都要求上报方案，PPT做得十分精美，领导天天听汇报，部门之间相互质询、对比，但方案落地性差，没有实操性、实效性；或者每天都在不停地论证、谨小慎微，部门各自为政，相互推诿扯皮，资源大家都抢，任务人人后退。"干活的累死累活，到头来干不过写PPT的"，文恬武嬉、人浮于事和虚假忙碌，根本无法企及标杆企业的高周转水平。

学习标杆企业高周转的制度和做法，在于开拓思路、寻找差距和借鉴学习，不仅是简单地模仿和移植。管理模式和组织模式会随着各自领导水平、企业文化、发展阶段的不同而不同，而且最终的决定因素是企业内部的文化以及文化所带来的工作作风。

"非知之艰，行之惟难。"正如管理学大师德鲁克阐述的管理本质："管理是一种实践，其本质不在于知，而在于行；其验证不在于逻辑，而在于成果；其唯一的权威性就是成就。"

2. 提升执行力，要坚持速度第一、完美第二

市场经济是讲机遇的，而机遇总是稍纵即逝，唯有快才能抓住。邓小平曾说过："看准了的，就大胆地试，大胆地闯……第一条是不要怕犯错误"。Facebook扎克伯克也有句名言："快速行动，打破成规。不犯错误说明你还不够快！"实践已证明，执行力强的房企办事情只要看准了大方向，并不是等待百分之百满足条件，而是有七八成把握时就敢于碰硬攻坚，大刀阔斧地干，雷厉风行地干，在实干中追求完美。

案例8-12 如何提升组织管理效率，激发组织活力，既保证策略精准性又能够快速决策？恒大通过完成限期48天内拿下100个项目的艰巨战略任务，给出的答案是，在面对市场形势变化下，要有看准了能够及时调整策略的巨大勇气，更要有能够支撑起执行的一整套可行的标准化流程，以及执行力强、反应快、周期短和内控严密的公司文化。

集团通过简政放权,将拿地权限下放给地区公司董事长,董事长把好关,投资中心快速审批,之后直接上报董事局审批。保证无论一手项目还是二手项目,都不要在付款、价格等一些细节方面犹豫,要迅速拿下优质项目。同时,在一定程度上放宽了"五星标准",以配合快速拿地,将认定项目标准的权力下放给地区公司,以免可能丢失好项目。为推动项目尽快落地,100个项目,集团不做分配,各地区公司先报先得。

德信地产(以下简称"德信")的迅速扩张,也得益于其强大的预判能力和超强的执行力。最典型的是以下3次。2009年,杭州房地产市场不景气,德信一口气拿了4块地。2013年,德信预判到杭州的地价已经到了阶段性高点,于是迅速进行战略转移,转战至地价更合理的温州,并一口气拿了5块地,实现了"弯道超车"。2016年,由于三四线城市库存高企,很多房企不看好三四线城市,都退出来转战一二线城市。德信集团(以下简称"德信")却灵敏地嗅到三四线城市的机会来了,于是开始进军杭州周边的城市,并且以月均2~3块地的速度拿地,短短1年时间就在浙江拓展了近40个项目。

这些案例充分表明,逆周期拿地需要对周期精准判断的智慧和远见,更需要知行合一的勇气和魄力。兵贵神速,战场上兵刃相见,商场上斗智斗勇,谁先出手,就可能获得胜利。机会属于智者,也属于勇者,一旦发现买卖的时机,则要"趋时若猛兽鸷鸟之发",当机立断。

"大行不顾细谨,大礼不辞小让。"执行者要追求速度第一,完美第二,在奔跑中不断提升自己的能力,在追求速度的过程中不断地迭代,不断地修复,不断地追求完美。"两声猿声啼不住,轻舟已过万重山。"

3.提升执行力,要敢于担当、勇于任事

敢于担当是管理者最重要的品质之一。可以说,主动负责、立即行动、毫不拖延、全力以赴、迅速完成任务,这不仅是个人成功的秘诀,也是企业得以基业常青的有力保证。

任正非说过:"我若贪生怕死,何来让你们去英勇奋斗?"特别是作为高层管理者,要有头狼意识,勇于任事,身先士卒才能使将士效命。有些房企管理者未能将层层问责和亲临一线有机统一,天天开会听汇报,离市场和客户越来越远。

案例8-13 为了检验一系列管理改革的成效,碧桂园董事会主席、总裁亲自抓、带头干,分别担任江门一个项目总经理,以及惠州一个项目总经理。正是领导的身先士卒,打造出了该房企勇往直前、战无不胜的优秀团队,为企业发展提供了强大的源动力。一位曾帮融创做过并购前尽调的人士说:"在并购时,其他企业做尽调,一般都是一个技术加上财务、法务型的团队

> 出马，顶多一个副总裁带队。而融创则不同，是孙宏斌带人直接扑上来，在气势上，就赢了一筹。他的每一个决定，都来自自己的所见所得。其他企业的尽调团队在向老板汇报的时候，孙宏斌已经在和卖家讨论收购的价码。所以融创介入的并购，无论是谈成还是最终放弃，都掌握着先机。"

"形而上者谓之道，形而下者谓之器。"以良好的执行力为核心的企业文化是公司经营管理的大"道"。在今天这个资金可以筹集、人才可以纳贤、技术可以买到、商业模式可以复制、战略也可以模仿的同质化竞争时代，未来能够生存与发展的是那些真正有特色的企业。而恰恰是这无形与至柔的文化才真正具有持续永恒的战略价值，让两个貌似一样的商业模式和战略产生不一样的商业结果：成功或者失败！正如被誉为"竞争战略之父"的迈克尔·波特所说："不要把竞争仅仅看作是争夺行业的第一名，完美的竞争战略是创造出企业的独特性——让它在这一行业内无法被复制。"这也是卓越房企高周转模式"一直被模仿，从未被超越"的真相。

为学阶段要学习事物的种种变化；至深入研究、探索阶段，就必须弄清楚事物发展变化的规律；而把握了事物发展变化的规律，就能化繁为简，以不变而应万变。在风起云涌的高周转制胜的时代，不同的管理理念，塑造出的人才和企业文化是不同的。但成功房企的底层发展逻辑都是相通的，只是它们运用了正确的方法，以更高的频率在进化。它们摸索管理方法和提升经营效率的过程，都是可以借鉴的。更为重要的是，只有探究其成功背后的管理哲学和思想本源，才能建立以产品线开发和提升内部管理效率为基础的高周转模式，并形成独特的以执行力为核心的企业文化。"以天下之至柔，驰骋天下之至坚。"

第九章
激发潜能

万科郁亮曾表示:"没有成功的企业,只有时代的企业。我们正处在一个伟大的新时代,既然我们拥抱新时代,就需要告别旧思维。我们再用旧思维思考,那我们对新时代来临的意义可能会理解不到位。"

房企要在新时代不犯历史性错误,不错失战略性发展机遇,只有做好自己,主动拥抱时代,变革成长。

如何拥抱时代?就是要洞见时代的变化和行业发展趋势,洞察新时代市场与消费者的需求变化,洞悉人性与人才需求的变化。

怎么做好自己?就是要回归客户价值本位,做三好企业——有好人、有好的管理、有好的产品和服务。

第一节　上下同欲,激发组织活力

组织管理效率已成为越来越重要的竞争力。未来房企之间的竞争将由外部规模的扩张转向内部管理效率的比拼。从标杆房企的实践来看,主要是通过简政放权、放管结合、优化服务,即"放、管、服"变革,不断优化组织结构,充分激发组织活力,提升在市场竞争中的灵活度。

一、简政放权

任正非说过:"战略可以大致正确,组织必需充满活力。"提升组织活力,就是要简政放权。

1. 简政

简政就是进一步梳理各级权责体系，特别是要不断简精总部职能。基于组织战略调整与市场应对，一些领先房企开始重塑组织架构，包括重新定义总部、区域的组织定位，实现总部管"统"、一线管"战"，横向裂变或整合，纵向持续向一线授权。一些房企通过构建任务小单元，实现快速应变与组织决策。

案例9-1 郁亮曾说："对付大企业病，我的方法只有一个，把总部缩小。"万科之前总部有12个部门，各部门平行。2018年对总部组织架构启动调整，撤销万科总部所有部门设置，另外成立三大中心：事业发展中心、管理中心、支持中心，目的就是减少部门之间过多产生隔阂，让万科变成一个更简单、更扁平的组织架构。合并成三部门之后，总部架构精简，每个中心内部既有各自的职能，也有统一的职能：事业发展中心包括投资、运营、营销、设计等，相当于生产部门；管理中心包括财务、人力、信息化等，管钱管人管效益；支持中心包括品牌、法务等，就是做服务。总部新成立的三大中心都设置了合伙人，共分四个层级，最终形成了一个新的决策体系：万科董事会主席-总裁-3大中心负责人等高管-中心合伙人-26位执行合伙人。

绿城近期启动的架构调整首要是精简总部人员向一线倾斜。绿城中国的总部和绿城房产集团的总部，两大总部被优化整合，形成一个精干的管理团队。把在总部机关的人放到一线，调整后组织架构更具灵活性。区域能够根据一线市场的炮火随时做出调整与应对。比如此前在总部的产品研发人员被调往地方公司后，就能进一步根据地方城市公司的项目特点，进行满足当地客群需求的产品设计。

中梁的"阿米巴"以"精总部、强一线、小组织"为原则，集团总部作为企业发展的神经中枢，负责制定标准和规则，整合资源，对区域充分授权；区域作为经营主体，承担经营责任，独立核算、自负盈亏。中梁有一个明确的要求：上级组织对下级组织一定是强管头，强管尾，但是不能从头管到尾。

旭辉的组织架构和管理方式也在发生变化。集团和地方公司的关系要求"放得下，接得住"。总部从教练员转变为规则制定者，区域成为俱乐部，项目就是球队，要适应新的打法，大家在规则里面踢球。集团变成大平台，区域从执行部门变成小集团，除了投资外，业务体系、能力管控都放到区域集团总部。

中南还强调总部做精，其总裁陈昱含表示："总部这块，就是要做得精，中南没有懒人文化，也不养懒人。反过来，如果总部人数没有控制，人数越来越多，每个人都会努力地想表现，你的手就会本能地想往下伸，你就会去做战区，会干涉战区的运营，干涉战区的各种人。未来总部要做精。做服务，核心是做好标准，就是建标准、建体系、做研究、做总部服务。所以，总部不能变成一个打仗的部门，打仗就是一线打。"

2.放权

放权就是解决规模和效率的问题，核心就是解放生产力，激发业务单位的主体活力和创造力。

案例9-2 绿城在总部职能部门被缩简的同时，下属11大战区的职权获得了放大。销售权限、产品定价、客户定位等权限从总部被下放到了各大战区上。每个战区都是独立的法人机构，拥有在财务、人事、投资、运营等方面的权限。每个战区是一个个的"小绿城"，彼此是利益共同体。各大战区的规模最终合并，组成一个更大的绿城。

绿地也采用了相对灵活的组织框架，在很多区域的房地产开发均实施事业部制，给事业部很大的权力，可以相对自由而灵活地根据市场变动进行策略调整。

融信也在最近完成了组织架构调整，形成了事业部制架构，各事业部、区域公司、合资公司在投资、销售等方面将获得充分的授权。各事业部可结合当地实际情况实行自主化管理，充分调动当地事业部及员工的积极性。

中梁认为，当企业发展到一定规模时，要将大企业做小，小企业做活。中梁的小企业做活之路就是"阿米巴"模式。中梁在2014年就开始探索"阿米巴"经营模式，全面推行分到家、包到家、机制给到家的"阿米巴"机制，做到权、责、利的统一，以及小组织下的全职能下放，充分授权，自主经营，并实行组织分到家、费用包到家、机制给到家，权利分到人、责任落到人、利益算到人的机制。

放权有两个核心问题。

（1）何时放权

管理无定式，管理有阶段。一个组织的变革，随着规模从小到大，业务从简单到复杂，整个企业的组织都在不断地调整和变化。

房企集团管控模式，需要因地制宜，因时制宜，不断以变应变。例如，外部环境的变化。过去，很多房企的组织架构是"总部—区域公司—城市公司—项目公司"的模式；而当前是一城一策，各地政策和市场竞争千差万别，扁平化的组织架构授予属地公司更多的自主权，让决策更接地气。再如，公司发展阶段的需要。规模高速扩张带来管理半径扩大，集团强管控已很难适应，需要通过组织管控调整，达到与战略发展的适配性。

案例9-3 房企到达一定的规模后,一定要有相应的组织架构和管理模式与之匹配。万科早在2015年就开始对组织架构动手术。万科规模刚上2000亿元的时候,面临着转型的焦虑。理顺组织架构率先成为转型的突破口。高层人事调整和地方公司减员,使得集团管理架构扁平化,这使得项目层面上,决策流程非常快。

案例9-4 激活区域、对区域公司灵活的管控模式,是碧桂园快速发展的重要组织保障。

碧桂园原来采用三级管控模式,即总部精干高效、区域做实做强、项目负责到人。总部是重大决策的平台、服务支撑的后台、过程检查的中心;区域作为管理中心,负责所辖所有项目资源的配置协调与整合。按照杨国强的思路:一个区域就是一个碧桂园;而项目则是完成任务的中心,项目管理部作为项目实施主体,负责项目现场进度、质量、成本、安全的管理。随后,总部开始加大授权力度给区域,助力其做实做强。

在"三级管控"模式下,碧桂园推出了包括"1+3"在内的一系列管理措施。"1+3"即1个目标(确保项目利益最大化从而实现公司利益最大化)、3个中心(职能部门以服务项目为中心、项目工作以保证营销为中心、营销以项目利润和现金流为中心)、3项抓手(抓工程质量、抓总部服务、抓绩效考核)、3级管控(总部精干高效、区域做实做强、项目责任到人)。

随着区域布局更广,管理半径更大,为有效减少因区域差异和过度标准化带来的产品不适,降低管理效率损耗等,碧桂园在"区域"与"项目"两个层级之间增设"城市公司",由"总部-区域-项目"三级管控转变为"总部—区域—城市—项目"四级管控,如图9-1所示。各大区域开始权力下放,

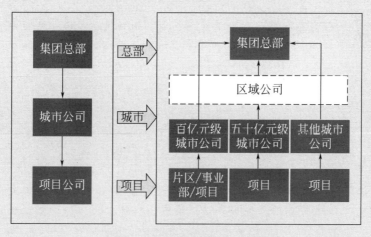

图9-1 碧桂园四级管控示意图

把项目交由城市公司直接管辖。区域的管理模式类似集团，区域总部只做制度标准、管理考核、帮扶城市公司/项目方面的工作，具体的业务由城市公司落实执行。同时按照城市公司做优，片区/事业部、异地项目公司做实，项目部做精的指导思想，对城市公司内各层级组织定位进行重新梳理，进一步明确城市公司对各层级组织的管控思路，即：各专业条线具体业务交由片区/事业部、异地项目公司操作，城市公司审核、审批等。组织定位梳理清楚之后，对城市公司内权责边界也要进行梳理和优化设计。通过组织定位和权责边界优化，该企业城市公司的角色发生变化，由"运动员"角色，快速变身为"裁判员和教练员"。强战略投资职能、强运营职能、强标准，为未来更多项目、更多区域的管控奠定了基础。

（2）如何放权

通常做法是区别对待各区域公司或城市公司，差异化分级深化授权。当然，不管如何放，作为"礼乐征伐"的财务管理等权限最终还在集团手中，避免一放就乱。

在城市公司具体分类上，行业内各房企的普遍做法是以规模体量和发展潜力作为分类的门槛条件，同时结合不同城市公司的管理成熟度进行综合评定，对城市公司梯队进行分类，设定城市公司的标准架构，为设计不同城市公司的差异化发展路径和差异化管控奠定基础；在满足上一级别城市公司门槛条件且管理成熟度评定符合要求时，可予以组织晋升，组织晋升后在授权方面会进行差异化授权。例如，中梁重点考核年度销售规模、利润、回款等核心指标，对区域实行末位淘汰、合并重构，即较强的区域公司构成区域集团，以"阿米巴"结构不断裂变或是聚合。

案例9-5 碧桂园将区域划分为特级区域、一级区域及非一级区域。通过"一级区域"评审，推动区域内部良性竞争。其中特级区域是集团唯一一个不设拿地成本限制的区域；一级区域则可获得集团"9+X"授权，最主要是在拿地方面拥有极大自主权，可直接交由土地决策委员会（碧桂园土地投资事物的最终决策机构）审理通过。具备完善的职能部门的一级区域公司俨然成为一个个"小碧桂园"。碧桂园一级区域的衡量标准是由销售额（从市场容量角度，市场销售额代表市场占有率，从经营成果角度，更高的定价更多的销售量意味着更大的利润空间）、管理成熟度（各职能条线的排名在P50分位以上基本为合格的管理能力，如果排进前十名，即具备非常强的管理能力竞争力）等内外部因素组成。具体由集团总部各大中心组成的评审委员会，对区域是否具备一级区域承责能力进行投票表决，各大中心具备"一票否决权"。

又例如江苏楼市，本身市场肥沃，当然百强房企竞争也异常激烈，中南的打法是在内部孵化一个"小中南"，即在江苏战区，又细分为4个战区，即苏南战区、苏北战区、南京战区和苏中战区。4个战区就好比4个据点，各自没有属地保护，各自像八爪鱼一样彼此渗透、攻城略地。之所以分解4个据点，就是为了深耕江苏和激活4只猛虎的斗志，最终尽可能把江苏众多项目甚至是犄角旮旯的项目全部吃掉。今天这个项目被红旗给插上，明天那个项目被蓝旗给插上，每个月整个江苏区域都会"晒"投资成绩单和旗帜分布。有时你看到蓝旗深入到其他区域，覆盖掉红旗，中南鼓励这种良性竞争，谁强谁成长。所以今天中南各大战区之间，其实是"亦友亦对手"，一种典型的竞合游戏。

"实践是检验真理的唯一标准。"企业要衡量每一次集团管控模式的演变，衡量每一次收放权是否合适。最终的检验标准还在于这种管控模式是否真正有效地促进了企业战略的快速推进，是否发挥了集团、区域和项目各自的专业性与积极性。

二、放管结合

管理是一种分配，核心就是在风险可控的前提下分配权力、责任和利益。这三种要素要对等，在放权提升效率的情况下，通过管控，重点平衡好效率与风险之间的关系。

（一）提升管控效率

1.做好"减法"，去掉无益于战斗力的繁文缛节

"天下事得之于疏，而失之于密。"大部分房企内部的决策路径都是比较长的，层层汇报，造成信息折损和失真，从而影响决策效率。比如做设计，从拿地到开盘，有几百个管控节点，其中需要跟集团汇报的也有几十个，每个节点还要分成预汇报和正式汇报，日常中有很多时间用来不停地做PPT。

所以，马云说过："我讨厌职业经理人，我们需要的是领导者，而不是每天按照流程做事情，如果完全按照流程做事情我们需要这些人干什么？既要有流程，又要在流程以外敢于担当、敢于破坏。"大运营部门要不断认真审视那些"低质量的勤奋"，打破一切"性价比"不高、与战斗力无关，甚至是束缚战斗力的"坛坛罐罐"与"枝枝蔓蔓"。

案例9-6　德鲁克提出需要团队领导经常思考的问题是"作为你们的上级，我所做的事和公司所做的事中，有哪些对你们的工作最有帮助？""作为你们的上级，我所做的事和公司所做的事中，有哪些对你们的工作最有妨碍？""你们能做些什么，使得你们的上级可以为公司工作得更好？"

> 例如，碧桂园要求核查所有区域公司需要频繁前往总部进行内部汇报的业务，要求通过视频会议系统提高效率，最大程度避免时间浪费、节约差旅费用。在考核奖惩都聚焦项目总后，要求项目总要敢于移除一切阻碍高周转实现的因素，并大幅提升项目总的地位和责任。如果遇到无法解决的问题，要及时寻求大运营组长的支持；若现有制度影响到项目高周转的实现，在向大运营工作组汇报后，项目总可按照自己的标准推动工作。
>
> 华为任正非提出："要对过去发布的文件进行回顾，时刻保证我们用的是最新的规则和要求。文件不要面面俱到，否则会抓不住重点。不重要的地方，你们认为又有必要保留的，也可以保留，但可以用淡淡的小字体保留，要把那些关键重点的部分突出出来，让业务执行部门快速抓住重点，并容易理解。公司推行把管理的内容压缩，就可以更有效地管理重点，简化管理。"
>
> 远洋提出，经营要效益，管理要效率，经营是做对的事情，管理是把事情做对，管理始终要为经营服务，就是为创造价值服务，管理水平不能"超越"经营水平，管理要做什么，必须由经营决定。同时要求要保证50%以上的会议是外部会议，所有的管理者都必须是经营者，50%以上的时间要用在外部客户、业务合作伙伴方面。

做好减法的关键是通过对集团的权力、责任和利益的调整，实现刀刃向内的自我变革。

"可怜夜半虚前席，不问苍生问鬼神。"有的总部集权而不集责，看起来很忙，其实毫无效果，甚至成为项目经营计划实现的阻碍。因此要通过分配机制调整，建立以项目为中心的利益共同体。特别要强调一线给总部分钱，就是要像华为一样，由业务分钱，业务去一线"打粮食"，然后根据机关（财务、人资、行政、研发）在"打粮食"的过程中的贡献大小来决定分给机关多少"粮食"。只有"拉车"比"坐车"分享更多的利益，才能把"权重、钱多、责任轻"的原始冲动关进笼子里，才能避免"一线心里如汤煮，总部中心把扇摇"的现象出现。目前，众多房企实行总部相关人员强制跟投机制也是治疗沉疴、促使双方相向而行的一味良药。

2. 做好"加法"

（1）优化组织结构

优化组织结构是提升效率的基础，通过梳理组织架构，缩小不同部门之间的鸿沟，促进不同职能线之间高效协同。很多企业，明明是"硬件"组织结构不合理，但却非要用管理方法的"软件"去弥补，整天开会。这样的企业，应检讨一下自身的组织结构是否合理。

现在很多房企都在学习互联网公司的组织扁平化模式，这种模式也被视为现代化企业管理的趋势，如图9-2、图9-3所示。《重新定义管理》一书指出："未来企业的边界会消失，内部权力体系会消亡，大平台出现。"

第九章 激发潜能 173

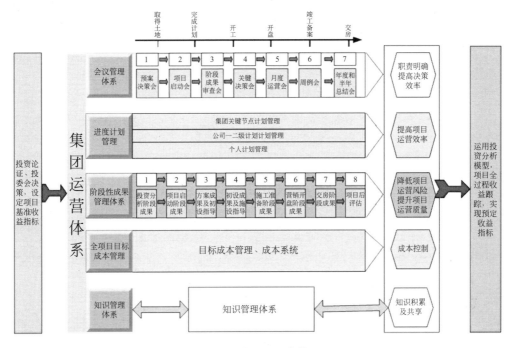

图 9-2 某集团运营体系

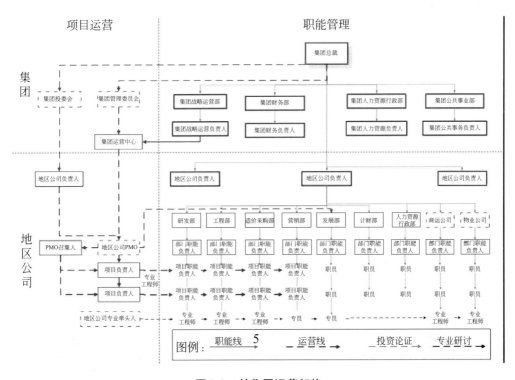

图 9-3 某集团运营架构

案例9-7

旭辉集团计划采取"大平台+小集团+项目集群"的三级模式，迎接千亿元规模。其中，作为一个利润中心的项目是最基本的经营单位，旭辉内部将其称为战斗连。项目总经理就是少将连长，虽然级别不是很高，但是要求很高。因为他是一个项目经营的第一负责人。林中表示，未来5年这种三级架构要完成几点：第一是业务前移，第二是经营下沉，第三是一线当家。万科的组织架构也变得日益扁平，倡导"事件合伙机制"，以事件为中心，不管你在什么部门，你是什么级别，只要事件需要，员工可以临时组成一个团队，完成事件，对事件负责。

某企业要求，谁牵头谁担责。项目由谁牵头，谁就是负责人，就要对整件事情负责到底，就有权指挥、调动全公司资源。项目小组的所有成员，无论在什么部门什么层级，只要是项目相关方，都要听从项目负责人的安排。项目如果出了问题，最终责任由牵头人承担。该企业同时要求，内部沟通是平等的，不讲求级别对等，尤其是跨部门沟通，要打破层级和官僚做日常工作沟通，保证沟通效率及有效性。

案例9-8

碧桂园、龙湖等是通过PMO（项目管理部）的形式，来推进其大运营的。大运营中心是虚拟性组织，副总裁形成一个工作组，下面职能中心的二把手或者负责人作为大运营中心的常态小组，通过PMO的小组横向沟通进行协同。如此，公司经营活动的中心在地区公司，项目层面的决策权则通过PMO体系下放到地区公司，如图9-4所示。

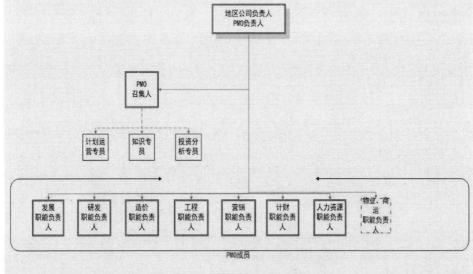

图9-4 某集团PMO架构

(2) 建立相关的决策体系

在何时决策方面，主要是针对业务薄弱点，要求动作精准到位，在一个个具体的点上解决问题，积小胜为大胜。例如前期重要成果的决策确认是影响整体开发速度的关键环节。某房企通过启动会实现项目的决策前置，预判项目开发过程中的各项风险，制定预案，避免后期由于前期漏项造成成果反复。

在谁来决策方面，很多企业由于决策主体不明确，决策流程复杂，导致前期成果经常出现反复，从而延误开工进度。某房企为保障决策质量和效率，在集团层面主要是对里程碑节点和关键会议进行控制，强调刚性原则及计划的准点达成，俗称"管头管尾"，并将大部分决策事项下放到集团专业线和区域公司来进行，让听到"炮火"的人做决策，让城市公司（区域公司）负责计划的协同和执行。

在如何决策方面，要加强关键决策会议管理，提高成果审批效率。比如阳光城就奉行"简单"原则，能用流程解决的问题，就不坐下来开会，杜绝文山会海、会议报告等，提高效率，也减轻了员工负担。万达开会要求PPT不得多于十张，向董事长汇报不允许超过三张，需要详细讲解的部分在PPT中插入链接，有需要再展开，省时高效。龙湖PMO用人准则第一条就是不能决策、无决策能力、无决策权力的人不得参会，不愿承诺、不敢承诺、胡乱承诺的人员不得成为PMO成员。由此可见，龙湖重视会议的决策效率和价值，会议的高效率决定了后期执行效果的可预判性。

此外，决策者可以参照"例外管理"原则，集中精力研究和解决重大问题，同时使下属部门有权处理日常工作，提高工作效能。

（二）在满足效率的同时，管控好风险

1. 用发展的眼光解决前进中的问题

"谋事谋于未兆，慎者慎于未成。"组织在授权提效的同时，为确保不发生重大的风险事件，一直需要平衡的就是收权、放权、分权、集权以及财务资金管理等问题。这是一种动态的平衡，在发展中调整，在调整中提升，要做到集权有道、分权有序。

> **案例9-9** 充分放权后的区域公司可能会犯"失控"的小企业病。小企业病就是机会主义，急功近利，有什么做什么，没有长远眼光，只求局部，不顾未来。
>
> 万科防止小企业病的做法是，灵活把握对区域的权力收放，收一段，放一段，"运用之妙，存乎一心"，掌控好火候，做到收放自如。原则是不在危机发生时解决权力失衡的问题。万科之前采用"总部—区域公司—城市公司"的管理架构；后来又提出了"一线当家"——除拿地、财务和考核归属总部外，其余均由一线公司主导，充分放权，区域本部名义上级别高于一线

公司,但仅充当协调、顾问和教练的角色;但在2014年年中,由于总部管理半径膨胀过大,万科重新平衡了三级关系,将一线公司部门经理以下的人事任命权和拿地审批权下放给区域公司,适当增强了区域本部的权力;从2015年开始,万科对区域公司进一步放权,总部的权力、一线的权力都在向区域公司集中,使其由原"总部派出的管理机构"逐步变为"承担经营管理责任的事业部"。

此外,要不断完善"横向到边、纵向到底"的制度体系建设,用战略来引领企业发展,用考核政策来调动千军万马,用制度管理万里之遥。令则行,禁则止。

案例9-10 例如,某房企约束机制、激励机制等各方面的规章制度条理清晰且与时俱进。此外,还设有监察室,由集团派出巡视组,定期对各地方公司、业务条线等进行巡视。该房企实行工程飞检制度,即在不通知被检查单位的情况下对项目工程进行突击检查。

该房企按照轻"管"重"控"的思路,由集团提供专业指导和支持参考。虽然较少地干预下属单位的具体事务,但可以通过及时纠偏确保业务始终维持在正轨运作。同时采用"赛马"机制,通过内部排名的方式激发良性竞争。集团各条线的"条线管控"成了确保"快而不乱"的最大抓手。集团的条线管控并非指代替下属单位进行操作,而是各条线基于不同的业务特点,通过科学的介入时机、监控和考评机制,强化对下属单位各条线关键工作、业务成果质量、风险点的预警、把控,确保"条线有收口、事项有衔接",协助各下属单位的工作推动。

在考核方面,该房企采用的模式是"年度考核抓重点,季度考核看全面"。

① 年度考核抓重点。为了鼓励高周转,集团重点关注"工程供应量"和"销售业绩"两大类指标。虽然有过度关注规模导向的倾向,但"有所抓有所不抓"的思想值得借鉴。毕竟一个企业如果想同时实现规模、利润、质量、进度等多个方面的综合全面提升,并非是在一个年度可以达成的。甚至目标过多反而会导致方向不明确、相互掣肘,结果适得其反。该集团以"工程供应量+销售业绩"两大指标为龙头,对供应端和业绩端的强烈关注催生了资源的快速周转。

② 季度考核看全面。房地产开发和运营具有高复杂性的特征,任何一个方面的问题都会影响全盘。仅仅依靠年底的少数重点管控项,很难有效管控到位。因此,在半年、季度或月度考核时,集团层面更应该相对全面地关注核心风险点。该房企虽然在年度只关注施工面积和竣工面积,但在季度考核中全面覆盖了工程进度、工程质量、安全文明、项目管理等多项指标,从而很好地实现了与年度管控重点的承接与互补。

2. 建立自我驱动机制

真正的管理，要依靠被管理者的自动自发。德鲁克说过："管理的本质，其实就是激发和释放每一个人的善意。"任正非也认为："自律永远是管理的低成本……我们敢于接受群众监督，形成他律。自律与他律相结合，形成的组织氛围必然是正向、积极的，也提供了流程不完备时的自愈机制。"

案例9-11 随着规模扩大，不少领先企业转变机制，由"总部或管理层驱动"转变为"各一线自我驱动"，通过建立自我驱动机制促进内生成长。

规模上，设定区域规模红线标准。例如龙湖要求进入某城市后，若3年销售额少于50亿元，则撤销或合并。

管理上，业务单元分级，能上能下。如雅居乐设定事业部评分标准，若低于30分，原则上撤销或就近合并。

激励上，为确保激励性，不断优化调整跟投机制。为确保战略协同，华为提出绩效管理坚持以责任结果为导向——"产粮食"的结果是可以计算出来的，占比多少，例如70%；同时，强调战略贡献——"增加土地肥力"是评议出来的，占比多少可以探索，例如30%。

发展上，将经营结果与能力进行资源的匹配投入，包括投资规模。例如世茂通过四张管理报表实现地区公司投资发展与经营能力的高度匹配，如图9-5所示。

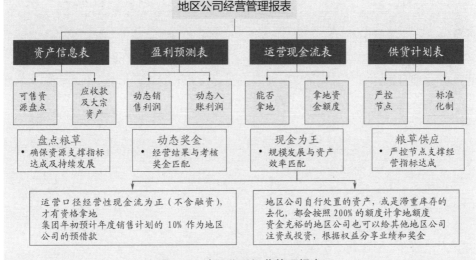

图9-5 地区公司经营管理报表

三、优化服务

当前的管理趋势是,总部从管控到赋能,通过赋能来优化服务。赋能的目的是"多产粮食,增加土地肥力",为地区公司提供平台,轻排名重服务,提高集团战略服务能力,确保走的方向是对的,确保做对的事情。所谓"多产粮食,增加土地肥力"是华为的管理术语。前者包括销售收入、利润、优质交付、提升效率等,后者包括战略贡献、客户满意、有效管理风险等。华为认为,如果变革能够实现业务及管理目标,就是"多产粮食,增加土地肥力";如果没有目标越改越复杂,变革会成为以自我为中心的完美体系,即一个个完美的癌症,会阻碍业务发展。

1. 做好专业赋能

在下放审批权后,集团总部要转变观念,以"多打粮食"为导向,提高专业赋能意识,打造服务型总部。

专业赋能的路径为,基于提升组织能力与组织效能,自上而下赋能,从深度操作、决策与考核转变为多维度服务、支撑,给予能力提升的评估与支持。从专业条线强管控转变为专业条线多赋能,建立专业条线培养体系、运营管理标准及评估改进体系,帮助一线提升能力。正如毛泽东同志所说:"我们不但要提出任务,而且要解决完成任务的方法问题。我们的任务是过河,但是没有桥或没有船就不能过。不解决桥或船的问题,过河就是一句空话。不解决方法问题,任务也只是瞎说一顿。"

做好专业赋能,重要的是要有强烈的问题意识,抓住了问题就抓住了具体。以问题为导向,抓住重大问题、关键问题,和一线一起研究思考,找出答案,在问题的症结点和关键点上做文章、出实招。

"屋漏在上,知之在下。"要抓住问题,集团总部就要深入一线进行调查研究。解决问题的办法措施是否能够精准打击,取决于对实际情况的掌握深度,没有调查就没有发言权,更没有决策权。要直接倾听一线的呼声,把一线的痛点、堵点、难点作为改进集团服务的重点,进行专业赋能,让"一线"更强,让"听得见炮火的人"有能力"指挥炮火"。

> **案例9-12** 碧桂园要求,总部平台、各职能中心总要转变观念,要跟项目管理团队一起在前线打仗,助力项目解决问题,不容许按照自己的时间和节奏来安排工作,一切要以项目为中心,做好服务,让项目节省每一分钟,提高项目的工作效率。碧桂园每一个区域总也都被要求不能做"甩手掌柜",以明晰旗下每一个项目的状况。
>
> 越是高层决策组织,越是要深入基层,只有了解基层情况才能充分决策。

2. 达成战略目标

集团总部除了通过专业赋能进行"授业、解惑",还要通过战略赋能来进行"传道",以"增加土地肥力",重点做好战略引领下的顶层设计和绩效考核。考核以经营结果为依据。任正非曾指出:"公司的高层干部要多仰望星空,多思考公司的战略方向。"在考核比重上,高级主官可能70%是战略贡献、30%是当前结果。主官一定要牵引公司前进,领袖就是要以战略方向为中心。如果没有战略思维,就不是主官,他可以退成主管,抓事务性的日常工作。

下面结合案例重点介绍如何由上至下,通过动态组织管控机制的顶层设计和业绩评价,谋定后动,来确保战略目标的达成。

案例9-13 某房企基于千亿元的战略目标,通过"区域裂变"对组织管控机制进行变革,释放和激发组织活力,支撑业务的发展。

在变革的顶层设计方面采取如下措施。

① 成立区域裂变小组,新增核心管理层对接、帮扶新老区域的机制,实现集团层面的广泛资源协调和调动,帮助老区域解决重难点问题,帮助新区域快速组建团队,同时通过绩效考核的指挥棒,将管理层和对接区域紧密捆绑。

② 将总部权力下放,让区域公司做强,以达到深耕城市、优化管理效率的目的,通过区域根据地的做熟做透,为稳健发展提供持续有力的支持。

③ 通过"区域裂变",实现横向拓展,增加市场的覆盖广度,适应市场新形势的需要。在具体执行中,应优先考虑具有竞争优势和销售表现强的城市,主要选择一二线热点城市以及周边的潜力三线城市,作为横向拓展的目标区域。

另外该房企在战略清晰、激励有力的同时,通过横向做宽、纵向做深的组织变革,共同支撑起公司的高速发展,具体分为如下三个阶段。

调整阶段:2010~2013年,横向做宽、扩展规模。在该阶段内,集团总部鼓励有能力的区域公司以原所处区域为核心,向周边省份、城市进行外扩式发展。

巩固阶段:2014~2015年,横向切割、梳理区域。在这个阶段,集团总部开始有意识加强对区域外拓范围的限制和指导,圈定区域外扩范围,允许区域公司在其交通半径3个小时内广种薄收;另外,调整投资标准,规定区域公司可以获取150亩(1亩=666.66平方米)左右土地,土地获利倍数、利润率可适当降低,但必须保证有市场、不积存、提前售、满足成就共享,扶持区域迅速做大。

提高阶段:2016年至今,横向切割,纵向裂变。通过横向切割,加深对区域市场的切分。集团总部在重点区域内设立多个区域公司,形成内部竞争和群狼进攻的态势。另外加快区域公司裂变,在原所处区域内通过成立片区或事业部的形式，最小化业务单元，使区域公司裂变为多个区域公司或城市公司，实现区域的精耕细作，持续增强在本地区域市场的竞争力。

在横向做宽的具体实现方式上，各类城市公司均可考虑进行外扩式发展，做宽、做多。具体步骤为如下。

① 城市公司成立异地拓展小组，拓展小组在异地拿到第一块地后，成立异地项目公司。

② 以异地项目公司为班底，继续拿地和操盘项目，待异地业务达到事业部/片区做实门槛条件后，成立异地片区/事业部。

③ 异地片区/事业部继续发展，在其达到发展型城市公司标准时，若原属城市公司类别为发展型及以上的，该片区/事业部可以升级为异地城市公司。

④ 异地城市公司达到成熟型城市公司门槛条件且管理成熟度评定符合要求的，可以升级为成熟型城市公司。当然，在每一步也均有能下调的机制，对于一定时期内仍达不到本层级组织门槛条件的，按照规则进行调整。

在纵向做深的具体实现方式上，集团鼓励成熟型城市公司设立若干个本地片区/事业部。在设立本地片区/事业部时。明确以下三项基本原则。

① 空间距离适中，以城市公司所在地为中心，以适当空间距离为半径，确定城市公司直接管理项目的范围，其余区域原则上交由本地片区/事业部管辖，且各个片区/事业部的管辖半径应适中。

② 与行政区划一致，按照城市公司行政区划，划分片区/事业部，原则上避免将同一行政区域划归不同片区/事业部。

③ 充分考虑项目特性，特殊项目交由城市公司直接管辖，包括含有综合体的项目，业态多、复杂性高的项目，不放入片区/事业部管辖。

在战略引领之下，为协同组织变革，集团总部同时需要做好相关的业绩评价体系。

案例9-14

正向激励方面，为鼓励区域/城市公司纵向做深，在本地市场精耕细作，某房企规定若本地片区/事业部有多个（2个或2个以上）达到发展型城市公司门槛条件的，给予岗位晋升和待遇提升激励。

为激励城市公司横向做宽，积极外拓，该房企规定，成功外拓异地事业部的城市公司，可获得市场开拓奖；对于城市公司每外拓出一个异地城市公司的，给予四项特殊激励（即市场开拓奖、业绩合同加分、待遇提升、岗位晋升）。

负向激励方面，通过建立"百舸争流、能上能下"的机制，实现和促进企业内部组织的自驱力，促进业务成长和发展。

该房企对于城市公司内已做实的片区或事业部，若其连续12个月不能达

> 到做实门槛条件，且在6个月内，不能确保重新达到门槛条件的，城市公司应对其进行人员调整，或重新划分片区/事业部；对于成长型城市公司，如果其连续两年达不到发展型城市公司的门槛条件，则对该成长型城市公司进行人员调整，或就近划归周边成熟型城市公司，其组织架构、功能配置、管理关系以及绩效考核都按照片区/事业部的模式设置。该房企让各级管理者经常要回答的问题是，别人能做大，你们为什么不能？从而让自我竞争演变成业绩的提升。
>
> 市场竞争是残酷的，业绩为王，优胜劣汰。该房企集团副总裁的沉浮，最能诠释这一点。如果区域总业绩突出，将升任集团副总裁；但如果一年后业绩落伍，集团副总裁的位置将得而复失。

从以上案例中不难看出，在战略引领之下，围绕业务，通过组织管控机制的设计和业绩评价指标的设计，可以满足企业在各阶段的业务发展要求，同时，也对战略目标达成起到了有力的支撑作用。

在今天，地产行业已经进入微利时代，竞争激烈，企业的组织活力和能力如果没有激活，人浮于事，房企必将不进则退，经营绩效很难有出色成绩。

组织要进步，变革不停步。

第二节 利出一孔，打造适配的绩效激励机制

马云说："企业与企业的竞争，最后其实是人才的竞争、领导层的竞争和创新能力的竞争。"在行业集中度越来越高、竞争愈发激烈、利润越来越薄的背景之下，"得人才者得天下"已为业内共识。

人才是房企发展的基础，但这个基础只有在有效的激励机制下才能发挥最大作用。任正非曾说："企业持续发展的动力不是人才，而是利益分配。因为利益分配决定了人才能否存留，是否有活力。只有价值分配机制设计合理了，才有价值创造机制……我们认为识别人才的方式很多，就是我们不能用一种教条的方式衡量什么是人才。"

一、激发员工潜能，践行项目跟投

1. 充分调动员工积极性

因为敢于奖励，换来了企业员工与组织活力快速被激活所带来的效益增量。跟投的本质其实是激励，其核心逻辑是通过跟投人出资和获得收益的机制设计，强化经营周期内的现金流管理和利润管理。跟投既能保证股东利益，又能激发员工的"老板意识"。共同参与经营，共享经营成果。世界零售巨头沃尔玛有一条成

功的经验：和你的同事们分享利益，把他们当成合作伙伴看待，反过来他们也会将你当成他们的合伙人。大家齐心合作的效益将大大出乎你的意料。

2. 跟投激励对冲高周转高压力

高周转下的高激励尤为重要。高周转下，员工的压力和工作强度成倍增加，如何激励员工开足"马力"，让员工为自己和企业奋斗？那些工作压力大的房企员工，为什么没被打垮呢？因为通过高激励，使员工拿到了与辛苦对等的回报，激发了员工的创造潜能，唤醒了人内在的驱动力。这就是放大员工的创造力，是对人的加杠杆——用高收入匹配高强度的工作。

高周转从来不是技术问题，而是利益在生产环节的重新分配问题，能否让员工从中受益决定了高周转能否落地。

3. 让集团管控变成自我管控

跟投制度的设计初心，就是把员工变成跟投人与合伙人，实现权、责、利深度捆绑，上下凝结成一条心，使员工树立老板意识。在集团放权的同时，通过合伙人体系的优化，能够使股东之间的权利相对更均衡，大家相互制衡并监督，分权变成常态。组织成员之间更多体现为合伙、相对对等的关系，而非传统的上下级关系，官僚主义空间更小，内部的监督更有力，同时部门墙自然消失！

> **案例9-15** 碧桂园各区域公司的权力比较大，但其内部的共享、跟投机制，决定了每个项目、每个城市公司的盈亏，都和很多人有关，大家一起监督，就能防止管理失控。"跟投+放权"，碧桂园区域老总们最直观的感觉是"感觉自己更像是做小股操盘"。每个跟投的员工，都把自己看作股东，不但项目成功能分到钱，平时有权，而且还会主动去监督项目的整个建设过程，减少浪费，保证质量。因为这些都和自己未来的收入有关。员工的主人翁意识、狼性精神加上大行情，让公司从高速行驶的普通列车，成为高速动车，使得碧桂园2016年的业绩再次翻番。2012年，碧桂园推出"成就共享"合伙人计划，之后经过改进，升级为"同心共享"计划。简单来说，就是项目跟投制，大家都可以投钱，风险一起担，有钱一起赚。一些区域公司俨然就是一个独立的小碧桂园。小碧桂园们不仅可以跨区拿地，还可以裂变出更小的碧桂园。在放权和激励的双重作用下，每个小碧桂园就像一只飞速奔向猎物的猎豹，每个人的潜力也被释放到了最大。

二、项目跟投机制的核心要素

主要包括三个核心要素，概括地说就是"一个中心、两个基本点"。

（一）以利益共享、风险共担为中心

这主要体现在两个方面，即什么时候回本，什么时候分红的制度设计。

本金返还是跟投退出机制中最重要的环节。提升跟投者的安全感，重在返还本金的时点设计。同时，合理安排返本时点，还有利于员工进行多个项目跟投时的资金高效利用。

1. 返还本金机制的设计

项目跟投资金通过两个渠道进入被投项目——注册资本金和股东借款。由于股东投入资金或资金峰值远大于项目公司注册资本金，因此大多数情况下，跟投资金都是通过股东借款的形式进入被投项目的。此时，常说的本金返还其实质是跟投员工的注册资金及借款的本息返还。

常见的设计思路有两种：一是以碧桂园为代表的与大股东同步返还；二是以万科为代表的项目达到资金峰值后大小股东同步返还。

二者相同之处是都在激励项目团队尽快归还股东借款，而其最主要的差别是万科增加了达到资金峰值的要求，而碧桂园模式更强调大小股东同权、同责、同利。万科跟投在制订本金返还时间点时，规定跟投项目到达项目经营性现金流资金峰值后，按照资金存量确保未来6个月安全的情况下进行本金返还。相对而言万科模式对项目管理团队的经营管理目标导向性更明确，激励项目团队加快项目本身的经营性现金流净流入，通过快速开盘、开盘去化率达到总货值的一定比例，并能与开工面积和资金支出很好地匹配，使项目尽快达到资金占用峰值。例如，某房企约定：项目整体开发或分期开发，资金均按"债务＞本金＞利息＞利润"的优先次序分配，还需满足项目开发过程中的相关合作协议的约定。达到资金峰值后，每季度末，跟投业务管理小组计算可返还的跟投本金（预留部分安全资金后），按季度返还跟投本金；强制跟投员工优先偿还杠杆资金，杠杆资金的本金全部返还完毕后，偿还员工本金。

本金返还的时点设计，其背后是经营导向，引导项目经营团队以优先保障跟投员工的本金返还为短期目标。员工的跟投意愿直接与本金返还时间相关，本金返还越快，员工积极性、安全感就越高，更重要的是本金周转率更高。例如建业集团（以下简称"建业"），其跟投的本金会在现金流回正后就返回。由于建业主要布局在河南18个地级市，品牌相对强势，销售去化率快，因此建业在地级市从拿地到开盘后现金流回正平均可以做到6个月左右，这也就意味着首批本金在6个月以后就可以拿回，然后又可以投资到下一个跟投项目中。这就相当于这个本金1年周转了2次。

当然，也有房企围绕开发贷到位、经营性现金流转正等经营节点进行本金返还的设计，其核心目标是激发项目经营团队的潜能，实现跟投员工和公司的双赢。比如有的房企就规定首笔开发贷到位后可返还本金，首期销售去化率达到85%以后可以分红等。显然这种宽松型跟投规则对员工相对有利，可是无法有效约束员工资金在项目中的存留时限，可能会给项目现金流带来一定的不稳定性，也无法完全发挥与员工利益捆绑的"共担"效果。但这种方式也有其强大的生命力，即时的现金反馈和灵活的退出路径更有利于跟投机制前期推行，尤其是面对自身品牌背书较弱、项目前景欠佳或运作周期过长等问题时，宽松型分配也不失为一种选择。

反过来，万科、蓝光和金地则分别需要出售项目的100%、90%和90%，才能进行清算程序。这一制度延迟了跟投人员的退出时间，但是不会使公司陷入现金流紧张的局面。

2.让跟投者尽快感知到回报：什么时候分红，有几次分红

让跟投者尽快感知到回报，在于分红机制的设计。通过合理安排分红条件和分红进度让员工尽快感知回报。

（1）分红条件设计

只要跟投就可以无条件分红，还是基于IRR指标进行优先劣后分红？

所谓无条件分红，即员工只要进行了项目跟投，项目有收益，就可以按约定的占股权比例进行分红。如碧桂园和招商蛇口的项目是股权跟投，强调同股同权，跟投人员和上市公司共同承担风险。

从当前行业的主流来看，由于大多数房企推行项目跟投还属于逐步试水和完善期，因此大多数的项目跟投都采用了无条件分红的模式。但也有企业采用了"优先劣后"的模式。

例如万科的项目跟投最早是只要项目有收益，跟投的员工就可以获得相应分红。但在2017年1月，万科对项目跟投进行了调整，参考了PE（股权投资）的模式，要求跟投人以收益为限对万科承担劣后责任，股东收益优先，设置"门槛收益率"（IRR=10%）和"超额收益率"（IRR=25%），保障万科优先于跟投人获得门槛收益率对应的收益，也就是说大股东优先分红，跟投人在大股东分红之后再分（劣后分红）。

相比之下，碧桂园的跟投机制约定，跟投资金与大股东同步同比例投入注册资金与股东借款，更好地实现了同股同权、同责同利，因而其效果也更为显著。

而中梁内部将跟投的员工称为战略股东，优先分得利润。

（2）分红进度设计

主要考虑什么时候第一次分红，什么时候最后一次分红。不同房企的分红条件及严格程度会有所区别，按资金安全性，可以划分为宽松型、平衡型和严格型。

① 宽松型就是本金和利息在项目间期或封闭期可随时退出。首笔开发贷到位后即可返还本金，首期销售去化率达到85%之后即可分红。例如中梁利润分两次分配，回款达到70%时分配一半的利润，回款达到90%时利润全部分配。

② 平衡型就是项目资金平衡后即可分配本金和红利。经营性资金峰值后扣除6个月经营性资金，返还本金，累计经营净现金流回正后可分步返还红利，同时保留一定比例的资金（如20%）直至清算。

③ 严格型就是完全保证股东资金安全和机会收益。碧桂园规定，在达到以下条件时进行利润分配：项目所有建设工程已竣工、已结算完毕，且可售商品房已

销售95%、已销售的商品房交楼率达95%时，分配总利润的95%；项目清算时，分配总利润的100%。

案例9-16 某房企规定在本金及15%的投资收益收回后，返还50%的本金；另外50%的本金在项目清算后才予以返还，按超额利润分红，如图9-6所示。

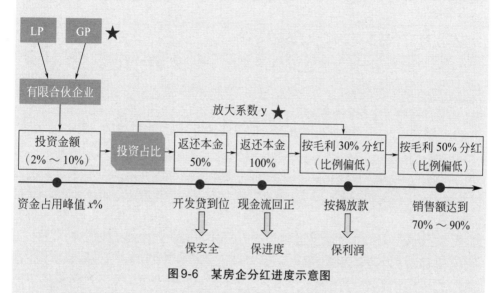

图9-6 某房企分红进度示意图

万科的分红方式是目前行业内大部分公司采用的分红形式。在利润分配上设定节点，分步、分批次进行，尽可能把员工绑定到项目的最后。万科在结算前最多分配利润的60%（考虑到车位及持有商业的影响），结算后最多分配已实现利润的80%，清算且或有债务已解决后才将100%的利润分配完成。

有些项目周期较长，如果等到项目结束后再进行分红，员工的收益会受到影响。尤其是如果员工是借款跟投的，会加剧员工的财务状况，因此，可以采用预分红的办法，缓解员工财务问题。

预分红比例的确定一般有两种做法：一是按照预计净利润的50%进行预分配（在利润预测清晰、预估方法简单的情况下）；二是按照年化资金收益的50%进行预分配。取两者中较小的数值进行预分配。

关于收益的分配时点，从目前来看，大多数实施跟投的企业都会在项目销售阶段就对预计收益进行一部分预提，以实现激励的及时性，但通常会设置以下限制条件。

① 需要明确分红条件、明确什么时点启动分红，与企业经营节奏保持一致是基本要求，在此基础上还应达到三个层面的基本条件。

a. 项目盈利、有利润。

　　b. 现金流回正，并通常预留3～6个月的安全资金，设置累计经营性现金流回正后分红，一方面可以保障项目的现金流稳定和正常运作；另一方面也因为分红在合理时间内，稳固跟投人信心和积极性。

　　c. 项目去化率达到80%～90%。

　　② 分批、分步返还红利，而非一次性分红，以此充分发挥与员工利益捆绑的"共担"效果。

（二）第一个基本点：坚持全员跟投

　　跟投制度激励的重点对象是公司的中高层管理干部，使之共享公司发展成就，增强其责任感、获得感。

1. 把重要管理干部纳入跟投制度之中

　　在实践中，对公司的中高层管理干部一般采用强制跟投，对其他员工采用自愿跟投。

> **案例9-17**　总体来说，"全员项目跟投+核心成员强制跟投"方式是项目跟投的主流。
>
> 　　自2014年10月起，碧桂园所有新获项目均采取跟投机制，即项目经过内部审批定案后，集团投资占比85%以上，员工可跟投不高于15%的股权比例，共同组成项目合资公司。碧桂园员工的收入除了薪资，更多的是来自与绩效直接挂钩的年终奖励，以及项目跟投的收益。自从实施新的激励计划以后，碧桂园团队的积极性被极大地激发出来。
>
> 　　中梁要求核心管理层强制跟投，其他人员自愿跟投。同时企业提供内部杠杆，既满足公司的强制跟投要求，又能保证股东利益，更能激发所有员工的"老板意识"，共同参与经营，共享企业经营成果。控股集团8%，区域集团8%，区域公司8%，合计24%，远高于行业平均水平。

2. 跟投比例划分方面，公司应拿出多少比例吸引员工跟投

　　根据实战经验，员工的跟投比例应在10%～30%之间。也就是说，不要低于10%，但也不要高于30%。众数在10%和15%这两个比例居多。低于10%，起不到激励作用；高于30%，会导致员工筹资困难，也增大了实现的难度。

　　影响跟投比例的因素有项目大小、参与人数多少、员工筹资难度和项目收益大小。项目越大，需要的资金量就越大，员工需要自筹的部分就越多，对员工眼前利益的影响就越大；参与人数越多，员工出资就越少，每人分配的份额就越少，对员工的激励作用也就越小；员工筹资难度就越大，对员工跟投的积极性影响就越大，跟投实现的可能性就越小。一般按照员工三年年薪的20%左右计算员工可

承受的能力范围。

另外,假如公司拿出10%给员工跟投,那么这10%又如何在员工中间进行分配呢?这其中包含了三部分人员:公司总部人员、各项目公司人员、其他利益相关者。

由于总部人员可以跟投所有项目,所以在单个项目上,总部人员跟投比例不得超过跟投份额的30%;项目公司人员是项目的实施主体,理应承担主要责任,同时享受主要受益,因此,项目公司人员跟投比例不得低于跟投份额的40%;其中项目负责人不得低于项目公司跟投份额的20%。

很多公司为了吸引供应商、客户和其他战略合作伙伴参与到项目中来,也拿出了一部分比例请他们跟投,但一般不超过跟投份额的30%。

3.员工跟投资金的主要来源应为自有资金

在资金来源方面,既然是跟投,初衷是把员工的自身利益与公司利益捆绑在一起,因此,员工跟投资金的主要来源应为自有资金。如果员工筹资有困难,公司可以为其担保找金融机构贷款,也可以直接借款给员工,算上一定的利息(利息可按同期银行利息计算,也可以按照公司融资平均成本计算)。

案例9-18 如果募集资金过高或过低应该如何去调整?对此,标杆房企也有自己的策略妙方。比如一个项目只需要跟投2000万元,但如果申购了8000万元,完全是超额募集量,募集量是4:1,那么根据实际申购需要,可以让每个员工在自己的申购额度基础上乘以1/4,以此保证每个跟投人权利是平等的,让全员平等享受和分享公司成长的收益。反过来,如果资金募集不够,可能是有些员工不看好,也可能是员工当期现金流紧张,但过段时间可能就好了,还有可能是跟投上限不够,所以该项目就可以进行二次认购,而且上限也可以适当提高。比如如果首次认购限额是20万元,那么二次认购上限可以提升到50万元。

(三)第二个基本点:坚持全过程跟投

1.明确跟投比例的权益计算基准

一般而言,项目跟投额度分布在股权或资金峰值的5%~15%之间。目前实施跟投的房企中,以项目资金峰值(项目资金峰值是指在项目开发期间,累计负向净现金流量的最大值,也就是资金的最大缺口)、项目股权作为权益计算基准的居多。以项目资金峰值进行计算,表明企业强调项目实际投入,跟投更多从融资角度考虑;而以项目公司股权进行计算,则表明企业更看重项目控制权。

一般而言,当实际资金峰值大于预测资金峰值时,须相应调减跟投部分的股权比例;当实际资金峰值小于预测资金峰值时,若跟投额度未满且不超过跟投限额的，须按实际跟投金额计算股权收益权，若跟投总额超出跟投限额，须按股权比例调整出资额度，在首次本金返还时通常优先无息返还跟投员工超比例出资部分。

此外，也有少数依据土地成本进行核算的。例如新城每个项目跟投资金的投资上限为权益土地款的5%，其中总部与城市投资企业按照1∶2的固定比例投入该项目。

2. 阻止资金晚到

为了堵住产生超高收益率的漏洞，在跟投资金进入环节的设计上要阻止资金晚到。例如金地要求跟投资金在项目投资决策会后1个月内到位，且必须在支付第一笔土地出让金（保证金除外）之前；而新城要求合伙人在拿地并支付首笔土地款（保证金）2个月内一次性缴纳本金。

三、做好跟投机制的顶层设计

1. 因企施策

例如，盈利能力和运营管理能力弱的企业，在推行项目跟投时要慎重。

此外，不同房企往往对跟投项目的选择范围有所差异。全部跟投和部分跟投两种方式各有优劣，要根据跟投目的、员工抗性、推进阶段等因素综合考虑。但从股东角度出发，全部跟投将规避管理层"挑肥拣瘦"的问题，然而又不得不面对各项目间盈利性差异的客观问题。"一刀切"的跟投规定势必会导致不公平。

因此，建议在跟投原则和程序上保持一致，而在跟投细节上予以区别对待。同时对项目进行分类分级，尽量在项目层面为员工提供一个收益和风险对等的跟投平台。

案例9-19 有些房企往往是开放部分项目进行跟投。比如碧桂园实施跟投的并非所有项目，而是选择由城市公司操盘开发的、通过市场化的方式获取土地的销售型项目实施跟投。

而万科则是实施全部项目跟投。但万科在实施跟投制度1年后，也出现了一线城市或公认的好项目跟投力度大，而另一些项目无人问津的情况。这可能也并非完全是坏事，这或许正好是项目跟投制度发挥"优胜劣汰"作用的初步体现，能反过来优化下一步项目投资。

事实上，有些项目还是不适合跟投。比如大多数企业进入新城市是战略需要，前几个项目往往会亏损，算是"外来生"的学费。这样的项目，员工如何敢跟投？又比如有些项目是非销售类的，投资回报期很长，是靠运营和服务挣钱的，这样的项目往往很难推行跟投。

跟投，是激活组织的一剂良药，但同时，也需要谋定而后动，且不断迭代，最终打造量身定制的跟投机制，这一点非常重要。正如郁亮所说："万科之所以能够顺利推行跟投，表面上看是3个月就敲定了，但实质背后是长达3年的谋划和自己参与了不少于30次的讨论，而且万科的跟投是专为万科量身定制的，这也注定了这套体系中有太多万科的基因，而最终得以有效落地。"

项目跟投机制无论如何进化、迭代，依然是万变不离其宗，最核心的目的有三个。

① 运用资金杠杆放大投资回报率。
② 运用多重模式组合降低投资风险值。
③ "捆绑"利益集中度，从人力资源的角度，达到对资金方和管理方激励与约束的双重作用。

而这三点，正是房地产行业在面临重资产转型、现金流紧绷、高人才流失的艰难处境下，迫切需要解决的问题。当今房地产行业对"跟投"的跨界使用，还只停留在人才激励的层面，未来更广泛的使用空间还有待挖掘。

2. 坚持以人为本

"夫仁者，己欲立而立人，己欲达而达人。""己所不欲，勿施于人。"成功的跟投制度，其关键在于能够产生财散人聚的积极效用，规避财散人散的悲剧发生。跟投制度最大的意义是它的正向回报和激励作用，而不是让员工赔钱。那些把跟投制度理解为绑定人才的套路，或者针对员工的融资工具，甚至让跟投员工共担不应由其承担的风险，都是对跟投制度犯了以辞害意的错误。没有顶层思维的跟投激励方案，必然沦为人力资源层面的薪酬制度。所以，碧桂园的合伙人制度就是由其主席杨国强一手主推。

> **案例9-20**　跟投制度捆绑的不只有企业和员工的共同利益，更有员工的信念、信心和信义。这些东西要是赔进去，就可能会出现"人心散了，队伍不好带了"的结果，从而使跟投制度的负面影响大于正向效应。例如，如果项目亏损，目前主流做法是，由跟投员工根据所投的股权比例承担对应部分的亏损，但也有一些企业，由大股东承担亏损，保障员工本金的全额返还。
>
> 例如某企业约定，在本金100%返还的前提下，项目可售商品房（不含车位、商铺）销售去化率达到90%时，分配项目跟投权益利润的40%，前期利息、杠杆利息在第一次利润分配时扣减；项目最后一次交付完成时（以业主入伙完成为准，累计交楼率达到95%），分配项目跟投权益利润的50%；项目跟投清算时，分配项目跟投权益利润的10%。
>
> 项目跟投清算时出现亏损的，项目跟投工作小组可提出跟投退出方案，由跟投决策委员会决策通过后执行。
>
> 这体现了项目跟投方案的要点：激励为先，稳赚不赔。
>
> 再例如，一些房企为打消员工的顾虑，通过成立一个基金会或引入基金管理机构，由基金会对投资进行劣后管理。有些公司规定，基金管理机构对

> 员工投资进行劣后级担保。当出现亏损时，公司以所持股份优先承担亏损。也就是说，如果出现亏损，先亏损大股东的资金，在大股东的资金完全亏损后，再考虑跟投人员，跟投人员的亏损还可以由基金机构进行担保。
>
> 有些项目开发周期较长，尤其是尾货处理需要很长时间，导致员工所投资金最后会被"尾货占压"。基于此，某房企提出将尾货折价，由大股东回购后，将利润分配给跟投员工。
>
> 特别是在市场单边下行时，项目亏损并非主要由于管理原因所致，这时就需要通过退出机制来进行调整。例如碧桂园原来规定，一年之内现金流回正才可以拿到成就共享；如果没有回正，就拿不到成就共享。但现在，制度有调整：如果一年内现金流没有回正，那么延期一个月回正的，打八折；再延一个月，再打八折。

"不期修古，不法常可。"基于市场变化持续优化调整跟投机制，确保激励性，众多房企一直在路上。

总之，一个科学的运营体系包含两个部分：组织决策体系和团队运行效率。要围绕组织与人主动变革创新。只有变革组织，才能持续激活组织价值创造要素；只有创新组织模式，重构组织与人的关系，才能打造组织赋能平台，构建组织新治理与新生态；只有创新人才机制，才能激发人才内在潜能、释放人才价值创造能量，才能创新人力资本价值、不断提升人才效能。

唯有组织与人的主动变革与创新，才能使企业真正跟得上这个新时代的步伐。

下篇

第十章 让IRR（内部收益率）奔跑

IRR即内部收益率，是指项目投资可望达到的收益率，是项目的净现值等于零时的折现率，是评估项目投资价值的最重要指标，它反映了项目预期的最高投资收益率。

一、IRR是房地产企业对项目运营监控的核心指标

相较于ROE，IRR对于现金的流入、流出和资金的占用时间更为敏感。项目整体开发节奏、融资规模及方式、销售回款节奏等都属于IRR指标的主要影响因素，如图10-1所示。

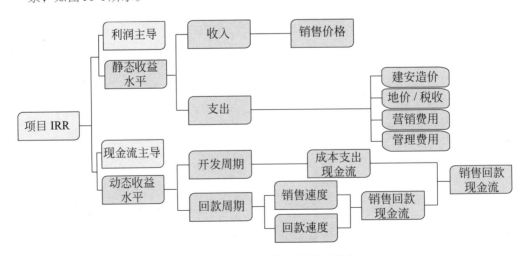

图 10-1　项目IRR指标的影响因素

由上图可知，项目IRR与两个指标有关，即"项目静态收益水平"和"项目动态收益水平"。前者基本上由项目本身的属性决定，而后者由房企开发运营的水平决定。开发运营水平的高低直接反映为开发运营周期（核心是从现金到现金之间的周期，具体可划分为拿地—开工、开工—预售、预售—竣工之间的周期）的长短。

要提高项目IRR水平，就需要缩短各周期的时间。而对于一定规模的地产公司，从开工到竣工的周期差距不会太大，核心差距主要体现在前端的前策和设计周期，以及后端的销售去化周期。而这些指标与企业产品标准化、核心工作前置，以及各业务环节的管理水平息息相关。

由此，我们发现了提升IRR的以下四条最基本途径。

①"多收"：尽可能地多提高均价，增加销售收入。例如优化规划方案，尽量多布局高溢价产品；进行差异化定位，提升产品溢价，把握自主定价权。

②"少支"：尽可能地节约成本。例如全周期控制大成本（包括四大类+三大费+三大税），合理税务筹划。

③"早收"：尽可能地把销售收入提前。比如争取提前开盘、加快推售节奏、紧盯销售、协调财务，确保回款目标。同时结合项目进度，确保融资及时到位。

④"晚支"：尽可能地把现金流出往后延。比如争取土地款分期支付、施工方垫资施工、条件允许下延缓各类费用的支付节奏。

同时，通过对IRR的分解及各细项指标对IRR影响的敏感性测试，可以找出影响IRR的关键性指标，再通过对单个项目的各节点分析，进一步找出影响各项目节点的关键指标，从而可以通过监测底层每个节点的状况，来监控IRR。

项目IRR是决定公司整体业绩表现的基础，但是如果过分注重单项目的IRR水平，则往往无法实现公司整体价值的最大化。这就需要企业决策者，从大运营的角度去思考，在实际运作过程中，明确导向，有得有舍，最终实现企业整体价值的最大化。

二、内部收益率IRR与净现值NPV

净现值（NPV），是把项目未来每一期的预期净收入都折算成现在的钱，然后累加得到的累计净现值。

累计净现值越大越好。理论上，净现值>0，项目就可行，表示有利润。计算NPV所用的折现率，是一个项目的加权平均融资成本。每家企业都有自己的融资成本，通常来说是个固定的数值。例如，在折现率为10%的情况下，计算出项目的NPV>0，说明这个项目是可以盈利的。

IRR是累计净现值NPV为0时的折现率，可以通俗地理解为在考虑货币时间价值（通货膨胀贬值）的情况下，在项目周期内能承受的最大货币贬值率是多少；或者理解为假设贷款投资项目，我们能承受的最大年化利率是多少。

> **案例10-1** 举例来说，某项目的IRR为18%，它代表的是该项目最大能承受18%的年货币贬值率，也就是说，如果我们贷款投资该项目，所能承受的最大贷款利率为18%/年，在贷款利率是18%/年的时候投资该项目刚好保本。当实际货币贬值率只有5%时（贷款利率是5%时），那么剩下的13%就是利润。
>
> 另外，虽然看上去IRR说的是失误空间（最多可以失误多少还能保本）、抗风险能力，实际上也可以认为说的是利润空间、盈利能力。就像考试60分就能及格，某人的真实水平是90分，那么某人状态不好失误空间将有30分，就算失误掉30分仍然能及格，这个30分换算成比率就是该人的"内部收益率"（IRR）。
>
> 具体测算地产项目IRR时，需要有每一期的现金流入、现金流出数据。现金流入指的是销售回款，现金流出包括土地款、开发成本、开发费用、税费（土增税、增值税、所得税）。这样就有了每一期的净现金流数值。一般借助Excel等工具来计算IRR。

当然，IRR不是房企项目投资决策的唯一指标，还应结合"净利率""自有资金回正周期"等指标，并结合公司战略，对部分指标有所侧重。

但在进行多项目投资比较时，一般更倾向于使用IRR指标。因为IRR是一个相对数值，而单纯的NPV只是一个绝对数值，没有考虑投资额的大小。只有同时考虑投资额才能更充分地体现项目的盈利能力。毕竟投资10万元，NPV是5万元和投资100万元，NPV也是5万元的两个项目的盈利能力是不一样的。

> **案例10-2** 在项目比较中，也不是IRR越高越好。特别是当IRR远高于正常资金收益时，IRR高的项目有时不一定收益高。在实践中，还要结合净现值分析等其他方法进行项目决策。比如两个项目现金流比较如表10-1所示。

表10-1 两个项目的现金流比较

指标项	项目一	项目二
初始投资/元	40000	40000
第一年收益/元	10000	5000
第二年收益/元	20000	5000
第三年收益/元	15000	20000
第四年收益/元	20000	40000
IRR测算/%	21	19
NPV[①]测算/元	12050	13142

① NPV计算的折现率按照8%。

如果单纯比较IRR，项目一比项目二好；但是再比较NPV，又是项目二比项目一好。这里就需要对现金流情况做详细分析，通过分析可以发现，两个项目的区别在于项目一的前期回流资金比项目二多。

之所以项目一的IRR较高，是隐藏了一个假设，即前期回流的资金可以按照21%的收益率再投资得到收益。如果不能进行再投资的话，其相对项目二的优势就仅仅是节省资金成本，这样算下来，就明显不如项目二划算。

所以，若IRR明显高于资金成本，我们在分析项目时，还要对公司的再投资能力进行分析。如果再投资能力不够，则选择高现金流的项目可能是上选。当然，上述比较还隐藏了一个假设，就是公司本身没有资金压力。如果公司本身资金压力较大，那么我们可能又需要重新评估项目一了。毕竟项目的前期回流资金多，资金压力小。

三、项目IRR与股东IRR

"内部收益率"又分为"全投资内部收益率"（不考虑外部借款计算的全项目投资IRR，以下简称"项目IRR"）和"自有资金内部收益率"（加入外部杠杆后计算的股东IRR，以下简称"股东IRR"）。具备成本优势的龙头房企在拿地（招拍挂或并购）时往往要求项目的静态全投资内部收益率在15%上下，而股东自有资金内部收益率在20%上下。

两者在含义上的区别以及在测算中的实现是重点和难点。

①"全投资内部收益率"是指项目期内发生的全部资金投入的回报率，全部资金包括自有资金和融资资金，即不区分自有资金和外部融资资金，假设全是自有资金投入；而"自有资金内部收益率"是指股东投入自有资金的回报率。

②"全投资内部收益率"评价的是项目的可行性；"自有资金内部收益率"评价的是自有资金的获利能力。

③"全投资内部收益率"测算不计入贷款利息。因为对于整个项目投资来说，融资方可以理解为投资股东之一，贷款利息则是其要求的项目投资回报，可以看作是项目利润的一部分，利润是不计入现金流入、现金流出项的。而"自有资金内部收益率"测算是需要计入贷款利息的。从自有资金的角度理解，此时投资方只有一个，贷款利息则是其获取回报所付出的成本之一，因此应当计入现金流出项。

开发项目时，应先看项目IRR是否大于融资利率，判断项目是否可行。若可行，再看股东IRR是否符合预期。如果不符合，则需尽量寻找更低成本的贷款，扩大贷款比重，尽量发挥财务杠杆效应，获取预期收益。

项目IRR是自有资金内部收益率和贷款利率的加权平均值，权数分别为自有资金比例和贷款比例。对于一个既定的投资项目来说，其项目IRR完全由项目的净现金流确定，与资本结构无关，可视为定值。

因此，一个项目的IRR越高，越可以贷款来做项目。在此情况下，贷款利率小于项目IRR，股东IRR必然大于项目IRR，进而大于贷款利率。此时，投资回报才能抵消贷款成本，投资是可行的，至少有利可图。反之，当项目IRR小于贷款利率时，股东IRR必然小于贷款利率，投资回报还不够还贷款，项目无利可图，甚至赔本。目前地产融资成本一般为每年13%，因此项目IRR至少要大于13%才可行。

若项目IRR恒定，则股东IRR完全取决于贷款比例和贷款利率。

贷款比例越大，利率越低，则股东IRR越高。因为贷款越多，自有资金比例越小，"以小钱赚大钱的能力更强了"，专业地说就是股东IRR越大，财务杠杆效应越强。

在自有资金有限、市场机会非常多时，即项目IRR较高时，加杠杆是理性选择。有把握赚15%的项目IRR，借一部分8%的债可以把股东IRR撬到20%、30%、40%⋯如果每个项目尽量少占用自有资金，有限的自有资金就可以投入到更多的项目中，企业就能更快地滚雪球。

四、经营性现金流回正与资金峰值

对于房企来说，所谓的现金流回正是指累计经营性现金流为0的节点，即累计回款大于累计投资。

而资金峰值指在项目开发期间，累计负向净现金流量的最大值，或者说累计投资的最大值，是项目运转的最大资金需求量，也就是资金的最大缺口。

因此，累计回款必须大于资金峰值。由于峰值到回正之间有时间差，过程中仍有支出，所以累计回款须比资金峰值更大，也就是说，累计回款还要大于累计投入与过程中产生的其他支出之和。

拿地、开发产生资金需求，资金峰值越高，资金需求时间就越长，现金流回正就越晚，项目实施的现金压力就会增加；而开工、开盘越早，现金流回正越早。从这个意义来说，资金峰值实际上是资金规划中的一个指标。在编制项目经营计划时，好的资金规划，可以为项目顺利进行提供物质保障，是保证现金流连续的基础，如图10-2所示。

资金峰值比例反映了项目资金峰值占总投资的比例。

$$资金峰值比例 = \frac{资金峰值}{项目总投资（总成本+费用）}$$

如某项目资金峰值比例达到80%以上，累计回款比例就需要大于80%才能实现现金流回正。降低资金峰值有助于迅速实现现金流回正。

影响现金流回正的因素包括时间和规模。时间因素主要指开工、开盘时间的影响，因此要采用"早起跑""串改并""控周期"等方式来实现早开盘、早回款。规模因素即累计回款规模快速覆盖累计投资规模。常见的影响现金流回正的

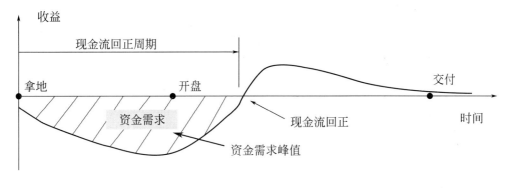

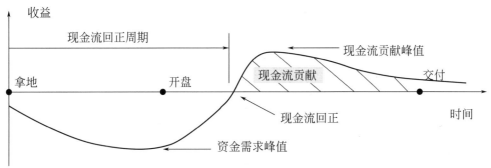

图 10-2 项目资金需求、现金流贡献示意图

规模因素包括地价、生产与销售计划、成本支付计划等。因此，要减少资金占用的额度和时间，例如降低地货比，控制地价，关注首开推货量、首开产品、首开去化率，加快生产与销售计划，增加外部垫资并尽可能地将现金流回正前的成本支出垫资到现金流回正之后进行支付等。

> 【注】金融入门教科书中关于现金流现值 PV（也就是价值）的经典估值公式（即所谓现金流贴现 DD 模型）告诉我们，企业的价值由企业现金流的三个特征变量共同决定。
> ① 各期现金流的大小。
> ② 现金流的持续性，即 DD 模型中的现金流期限 "N"。
> ③ 现金流的波动性，决定现金流贴现因子的大小。因此，IRR 不仅要关注 "尽快回正"，更要追求 "持续、稳定地回正"。

预售回款带来的现金流贡献，可用于新项目的投资。现金流贡献峰值越大，现金流回正越早，现金流贡献量就越大。而如果现金流贡献量越大，就可以保证以较少的资金运作较大项目或多个项目，对规模及利润扩张的帮助就越大，如图10-3 所示。

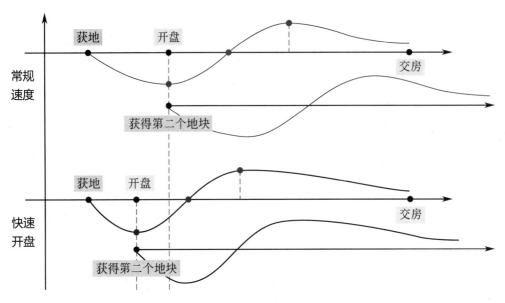

图10-3　快速开盘对现金流贡献影响示意图

什么是最佳经营？最佳经营不是利润率最高的经营，而是用最短的时间、最少的本金获取最大收益的经营。

第十一章 多收

通过增加收入来提升IRR，最直接的方式就是增加可售货值。货值的大小直接影响收入总额，因此"货值管理"是利润管控中的重要一环。

大运营部门要协同其他部门千方百计地增加项目货值，常用手段是在总图定位阶段，通过产品与业态组合创新、营销定位包装来实现项目总货值最大化。同时，在动态管控中确保目标总货值的刚性和严肃性，不允许随意降低项目总货值。

第一节 求田问舍，追求货值最大化

所谓"求田"，就是尊重一块土地的气质和天性，打造能够匹配土地价值的产品；所谓"问舍"，就是尊重客户，坚持专业匠心、人文情怀，打造客户需要的产品。唯有此，才能实现产品的溢价。

影响货值的主要因素有面积、价格和时间。

（1）面积方面，可售面积最大化有利于增加货值

与价格不同，面积不受市场的影响。项目总图规划决定了项目总货值的80%。总图阶段的规划与创新、用足指标、不均衡使用容积率、提高景观资源利用率、升级产品类型等，均有利于提升项目利润、防控风险以及实现货值最大化。

（2）价格方面，在溢价和市场接受度之间取得平衡。

主要是通过产品的配置、项目规划的配套来实现溢价，提高项目总货值，同时赢得目标潜在客户。

（3）时间方面，决定了货值结构与产供销平衡。

货值是由面积乘以价格得出，而时间是将生产与销售紧密联系起来的重要一环。面积和价格决定了货值的总量有多少，而时间决定了货值结构。货值的状态随着时间而发生变化。例如一栋楼在开工前属于待建货值，在开工后未达到预售条件时，就变成了在途货值。一个项目的总货值由各栋楼在不同状态下的货值构成。"时间"直接决定了一个项目的生产速度能否满足供货速度，供货速度能否满足销售速度，即"产供销平衡"。此外，时间也决定了存货数量，会直接影响下一个项目的产品组合，进而影响未来的货值。

下面主要对前两个影响货值的因素进行介绍，时间因素在后文详述。

一、充分重视总图定位

做好项目总货值的最高水平，是在项目前段尤其是总图阶段，就通过设计方案使得整个项目总货值最大化。因为项目研发阶段其实就形成了项目总货值的90%，而项目的总图阶段则决定了项目总货值的80%，总图本身就决定了项目景观的构架与格局。因此，就管理前置而言，房企在总图阶段就需要进行筹划和创新，解决项目总货值最大化的问题。这既是货值管理最大化的价值点所在，也是业务的难点所在。

简单来说，总图定位的最终成果是一张经过比选之后的总图和经济评价报告。它帮助决策者在项目开发伊始就能清晰、准确地找到最优方案，实现项目价值最大化。开发商选择了总图，就等于确定了项目开发的大方向，也就从商业模式的高度锁定了规划结构、产品线布局和重大成本分配。总图定位的主流程包括：若干个总图设计任务书→若干个总图研发→经济模型→模拟定价和风险评估→总图比选。

总图定位是营销部门和研发部门互动的产物，它是创意思维和技术思维碰撞的结果。开发商通常面临的情况是：市场策划人员提出的创意和设计要求，一方面并没有穷尽最优的可能性，另一方面有些设想和要求没有技术可实现性或在技术落地时自相矛盾；而研发人员能在设计过程中发现新的可能性和机会（如规划布局和物业组合等），但没有敏锐的市场嗅觉和方法去甄别、捕捉，从而有可能失去一次绝佳的总图机会。优秀的总图定位主要就是将这两种职能、两种思维进行贯通、平衡的过程。

因此，总图定位其实是一种决策方法论。它把决策时面临的多视角的观点冲突（包括市场部门的、设计部门的、成本部门的、财务部门的、有美学偏好的老总们的等）整合到统一的决策维度——项目价值最大化。而这种项目价值最大化完全是以财务数据作为决策支撑的。有时候我们说地产项目的方案是设计出来的，倒不如说是计算出来的（每改一处设计，就马上用Excel表格换算成总货值变化）。

越是复杂的项目（如大盘或商住混合项目），总图定位所产生的价值越大。复杂项目由于涉及对多种业态的市场指标和技术指标进行取舍和平衡，因此需要对不同业态产品的最核心指标（既是经济的又是技术的）具有敏感度、理解力和转化力。这样的项目经过总图定位，不同方案盈利的能力差异往往十分巨大。总图定位具有极高的附加值与技术创意含量，往往关系着项目成败。一个项目往往需要比较多个总图的经济效益，不同方案的盈利能力往往相差巨大。

总图定位需要确保货值最大化、销售无障碍。追求利润和安全落地是评价总图定位方案的两个基本点。重点需要从以下两个方面切入，实现业态、排布的最优选择。

1. 不平衡使用容积率

具体而言，房企可以通过不平衡使用容积率，即做总图之前就进行业态组合比例模型推演（基于总图预案指标求解模型），来选择项目货值最大化的方案。首先，通过运营两种业态之间的产品类型，卖高一级业态的价格，进而整体提升溢价空间；然后，在户型比例上，为了使资源利用最大化，应尽可能多地扩大优质资源户型比例，进而整体扩大溢价范围；最后是做好挖掘工作，尽可能开发不占容积率的地上和地下空间，将其变为可销售面积，最终提升项目总货值。

进行不平衡容积率规划，究其原因就是货值最大化的需要。

不平衡容积率一般常用在地块中等或者偏大的项目里，开发强度适中。平衡之后的结果往往是刚需刚改类产品+舒适型或豪华型产品。在布置总图的时候，需要结合用地指标、周边情况、市场容量、客户需求、成本利润等，反复进行业态组合模型推演，来寻求最适合项目的产品组合和总图布局。

> **案例11-1** 龙湖集团（以下简称"龙湖"）的弗莱明戈项目就是典型。龙湖通过对弗莱明戈进行合理的比例分配，在满足整体容积率为4.2的前提下，实现大量的容积率为1.55的中低密度产品，如图11-1所示。
>
>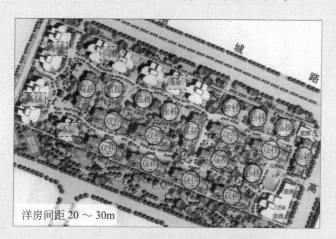
>
> 图11-1 龙湖·弗莱明戈规划图
>
> 由于容积率定为4.2，必须保证容积率的充分使用，同时主要以低密度产品提升项目整体品质。
>
> ① 弗莱明戈在整体规划中，打造了容积率为1.55的"7+1"洋房，其建

筑密度约为22%～24%，建筑面积占总量25.3%，用地面积占总量70%。

② 容积率约为10的33层高层住宅，建筑密度达到30%，建筑面积占总量74.7%，用地面积占项目总量30%。

③ 用大量低密度洋房产品占据项目主要用地，保证项目的整体中高端品质，同时用适量的高层住宅来拉动项目整体容积率，避免容积率的浪费。

④ 将中低密度洋房产品放在项目地块的主要优势片区，将高层安排至沿街边角位置。

总体来说，不同容积率，可以通过不同方式的产品组合及规划排布，来实现不同项目的档次提升。例如，刚需刚改型产品（高层）由于其客户购买力有限，因此占地应尽量节省，不占用有利资源。一般来讲，根据客户朝向偏好，此类产品应利用用地的北侧，其次为西侧，或者根据地形形成独立组团（具备条件的可物业分开管理），尽量减少对场地内高溢价产品的影响。而改善型及豪华型产品（别墅或洋房）应尽量使占地面积和资源利用最大化。

不平衡容积率规划虽然可以实现利益最大化，同时也能满足部分高端客户的需求，但有一个很明显的弊端，那就是布局过于紧密，必然牺牲了高层客户的公共空间和绿化景观空间。所以我们也可以看到，现在越来越多的项目选择做纯高层或者纯洋房，结合围合的布置方式，降低建筑密度，增大绿化和公共空间的面积，景观也有了更多发挥空间。

案例11-2 仁恒·公园世纪项目采取了"大高层+大围合"的规划方式，最大的楼间距达到110米。大间距带来的好处，最主要的是景观优势以及更多活动空间的打造，当然还有日照条件、通风环境以及噪声控制的优势。整个社区的生活品质很好地得到了提升，如图11-2所示。

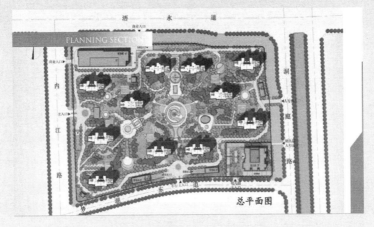

图11-2 仁恒·公园世纪规划图

2. 充分利用资源，全为增值

这里所说的资源，大到项目周边的海景、湖面，小到小区内部绿化、小院场地，都是增加总货值的砝码，千万不可轻易放过。

（1）在靠近景观资源的位置，将溢价能力强的高端产品货值最大化

多数情况下，我们会把高溢价的低层高端产品放在离景观较近的区域，越远离景观，建筑越高，如图11-3所示。

图11-3　项目一鸟瞰图

从理论上来讲，能看到景观的总户数是基本固定的。高端产品对应的客户群购买力更强，当然也就可以获取更多溢价。特别是在一些富庶地区，高净值阶层比较壮大，资源良好的项目更应如此，这就是将溢价能力强的高端产品货值最大化，也是比较常见的一种做法。

此外，将教育、交通、医疗等资源利用最大化。地理位置优越的住宅项目，可以通过做多户数，让更多的人口享受市政资源，从而带来巨大效益。政府的公共投资是分给邻近业主的福利。另外，还有地铁、高铁甚至高速出口等交通资源，以及医疗、公园等配套都可以通过多设户数来提高项目价值。

（2）在靠近景观资源的位置，将总货值最大化

利用外部景观资源提升总货值。在有些地方，高净值阶层的购买力没有那么强，高端产品可能会在总货值上受到一定限制；或者高层高端产品的接受程度很高，因为看景观的视线更广阔，那么就有可能产生另外一种布局方式，形成高端低层产品靠建筑形式（如院子等）溢价，高层产品卖景观的格局。这样一来，在靠近景观资源的位置，可以将总货值最大化。例如某项目，除了在沿湖北岸做了高层，沿湖东岸也被高端产品的高层占据（图11-4）。

图11-4　项目二鸟瞰图

此外，利用小区内部景观规模和位置来提升总货值也是常用的做法。在高层产品普遍被接受的区域，经常会规划设计中心大景观，所有产品都尽量围绕中心景观布置，尽可能多地扩大优质资源户型的比例，以扩大溢价范围。

案例 11-3 某项目的外部资源有限，只能在项目用地内部创造一个大的景观中庭，来解决特色景观资源的问题。该项目精密计算每户资源，尽可能多地扩大优质资源户型比例，扩大溢价范围，如表 11-1 所示。

表 11-1 一期景观视线分析表

单元号	好景观/套		较好景观视线/套		较次景观视线/套	优质景观率/%
	客卧见中庭	见河又见庭	仅见河	卧室见中庭		
一单元	50	18	36	7	14	54
二单元	52	36	18	14	7	69.29
三单元	52	36	18	14	7	69.29
四单元	52	18	36	7	14	55.18
五单元	48			16	30	51.60
小计	254	108	108	58	72	

注：1. 优质景观视线包括能看见景观中庭和府河。
2. 面向社区外方向 9 楼以下暂时考虑景观较差。
3. 5 单元西南面 X3 户型景观条件较差。

案例 11-4 中心景观需要结合客户的敏感点灵活设置

对于南北方通用的不平衡容积率的规划方式，如果项目规模不是特别巨大，中心景观的规模就需要控制，不宜过大，且不宜布置在高层区域内。原因就在于此类操作模式属于利用建筑形式产生溢价，而非景观。"拉高"的一部分产品实质上是提高了成本，降低了售价，如此的牺牲需要高端产品尽量高的溢价来弥补。而且一般高端产品层数低，视野受限制，能因为大景观产生溢价的户数少，所以不要轻易地牺牲高端产品数量来做集中绿地，尤其是一二线城市较核心位置的用地以及外部有景观资源的项目，就更应该谨慎。其实景观的处理可以学习龙湖的经验，用多层次的绿化空间来塑造怡人的小尺度景观环境。也许你会觉得在高层区域里布置集中绿地，受到景观绿化影响的总户数就会增多。但是如果高层客户为刚需刚改类，他们的购买力非常有限，功能性需求才是第一位的，很难为景观资源买单。当然如果项目用地很大，且用地距离市中心较远，靠内部景观资源吸引最初的购买者是可取的。所以有时候靠内部景观资源溢价还是靠建筑形式溢价，两者可能需要根据具体情况选择其一。这时需要运营部门会同设计、营销、财务等部门反复进行论证。

3. 大运营视角下的总图定位

（1）充分考虑外部市场情况

在总图定位阶段，除了考虑土地属性之外，还要充分考虑限价等政府调控措施。将货值最大化和IRR表现、现金流快速回正等因素进行综合考虑。

房企在面对政府限价政策时，是坚持利润优先，还是坚持现金优先？必须让财务及策划人员做一个综合性的分析，然后再判断。如果认为限价政策不会结束，也不会更严格，当地备案价格是可以上调的，那么等待的就是备案价格上调（2个月、3个月、6个月后），就得确定再次调整的幅度（如6%、15%等），和等待这段时间需要付出的财务成本相比，哪个更多。因为在开发成本越来越高的时代，同等规模的项目，开发周期每增加一个月，由于资金成本、管理费用等随之增加，项目投资回报率将会降低0.8%左右；反之，开发周期每缩短一个月，项目投资回报率可提高0.8%左右。

从产品组合方面来看，对于有区位和资源依托的产品力型项目，放缓开发和推售节奏，以时间换价值是明智之举；而对于区域竞争激烈，产品力一般的项目，把握好行情快速出货才是正确的选择。因此，如果在满足总货值和开发指标的前提下，最大化地拉开产品形态和价差（如高层和别墅组合，而不是高层和洋房搭配），就可以在限价期内主推高性价比的高层产品，加快现金回流；利润则通过后期高溢价的别墅产品来实现。

此外，还要考虑自身的品牌张力。越是大户型和高端住宅，品牌溢价越高；越是中小户型，品牌溢价越低；越是跨区域置业的，品牌溢价越高；而越是本地买家的，品牌溢价越低。

（2）货值最大化的目标是追求项目收益最大化

如果要通过布局高溢价产品来实现货值最大化（即利润最大化），就必须要满足的条件是：高溢价产品的售价溢价可以足够覆盖土地成本及建造成本的增加，同时还能够有多余的利润！以高溢价产品（如别墅）为例，当单方土地成本（别墅容积率低，分摊的土地成本高）和建造成本高，同时市场售价无法支撑时，别墅的盈利效率反而较低，这时应降低建造成本，或者提升别墅产品的容积率从而降低土地成本；否则应放弃货值最大化，选择低溢价的刚需产品。因此，在确定物业类型的配比时，首先要比较各业态的土地利润，即各业态单位土地面积所产生的利润。

【注】

土地利润＝（物业售价－单位面积开发成本）×物业参考容积率－每平方米土地成本

物业参考容积率：根据大量市场经验数据所确定的各类建筑物业形态所应有的容积率。

> 每平方米土地成本：地价分摊到每平方米土地的成本。
> 开发成本：主要包括项目开发产生的前期费用、建安成本、管理成本、销售费用以及其他费用。

在相关经济指标（如地块的规划容积率、建筑密度、土地成本等）都确定的情况下，决定一块土地规划为何种物业能取得最大利润的关键点在于各物业形态土地利润的大小，土地利润最大的物业形态即为该地块的最佳物业形态。各物业形态下土地利润的大小主要取决于该物业的售价、参考容积率和开发成本。物业的售价越高，土地利润越大；物业参考容积率越大，楼面地价越低，土地利润也就越大；开发成本越低，土地利润越大。

案例 11-5　规划容积率<2.0 的近郊项目物业类型配比

在进行产品定位时，何种物业形态的土地利润最大，即应选择该种物业作为该项目的首选物业。但是在实际运用中，往往由于受政府规划以及地块容积率的限制，使得项目实际的物业选择与最佳物业选择有差距。我们能够通过模型的计算，找出项目开发的最佳物业类型组合，以及在此物业类型下的最佳容积率和最大利润。

假设目前有一个项目占地 80000 平方米，容积率 2.0，建筑密度 30%，限高 80 米，如何进行方案排布使得项目能够实现货值最大化？这就需要确定应该排布的业态类型，以及各个业态的栋数和层数。

营销根据市场调研给到设计 4 个建议户型，分别是高层 G 户型（98 平方米，单方售价 11000 元/平方米），洋房 YA 户型（110 平方米，单方售价 17000 元/平方米），洋房 YB 户型（145 平方米，单方售价 17500 元/平方米），别墅 B 户型（135 平方米，单方售价 25000 元/平方米）。设计同事根据公司标准库找到四个户型的基底面积及标准层面积（假设两者相同）：G 户型 550 平方米，YA 户型：228 平方米，YB 户型 297 平方米，别墅 B 户型 158 平方米；同时根据建筑密度限制，所有楼栋基底面积之和不得超过 24000 平方米（80000×30%），如表 11-2 所示。

表 11-2　项目户型、面积、单方售价之间的关系

对比项	G 户型	YA 户型	YB 户型	别墅 B 户型
层数/层	x_1	x_2	x_3	x_4
栋数/栋	y_1	y_2	y_3	y_4
标准面积/基底面积/平方米	550	228	297	158
单方售价/（元/平方米）	11000	17000	17500	25000

注：x_1、y_1、x_2、y_2、x_3、y_3、x_4、y_4 为我们需要求解确定的自变量。

目标函数（货值最大化）：

约束条件：

$$\begin{cases} 550x_1y_1 + 228x_2y_2 + 297x_3y_3 + 158x_4y_4 \leqslant 160000 & \text{①} \\ 550y_1 + 228y_2 + 297y_3 + 158y_4 \leqslant 24000 & \text{②} \\ 3xi \leqslant 80, \quad i=1,2,3,4 & \text{③} \\ x_1 \leqslant 26 & \text{④} \\ xi \leqslant 11, \quad i=2,3 & \text{⑤} \\ xi \geqslant 5, \quad i=2,3 & \text{⑥} \\ x_4 \leqslant 4 & \text{⑦} \\ xi \geqslant 1, \quad i=1,2,3,4 & \text{⑧} \\ xi = 整数, \quad i=1,2,3,4 & \text{⑨} \end{cases}$$

式中，①为计容面积限制；②为基底面积限制；③为限高；④为高层层数限制；⑤和⑥为洋房层数限制；⑦为别墅层数限制；⑧和⑨为层数求整。

当然这里的条件限制仅为示例，如还有其他约束条件，可进一步添加，不影响最终一键求解。

利用Excel"规划求解"工具，通过求解得出，排布9栋17层G户型，排布13栋11层的YA户型，排布12栋11层的YB户型，排布12栋2层的别墅B户型，可使项目实现最大货值22.6亿元（表11-3）。设计同事在此方案的基础上再逐一考虑景观资源最大化、地形地貌等因素从而得到离最大货值22.6亿元最近的最佳方案。

表11-3 货值最大化方案排布模型

对比项	G户型	YA户型	YB户型	别墅B户型	建筑密度/%	30	基地面积/平方米	24000
层数/层	17	11	11	2	容积率	2	建筑总面积/平方米	160000
栋数/栋	9	13	12	12	土地面积/平方米	80000		
标准面积/基底面积/平方米	550	228	297	158				
单方售价/(元/平方米)	11000	17000	17500	25000				
方案建面/平方米	159750							
方案基地面积/平方米	13374							
货值最大化/元	2260788000							

在以上模型中，有几点需要说明。

① 模型为理论模型，未考虑各业态的市场去化情况，最终方案可在此模型的基础上参照市场去化情况整体平衡。

② 模型仅适用于考虑住宅货值最大化，商业虽然单价高，但去化困难，应最小化处理；若商业配比较高，应提前在计容建面和基底面积中扣除商业部分。

③ 每一个户型的基底面积和标准面积应为常数。

④ 限高在地块红线内统一，不考虑局部限高。

二、不断提升产品溢价能力

产品竞争力永远是企业的核心竞争力之一,产品永远是企业做强做大的压舱石。当前,业内的共识是,房地产行业已进入低频波动的长周期,行业红利时代已渐行渐远,未来市场竞争将在一定程度上回归产品力竞争。

产品力对IRR的影响主要体现在两个方面。一是可以提高产品溢价能力。当前融资渠道还在收紧,融资成本上升,要想保持利润率,很重要的一条路径是提高产品的溢价能力。二是可以提高同样价格下的未来去化速度。提高IRR并不一定意味着提高价格;快速回笼现金流,同样可以提高资金使用效率、降低自有资金占用、提高项目IRR。

在淡市中,竞争越激烈,产品价值就越彰显。只有专注产品价值、兑现合同承诺,才能让客户认可产品、心甘情愿地买单,才能实现预想的高周转。客户要认可产品,销售速度、溢价能力、客户满意度都是检验标准。对于中小房企来说,由于房地产行业集中度不断上升,拼规模、拼低价的策略是行不通的,更需要打造独特的产品体系,通过行业细分在市场上形成差异化竞争,从而实现"旺市比高、淡市比快",这样才能保持一定的利润和规模增长,不仅能熬过冬天,也能活得长久,而且也最终决定了企业的举牌能力。

可以说,产品溢价影响大房企的利润,决定中小房企的生死。提高溢价的途径主要有以下两点。

1. 好房子

万科对"好房子"的界定是,以"质量、健康和性能"为核心,从消费者的需求出发,打造优质、绿色、符合需求的住宅产品,为居住者提供安全和舒适的心灵归宿。在产品力竞争的时代,产品研发将从客户需求出发,注重客户居住感受及服务。户型设计、景观设计、个性化设计、生活配套等是否能够走进客户内心,成为楼盘取胜的关键点。

对于中小房企来说,要根据自身特长,做出高度本土化的产品,形成自己的品牌特征,在局部城市或领域取得局部优势,与外来巨头形成差异化竞争力,提升自身在房地产行业的"存活率"。

(1) 做出满足当地客户需求,甚至超越客户预期的产品

中小型房企如果只聚焦一个区域,会对当地的风土人情和地理气候非常熟悉,能做出高度本土化的产品,与外来巨头形成差异化竞争力。

> **案例11-6** 比如银川这个地方风沙大,又是地震多发区。外来房企要么忽略了这些问题,要么不知如何应对。而深耕于此的宁夏中房集团(以下简称"中房")则积累了一系列的应对措施:针对风沙问题,窗户密闭隔音做特殊处理,同时采用"恒温、恒湿、恒氧"设计,风沙天气家里可以不开窗;针

对地震问题，研究出橡胶垫隔震技术等防震措施。在当地，中房的房子比竞品溢价5%乃至更多都是正常现象。

（2）能够做出高度个性化或极具识别度的产品

比如朗诗和当代的绿色住宅、金茂的科技住宅、泰禾的院子、绿城的小镇等，这些产品都已经成为房企的名片，人无我有、人有我优，即使走出自己的大本营，到其他市场去，也不会丧失竞争力。

在满足功能性的前提下，追求舒适性是客户关注的重点。让房子回归居住属性，满足人们对美好生活的需要，特别是改善型客户，对价格敏感度不高，更强调居住舒适度。

案例11-7 以改善型产品为例，目前市场上主要通过尺度感、采光面来提高户型的舒适度。首先要确保的是各空间的功能到位，而且室内空间每个区域的尺度必须都要有所保证；其次，通过增加产品面宽、南向开间可以有效扩大房子的采光面，从而增强户型的舒适性；再次，通过超长阳台设计，比如将客厅和卧室的阳台打通，使阳台面积更大，采光和景观视野会更好；最后，超大飘窗可以尽可能增加通风采光，视野更佳，同时增强了功能性，比如可以改造成榻榻米、书桌或收纳空间等个性化空间。比如上海正荣府126平方米的户型就在飘窗的侧面及下部设置书架及收纳系统，同时飘窗也可以作为功能书桌使用，实现功能价值最大化。

想要客户住得舒服，还要不断超越其期待，可在高得房率和赠送面积方面做足文章。

案例11-8 比如俊发集团，其产品策略是总价相同，功能优先；功能相同，面积优先；面积相同，细节优先；细节相同，品质优先。之所以实得面积多过建筑面积，一是在政策允许的条件下，考虑赠送；二是在复合空间上下功夫。例如，祥生集团每到一个新的城市，都和当地政府反复沟通，深度掌握当地的控规要点，研究如何能做出最大的得房率！创造过82平方米户型做成3房2厅2卫，三房朝南的奇迹！还创造过90平方米的房子，得房率超过100%的神户型。

（3）不断加强精装修对客户的吸引力

对于现金流项目来讲，精装修能够有效提升售价增加货值。而且精装修成本均为后期支付，即累计回款比例增加，但累计投资比例降低，这使现金流回正加快。

◇ **案例11-9** 在精装修方面，人性化细节多花一元钱，产生的溢价远超1元钱。无论多么高大上的项目，住进去都是要过日子的，细节显得十分重要。比如防雾镜柜、可抽拉式龙头、USB插座等，这些东西其实也不难，难的是从用户的视角出发，真正把每一个点都落到实处，做到完美。融创在上海做了一个体量高达10000平方米的研发基地。在这个研发基地里，融创做了个几千平方米的厂房，把新户型新装修都在里面按照1：1比例实景搭建，反复推敲没有问题后再推向市场。融创提出的口号是：把所有遗憾留在研发基地，把完美留给客户。从根源上保障了产品的质量。

（4）展示传递价值

通过"两点一面"（售楼处、样板间、景观）给客户美好体验，提升溢价，对房企来说惠而不贵。房企需要独具匠心，形成自己的特色，实现产品的溢价。

◇ **案例11-10** 龙湖所打造的"五重"景观园林已经成了其产品的重要卖点。

龙湖的景观入口，通常都是这样的：小路的弧度是专门经过计算的，使人看不到后面的景观。再往前，通常是一个狭窄的夹道，但经过一个拐弯之后就是一个大草坪，曲径通幽，豁然开朗，给客户强烈的视觉冲击。

这种通过动线设计影响客户心理的尝试，在下面这个龙湖项目示范区的总结中，可以看得非常明显，经过这样的冲击，客户购买的愿望一定是增强的。

2. 好服务

随着消费升级，客户的需求也在发生变化：以前只要"有房住"就行；未来是"美好生活"，要"住好房"。这是一个从量到质的变化。未来房子的溢价将更多地体现为服务的溢价。未来3～5年服务溢价将成为趋势。服务是产品溢价的核心点。

◇ **案例11-11** 好服务一般通过配套载体和内容服务加以实现。

① 配套载体。通过改变商业、教育条件提升溢价，这一种应用已比较广泛。但是有的效果好，有的效果不好，差距在于，商业、服务到底是什么时候入驻的，在销售前有没有成为事实。做得好的房企，会和相关商业、服务商商议，甚至给予补贴，让它们提前入驻，这样一来，客户买房的时候，就可以看到这些服务，享受这些服务。例如世茂比较惯用的方式，就是通过提升产品定位，加大配套、资源的投入等，成功地将项目拉升为面向城市的标杆项目，进而与周边项目拉开差距。云南俊发在昆明有很多城市更新项目，大都引入名校合作，品质又好，自然能产生不小的溢价，而且客户趋之若鹜。

② 内容服务。好看的皮囊千篇一律，有趣的灵魂万里挑一。如果说，基本的硬件配套是好看的皮囊，那么优质的服务就是有趣的灵魂。以物业服务为例，要能够体现家的感觉，通过提升小区管理，增强住户黏度。短期看，物业服务的质量能为项目加分；长期看，好的物业管理公司能为业主打造一个宜居的氛围和环境，从而使整个小区得到增值，客户自然愿意为此埋单。例如祥生就下了大力气提升服务口碑：祥生在楼盘扎堆的城市自己买校车，接送业主小孩上学、放学，解决业主的困难；搞客户服务中心，在里面做社区小配套，包括幼教、辅导班、四点半课堂、家政服务、中介服务等，全部整合到一个大厅里，解决一个小少年宫、社区服务中心的问题。

对于中小房企来说，要从"小而美"向"专而美"转型，这样才能建立自己的护城河，才能实现产品更好地溢价。今后来看，"小而美"的企业将会生存困难，但如果适度规模地战略转型做"专而美"却有广阔的空间；换句话说，中小房企如果不追求规模，就要有很高的市场辨识度，像星河湾，朗诗。还要学当代、建业这种区域深耕的房企，口碑稳健有回头客，抓服务。区域深耕型公司要从关注房子、关注产品转为关注人、关注服务。在相对集中的区域做大客户基数、客户密度，线下成本比较低，就有很多文章可以做。后面可以做学校、可以做二手房中介，向下游产业延伸。所以中小型房企要在区域市场保有适度规模、维持一定的市场占有率、提高辨识度、提供优质服务，从前端向后端移动，一样也可以活得很好。

案例 11-12 　东原和绿城的产品力

东原集团（以下简称"东原"）是一家极有个性的房企，也是少见的产品品牌极强的中型房企。其实早在2017年，东原就已经开始准备快速扩张，拿了超过1000亿元货值的土地，来为2018～2019年之间高速扩张做准备。2018年东原的业绩爆发，很大程度上依赖前几年在产品和模式上的锤炼。东原认为，中小房企不能着急扩张，要先形成有竞争力的产品和模式，为高速成长蓄力。如果模式不可持续，那短期业绩再好也没有意义。因此，东原在快速扩张之前就建立了包括"童梦童享"儿童社区、"原·聚场"在内的3大自主品牌，辨识度极高。由于有好的产品和充足的土地储备，2018年前11月，东原已经实现463.1亿元的销售金额，挤进房企50强，同比增长高达142.6%！年初定下的500亿元、50强的年度目标，大概率可以实现。东原的这种先建模式后扩张、厚积薄发式的发展模式，对成长型房企而言，很有借鉴意义。

绿城认为，服务即营销。绿城的营销让客户印象最深刻的地方，不是案场，不是话术，而是服务。绿城卖项目，很少做广告，主要是通过各种各样

> 的活动和服务内容来维系与客户之间的感情，增强客户黏性。绿城的活动以小规模、高频次为主，围绕着业主和准业主的日常生活展开。比如每年的邻里节、海豚计划、红叶行动，在为业主们提供服务的同时，也为他们提供服务社区的资源及平台，最终实现"家人服务家人"。通过做全周期的服务，业主"老带新"是自然而然的事，大部分绿城新项目面世前，基本不用刻意做宣传，只要在老业主群里告知一下，就能完成销售。人文主义、理想主义和创新精神，是绿城这家企业的精神基因。绿城相信，只要坚持"真诚、善意、精致、完美"的核心价值观，就一定能从"美丽建筑"迈向"美好生活"。

总体来说，伴随着消费升级和供给侧改革，房地产企业愈加重视"产品力"。例如金茂的绿色科技产品，追求高品质，形成了良好的客户口碑；一个产品系列"府"系，全国货值超过4000亿元。同时，服务品质不断提升也成为一些领先企业的重要竞争力。如融创、金茂等强化客户服务标准建设，在客户满意度提升方面效果显著，融创2018年的客户满意度评分高达92分，成为行业标杆。

第二节　谋而后动，货值的动态管理

所谓"谋"，就是积极谋划构建货值管理体系；所谓"动"，就是货值的动态管控管理，这也是货值货量管理的核心。

一、"先谋"，建立货值管理系统

（一）明确统计口径

货值管理在不同企业中有不同的表达方式，梳理数据口径并在内部达成一致尤为重要。图11-5基本能够比较好地概括房地产项目的货值全周期计算公式和模型。土储随着项目的开展会变为不同的状态，而货值管理管控的就是货值变化的各个节点。

【注】在上述模型中，动态总货值=未开始规划设计货值（土储阶段）+规划设计阶段货值+已开工未获取预售证阶段货值（包括已开工未达预售条件和已达预售条件未取证）+已获取预售证未开盘货值+已开盘剩余货值+已售货值（包括已认购未签约和已签约）。

同时，对上述各个阶段货值的取值标准和维护模型进行整理，如图11-6所示。

动态总货值＝未开始规划设计货值＋规划设计阶段货值＋已开工未达预售条件货值＋
已达预售条件未取证货值＋取证未开盘货值＋已开盘剩余货值＋已售货值货值

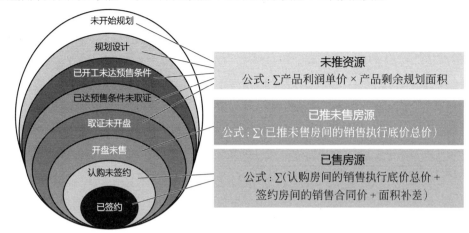

图 11-5　货值主要包含三大类型共八种状态

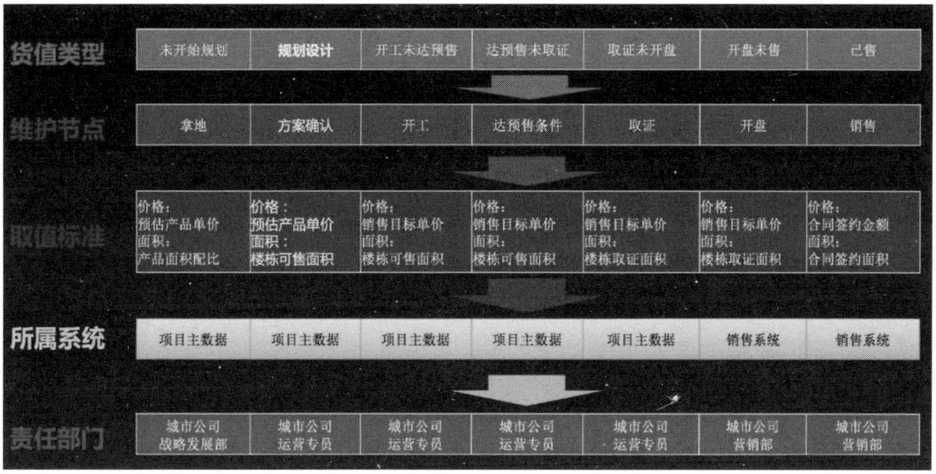

图 11-6　各阶段货值取值标准及维护

面积、单价的取值标准以及维护节点是影响货值准确性的三大要素。这三个要素是动态变化的。项目总货值从前期到后期是一个逐渐从模糊到清晰的过程，最终的货值是全部销售收入的兑现。面积会随着各阶段设计工作及预测报告的取得而发生变动：获取预售证前，会有多版预测价格，获取预售证后，会更新一版价格数据（即备案价）；开盘后到实测前，面积不会变动，但价格会发生变动；取得实测报告，会更新一版面积数据，如果这时未销售完，那么价格信息仍会持续变动。随着时间的推进，在开工、达到预售条件、取得预售证、开盘、竣备、交付等节点实际完成之前，这些节点的计划完成时间都有可能随着计划的调整而发生改变，如图 11-7 所示。

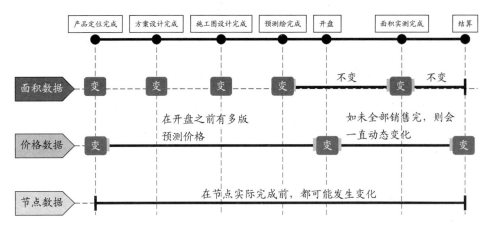

图 11-7　货值随着时间、面积、价格的变动而变动

1. 针对单价

（1）明确价格计算规则

例如在项目启动会时，按照利润测算要求的均价和当前项目该业态的近期市场销售均价相结合的方式，作为估算均价来作处理；当项目有部分已经开始销售的时候，可以按照当年该项目已售业态的销售均价作为参考依据，得到符合现阶段市场规律的均价；然后结合该项目在启动会时对于项目利润测算得出的各业态预估均价，得到一个适用于整个开发周期的动态均价。

（2）明确影响货值变动的价格审批权责和流程

实际案例中通常采用运营会议决策的方式，这些会议并不单纯决策单价，更需要对整个项目的全盘货值或者全盘收益指标进行回顾与明确。从决策层级和决策质量来说往往都代表了公司最高机构，因此，能进一步保证准确性，同时这种运营会议，也让决策更加理性。

> **案例 11-13**　为避免经营计划通过"数字游戏"满足全周期指标要求，实事求是抓产品、抓成本、抓营销，某房企要求经营计划中未来年度销售价格需遵守价格涨幅的上限规定编制，在有充分依据证明市场明显改善的情况下，集团组织职能中心、事业部专题决策价格涨幅调整。同时，限定商业、车位价格，以避免不切实际的商业价格预期，特别是较大面积商铺、二层以上的商业价格，要求各项目经营计划编制时参考合理均价比例。其中，所参照的计算基数为：社区商业价格以同社区普通住宅均价为参照计算基数，社区商业以自身200平方米以内一层单套分割商铺的均价为参照计算基数。谨慎制定车位价格，事业部应提供车位价格和销售速度的竞品调研数据支撑。

2. 针对面积

可研阶段的可售面积、方案阶段的可售面积和预售阶段的建筑面积，都是对货值影响非常大的数据,一般由城市公司设计管理部门负责。要求设计人员在达到一定节点的时候,完成地块下各楼栋指标及整个地块指标的动态刷新。例如,当地块取得"工程规划许可证"时,就要求把取得"工规证"的面积更新到系统中,从而保证在任何时候系统统计的面积指标都是最新的,且都是经过业务和集团确认的,从源头上保证了面积数据的动态和权威。

3. 针对项目开发计划节点

一般房企在项目启动会后进行主项计划的编制和审核,通过过程中的节点数据及时管控,实现货值铺排上的动态准确,实现数据和业务的联动。在实操中,当项目到达到相应的节点时,由相应的业务人员在软件系统中进行数据的建立与更新。需要更新的数据主要是面积、时间、单价信息。在最新的实践案例中,更为常见的是将主数据、货值系统、销售系统、计划系统打通,当计划的节点达成之后,自动向相关人员发出工作流请求,要求相应人员进行数据刷新,并自动完成数据的更新工作。这样一来,数据的及时性和准确性都得到了极大提升。

(二)做好主数据管理

对于项目主数据,行业里有一个形象的说法,叫做"项目户口本"。其本质是项目自"出生"起就拥有一个"身份证"建档,从项目拿地到项目售罄,涵盖项目的基本信息、类型、供货量、财务信息等一系列指标。

货值统计由下至上汇总形成,如公司层级的货值由项目层级的数值构成,项目层级的数值由分期/地块层级的数据构成等。所以货值管理的第一步是对底层对象进行统计。

底层统计对象的面积、价格数据往往随着开发过程的深入才可能进行维护。以某房企为例,在项目分期的方案完成前,按照施工批次进行货值统计;方案设计完成后,将底层统计对象细分到楼栋;价格备案后,将价格信息细化到每户,此时的统计对象细分到户。然后再由底层的统计对象逐渐向上汇总,形成整个项目乃至公司级的货值统计。

如果企业对货值的统计仍处于手工填报阶段,建议维护的最小层级到"楼栋"即可;如果企业的货值统计已经进入到信息化管理阶段,那么可将货值管理软件与销售软件打通,在开盘后按"户"来维护;而如果货值计算底层数据的维护层级不清晰,则无法进一步进行货值分析。

因此,做好主数据管理,明确经营层面数据层级的划分和面积数据的统计口径,并保证数据的唯一性,货值统计的结果才能够准确,才可以为进一步分析提供依据。

(三)明确目标货值

在各阶段货值管理中,最重要的工作就是确定目标货值。所谓目标货值是指以某一个时点的可售面积及价格信息为基准,对项目所能实现的总货值做一个合理的预期。目标货值也代表管理者对本项目收入的一个预期。设立目标货值的作用在于，在货值管理过程中以一个标准来约束动态总货值的变动，降低产品设计、销售等工作的随意性，从而保证收入的达成。目标货值确定的时间点取决于项目考核版经营计划编制的时间，如图11-8所示。

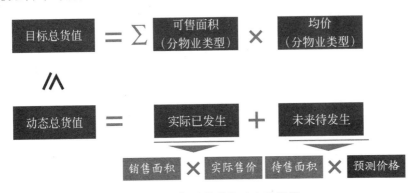

图11-8　目标总货值和动态总货值

二、"后动"，动态管控项目总货值

当前货值管理的痛点主要有三方面。

① 货值不清，费时费力：企业总货值不清，项目获取预售证之前的货值不清，每次货值盘点费时费力。

② 数据失真，错失良机：统计口径不标准，导致数据失真；因为供货不及时，导致错过了市场销售的最佳时间点。

③ 产销失衡，存货积压：市场风向未能及时传达到生产环节，导致大量存货，形成滞重。

（一）货值管理的作用

进行有效的货值管理，可以帮助企业灵活应对市场变化，及时调整生产策略，为动态收益的全过程监控提供依据。

1.对外灵活应对市场变化

在产品及销售层面再强大，也敌不过市场风口，顺应市场才是明智之举。随着通过快速扩大土储来冲规模的发展路径受阻，聚焦优质地块、精准把握城市轮动规律将成为房企灵活应变、可持续发展的重要策略。

通过货值管理可以清晰地了解企业的总货值、货值的结构及比例，包括各类产品待建的有多少、开工未拿预售证的有多少、达到预售条件未取证的有多少、认购了多少、签约了多少，并结合产品的市场偏好及时调整供货和营销策略。对于市场需求较大的产品应加快推货、加快销售，反之可以酌情降低推货强度或加大销售奖励，甚至以较大幅度打折出清等。

2. 对内及时调整生产策略

为了应对市场变化,还可以从销售到生产反向地指导生产策略,即以销定产。销售速度决定了推货速度,生产速度也要跟上推货速度。例如,如果判断产品A会在当年年底开始走俏,预计热销度会持续2个月,但原计划中产品A只能在来年1月拿到预售证,那么企业应该集中对产品A投入资源、加快建设,缩短取证时间以赢得最佳的市场时机。反之,如果判断某一类产品或几类产品在未来一段时间内的销售状况都不会很好,或者是备案价格不理想,那么企业可以减缓该类产品的生产速度,甚至调整产品组合策略。

3. 为全过程动态收益跟踪提供依据

有了项目动态总货值,就可以预估项目的收入。加上项目的动态成本、费用及税金等,就可以对项目利润情况进行实时的监控与分析。一方面支撑年度经营目标的实现;另一方面也为下一阶段开发策略的调整提供依据。

(二)货值管理的四项基本原则

子曰:"志于道,据于德,依于仁,游于艺。"同样的道理也适用于货值管理。

1."志于道":货值管理的目标是确保投资收益的实现

货值管理与计划、利润、现金流紧密相关。要将货值管理作为实现项目投资收益的重要抓手。"一水护田将绿绕,两山排闼送青来。"货值管理也是企业运营进行节奏排布的有效工具,需要通过对存货及资源分布的分析,结合项目现金流,合理调节"供销存",如图11-9所示。

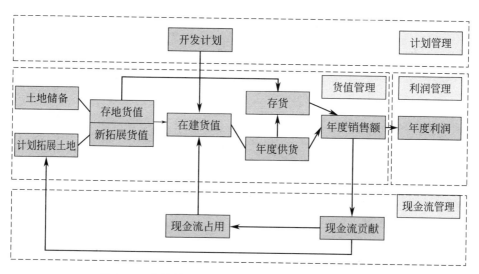

图11-9 货值管理与计划、利润、现金流关系示意图

2."据于德":找准做事的依据

为确保目标总货值可控,审批时要遵循如下原则。

（1）总量控制和动态管理原则

项目总货值在从拿地到销售的项目全生命周期中，发挥着总量控制和确保项目利润率的功能。每一次推盘定价或调价变更时，都要确保变更后的总货值不得低于目标总货值，也不得低于上一次审批的动态总货值。

（2）分阶段原则

根据项目开发进度的不同阶段（例如方案阶段、首次开盘阶段、持续销售及调价阶段等），要进行项目总货值的测算和审批。项目总货值以集团下达的利润率指标、整盘均价指标和分期推案房源的均价指标等为审批依据，并以集团对项目的利润指标为基础，在确保目标利润率实现的前提下，以市场情况向上浮动为主要审批导向。

（3）分级管控原则

集团总部要抓大放小，将目标总货值作为项目考核目标进行下达，没有必要对具体项目房源个体和价格做过于精细的管控。对于每批房源推盘的价格调整审批只需要依据先前制定的目标总货值进行总体衡量即可，只要不低于目标总货值，项目每批次的定调价方案都可以直接快速审批。而项目一线人员可以根据市场和内部原因相对自由地调价和调整销售批次等，从而在具体制订项目销售策略、价格方案和推盘批次时，既能更好地体现公司货值总体目标，也能顺应市场的快速变化。

3．"依于仁"：相关部门协同确保货值数据动态更新

动态管理是货值管理的重点，涉及多部门的信息数据汇总，因此数据的及时性、唯一性和准确性都要有明确保障。

（1）明确责任

面积、价格、计划节点的完成时间都在不断变化，因而总货值也在不断变动。同样一个可售面积的数据，随着图纸的修订、开发阶段的不同会有很多版本，此时明确各项数据的维护阶段、主体及层级非常重要，如图11-10所示。

● 维护阶段与主体

数据	维护主体	投资阶段	设计阶段			销售阶段		结算阶段
		投资版	定位版	方案版	施工图版	开盘版	动态版	结算版
面积数据	设计	●	●	●	●	●	○	●
价格数据	营销	●	●	●	○	●	●	●
计划节点数据	运营	●	●	●	●	●	●	●

● 维护层级

数据	维护主体	投资阶段	设计阶段			销售阶段		结算阶段
		投资版	定位版	方案版	施工图版	开盘版	动态版	结算版
面积数据	设计	业态	业态	楼栋	楼栋	户	—	户
价格数据	营销	业态	业态	业态	—	户	户	户
计划节点数据	运营	业态	业态	楼栋	楼栋	户	户	户

图11-10　维护阶段与主体、维护层级

（2）做好督导

货值管理涉及的部门众多，不同时期的数据分布在不同部门，因此涉及数据更新与同步的问题，大运营部门需要协调各部门各司其职进行相应处理。例如，每个月召开月度经营会议，会上各部门会呈报生产进度计划及销售计划，针对变化因素进行阐述说明，如工程进度节点、预售许可证、开盘、竣工等各个时点的变更，这些变更事项会影响货值的分布，进而影响项目经营计划的开展，因此针对上述变更事宜达成一致后，要形成会议纪要，同时相应责任人要在规定时间内更新业务系统，确保信息及时准确，进而避免由于信息数据更新延迟而导致的数据偏差。

而为了保障各控制点能顺利执行，需要对数据进行稽核和定期巡检，通过总部大运营部门定期进行检查，各个城市公司大运营部每月进行考核，杜绝人为因素导致录入不及时、不准确，控制业务数据的准确性，将问题业务单据前置化，及时纠偏。

> **案例11-14** 某房企在目标货值、动态货值、全景计划编制及节点汇报上均启用流程审批驱动机制，确保一线操作人员录入的数据是经过审批的数据，使货值基准数据不可随意变更，从而保障货值数据的准确。同时，在节点汇报中加入了"预警督办"功能：在工作项到来之前7天以及当天对主责人进行提醒；逾期1天时，将通知公司大运营部门的负责人；逾期8天时，将通知总部大运营部门的负责人；逾期16天时，将通知到总裁。通过该预警督办机制以及后续奖惩考核机制，加强了对项目经办人工作汇报及时性的管控。

4."游于艺"：提高化被动为主动管理货值的能力

从项目开发角度而言，存货是妨碍现金流按目标达成的最大敌人。房地产业的存货主要体现在土地和现房上。土地库存能通过调整开工计划迅速消化。现在不少企业从过去关注建筑面积的去化率，转变为关注土地的去化率。现房销售则依赖市场。在市场下行时，如何快速消化存货已成为众多房企月度运营会议的重要话题，主要策略就是"前收后放"，即占用大量资金且又可迅速变现的成品，如"已取证未推盘"、快速"放手"出货、对未取得预售证的可售半成品进行"收紧"，以降低资金沉淀的时间。

除去化率管控外，对影响货值的销售溢价管控也是重中之重。销售溢价是集团利润导向在营销工作中的直接体现，也是项目营销能力的直观反映。相关指标包括"实际销售溢价率"（实际成交房源的实际成交总金额高于对应房源的底价总金额的百分比），以及"预期溢价率"（整盘或分期的最新货值高于目标货值的百分比）。在市场火热时，还可以横向衡量产品的销售金额超出市场同类型产品销售金额的情况。通过销售溢价指标监控，变可反向验证销售计划与定价、开发成本计划的合理性。此外，对"破底价销售比例"（低于底价销售的套数占总销售套数的百分比）也要充分关注，查明原因。在项目降价对货值总额减少不可逆的情况下，要提升审批层级并专项汇报降价方案，包括去化率和降价的关系，以及降低产品配置标准、降低营销管理费用、降低税筹等对冲措施。大运营部门要根据总货值的变化，及时更新项目经营计划。例如，将项目启动前的项目经营计划中的货值作为目标总货值，对后期所有项目总货值进行总控；开盘前要确定真实销售的项目总货值；销售到一定量后要调整刷新项目经营计划，并根据项目目标总货值计算出每批推盘的定调价空间和底线，以便从整体上管控项目总收入。

总之，设计、生产、供货、销售等环节都需要进行货值管理。价值链越靠前，总货值的多少越取决于可售面积；价值链越靠后，总货值的多少越取决于销售价格。创造货值的每一个环节都应该被重视。最终通过运营统筹，保障货值管理价值链的各环节可控、可量化，从而实现产供销平衡，最终减少库存、提高收入，如图11-11所示。

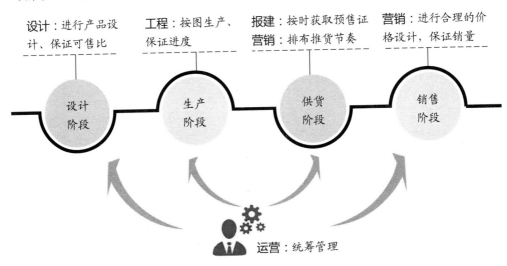

图 11-11 开发阶段对货值的统筹管理

从投资角度而言，要通过项目动态货值的管控，倒逼投资部门加强精准投资，提高存货质量。有些房企的货值储备账面上看起来很不错，但是"有效货值"并不多，不少货值根本不算货值，或者如果变现就要严重折价。当市场上行时，资产价格暴涨，优质资产涨得多，劣质资产也能出货；但当市场下行时，再也不是"鸡犬升天"的时候了，优质资产还能动一动，劣质资产直接倒在地上、动弹不得。

> **案例11-15** 有些时候，优质资产和劣质资产也是相对的。市场好的时候，核心区的酒店式公寓、环核心城市的"外溢"产品都是优质资产；市场不好的时候，这些产品都卖不动，都归于劣质资产。举个很有意思的例子：

> 2017年单项目前十名成交排行榜里，有6个项目都是外溢、旅居、商办性质；而2018年单项目前十名成交排行榜里，清一色都是一二线城市的刚需产品。地产投资的逻辑发生了非常大的变化。2017年因为外溢、旅居、商办市场好而拿的地块，在2018年大多成了滞销品。除了周期判断失误以外，对政府调控政策缺少研判，以及收并购项目的失误，导致存货难以迅速销售回款，也是货值质量不高的重要原因。这些都需要在投资端审思之、明辨之。

总体来说，在项目目标成本控制到位的前提下，目标总货值的完成就等同于保证了项目最终目标利润的达成。换言之，货值管理就是对房地产商品的价值进行预判和动态监控，如果房企对成本管理和销售总货值管理规范、精细，就可以通过动态成本和动态销售总货值（收入）的分析，对项目毛利率进行有效监控。

第十二章 少支

在拿地后,从项目收益最大化的角度来看,需要聚焦于建安开发成本、营销、管理、财务费用以及税费等"全成本"管理,以守住项目目标收益。

第一节 进退有据,向成本精细化管理要效益

所谓"进",就是进到价值链前端,做好成本策划,制定目标成本;所谓"退",就是采取各种手段,对目标成本控制的高压线"退避三舍"。

通过对地产项目开发价值链的分析可知,越靠近价值链前端,经营风险越大,但利润贡献越高。从国内房地产企业的成本管理实践来看,一些标杆企业开始聚焦成本策划和成本控制的耦合管理,正慢慢走出一条"先策后控"的新型成本耦合管理模式。即强调设计阶段的成本策划以及设计阶段之后的成本控制。

成本策划属于成本的规划区,重点解决目标成本的合理性问题,侧重设计阶段的成本策划,强调"好钢用在刀刃上";成本控制则强调在开发阶段对合理的目标成本进行过程控制,重点管控好待发生成本,做好动态成本回顾,管控目标成本变动率。

一、成本策划

目标成本制定的核心和难点是基于项目收益与不均衡分布两大视角下的合理性问题。所说的"合理性"有两个层面:一是总额是否合理;二是分项是否合理。

总额的合理性一定是站在收益视角来评价的,且不能离开产品和客户两个方

面的约束。需要思考的问题是：目标客户是谁？他们能够承受的售价是多少？我们提供什么样的产品和产品配置？在这样的配置（建造标准）下，我们的目标成本应该是多少？在目标成本测算完成后，还需要观察每个业态的收益（毛利）情况，如果不满足收益目标就需要重新调整配置甚至是产品组合，以求达到既定的收益指标。

分项的合理性体现了成本的高效投放。保证成本有效投放的原则是多次不均衡地使用成本，即基于客户购买决策点识别出产品中的结构性成本、敏感性成本和功能性成本，在保障安全的前提下严控结构性成本，重点投入敏感性成本，合理投入功能性成本。

在管理实践中，目标成本的合理性一般通过"成本策划"的手段实现。

成本策划的核心是控制设计——先控制总图（基于收益最大化视角的总图规划，即首轮宏观视角的项目策划），再控制单体（基于品质表现进行成本不均衡分配，即第二轮微观视角的产品策划）。

（一）项目策划：基于收益最大化视角进行总图规划

项目策划就是通过优化产品组合，进行土地价值最大化、收益最大化。

房地产要做好项目成本策划，主要是针对总图进行精细化研究，针对景观进行精细化优化。如果做得好，就完全可以突破项目价值的天花板。

在成本策划的总图规划中，重点在于对总图的产品构成进行多样布局，通过不同产品、业态组合模式的收益比较，最终得出最优方案。往往不同产品的配比组合，所带来的成本及收益等财务指标的差异是非常显著的，这个差异点正是成本策划所追求的价值点。

（二）产品策划：聚焦成本的有效投放

基于总图规划下的产品策划，属于成本投入的二次策划，这个阶段的成本策划强调基于产品成本的二次不均衡分布。

建造成本一定是有底线的，超过了市场承受的底线，项目的质量、品质与效果就会受到严重损害。所以要应用"不均衡使用成本"管理模型来实现成本价值最大化，严控结构性成本，合理使用功能性成本，重点投入敏感性成本。

二次不均衡分布的关键在于贯彻"好钢用在刀刃上"的成本投入理念，运用价值工程基本原理，实现成本适配，实现"用更少的成本，获得更好的产品体验"。

一般而言，楼盘品质是通过外立面、景观、公共部位精装修等方面来体现。这些都属于敏感性成本，是客户购买产品的源动力。在这些方面要舍得多投入，把结构上控制下来的成本投入到客户愿意买单的地方。对于这一点，大多数房地产企业都已经意识到，并纷纷做出了成本投入的调整。

但在实际应用时，又会遇到另一些困惑：多投入了成本，可效果没有达到，或提升得不明显；用较之以往几倍的投入打造品质，可是客户不愿意额外买单。

"三日入厨下,洗手做羹汤。未谙姑食性,先遣小姑尝。"因此,房地产企业需要对成本的所有模块,以客户视角进行功能性的进一步细分。按照房地产企业的成本和产品属性,我们可以将房地产开发成本划分为结构性成本、敏感性成本和功能性成本三大类。

1. 结构性成本

指对承受各种荷载起骨架作用的空间体系(如桩基、基础、柱、梁、板、墙等)所投入的成本。这部分不太受业主关注,但属于建筑物的必备要素,需要进行如钢筋含量、混凝土含量、模板含量、砌体含量、窗地比、外立面率等的指标控制。此类成本应在保障安全的前提下进行严控。

> **案例12-1** 少数标杆房企能够做到对成本七大结构性指标进行全面严控。这七大指标具体为"标准层钢筋含量""标准层混凝土含量""窗地比""地下室层高""地下车位平均面积""地下室钢筋含量""硬景面积比例"。实践中,以上任何一个指标被严控和节约,都可以带来不同程度的成本节约。比如当软景面积比例每提升1%时,那么成本就会降低大约0.62元。如果对七个指标进行整体严控和优化后,项目单方成本可减少145~260元/平方米。如果按照开发量500万平方米来计算,则可以降低成本约10亿元。而这正是成本策划的价值所在。

2. 敏感性成本

某参数的小幅度变化就能导致经济效果指标的较大变化,这里引申为相对投入较少、成本回报较高、最受业主关注的部分,如园林景观工程、门窗工程、外立面装修、大堂精装修、电梯前室装修、智能化工程等。

敏感性成本的核心在于基于客户视角的"敏感"二字。房地产企业成本策划的重要导向是将成本投放在客户愿意买单的地方,让客户看得见、感受得到。比如要针对客户经常关注的大堂装修、外立面、入户门等增大成本投入,让客户感受到华丽、精致和细节,从而实现产品的溢价。因此,有企业总结出的经验就是"把成本腾挪到客户看得见的地方"。碧桂园主席杨国强秉持的高端产品哲学是,注重整体的舒适度、人本主义和市场接受度,而不是一味地堆砌名贵材料。他笃信自己对客户的了解,相信在日常生活里,人们更关注的不是玉石如何贵重,而是户外的石头可以让孩子们爬上爬下。这样的客户导向型主张,为碧桂园节省了大量成本。

根据众多房地产企业的敏感性成本投放经验总结,对客户购买真正产生关键影响的成本约占总成本的20%。企业对敏感性成本的管理就是要在客户感知度最高的这20%上面下功夫。某标杆房地产企业基于客户视角,梳理出了敏感性成本的八大关键部位,即公寓楼室内精装修、园林环境、铝合金门窗、入户门、电梯厅精装修、大堂精装修、外墙、栏杆，并对每个关键部位的建造标准和投入成本进行了标准规范，以保证对此部分成本的有效投入。

3. 功能性成本

这里所说的"功能"分为基本功能和附加功能。基本功能是实现项目用途必不可少的功能；附加功能是基本功能之外的其他功能。

对于功能性成本的投入，更多强调它的合理性。需要指出的是，对于基本功能之外的附加功能而言，如果它还属于敏感性成本，则可形成销售卖点，增加产品附加值并支撑销售溢价及快速去化，同时还能产生品牌效应，提高成本回报。

> **案例12-2** 功能性成本是高品质楼盘的例行关注点，当关注点也能成为销售卖点时，功能性成本便可以向敏感性成本转化。例如，北京星河湾针对入户大门这个功能性材料的选取，没有沿用星河湾常用的黑核桃、麦哥利等名贵木材，而是特别选用了更为名贵的胡桃木制的两扇子母门，比普通大门加厚了30%，宽度达到了1.3米，但丝毫不显得笨重，开合非常自如，从而最大限度地保证了安全与降噪，客户一看就知道是专为豪宅定制。

"好钢用在刀刃上""强调花好每分钱"是成本策划的关键所在。很多标杆企业针对"成本合理性"这一管理目标，从多维度进行发力，比如按照"改变可以改变的、维持不可改变或很难改变的"这一逻辑，将所有的成本划分为急需成本控制的科目、影响客户体验的科目、可通过决策优化的科目、必须支出的科目、调整性不大的科目，并将其中前两者作为管控的重点。

从大运营角度而言，房企要建立设计牵头、营销主导、成本监督的三大专业部门之间协同的工作机制，具体来说分为以下三点。

① 营销与设计要基于客户需求在产品定位层面达成一致，明确到底需要生产什么样的产品来满足客户。

② 营销与成本要基于客户关注的价值点达成一致，识别目标客户的敏感点，并按照由高到低的顺序排列，指导成本的具体投放。

③ 设计与成本要基于客户需求及客户敏感点，在限额设计方面达成一致，将项目目标成本转换为可以在设计阶段操作的指标限额，保障成本目标可执行。

> **【注】** 限额设计是对于设计方案及施工图纸的经济性的约束，在大成本指标方面要符合成本经济性的要求。
>
> 设计阶段占目标成本控制的70%以上，所以设计阶段的限额设计体系至关重要，常规的限额设计包括以下内容。
>
> ① 结构性成本的限额设计：钢筋含量指标、混凝土含量指标等。
>
> ② 方案经济性的限额设计：停车效率指标、可售比等。

③效果类方案的限额设计：装修限额指标、园林景观限额指标。

所以，针对不同的业态、不同的产品线，从集团层面制定合理的限额设计指标，是保证成本可控的前提条件。

二、成本控制

从成本控制的方法来看，标杆企业往往将目标成本分解为合约规划，以指导后期合同签到及变更，通过合同的目标值与动态成本值对比进行全过程控制。

1. 将目标成本分解为合约规划是成本控制的基础

项目启动后，要编制目标成本与合约规划，并确定对应关系。

通过成本测算得出整个项目的成本，并重新归集形成项目目标成本，将目标成本落实到具体的责任部门和责任人，并提前分解成预计要签的合同（合约规划），以合约规划来指导业务的开展，合约规划成为连接目标成本和合同执行的纽带。所谓"合约规划"是指提前预估项目将要签订的合同，并将其与目标成本科目进行对应，明确合约范围与金额，进而指导从招投标到最终工程结算整个过程的合同签订及执行，如图12-1所示。

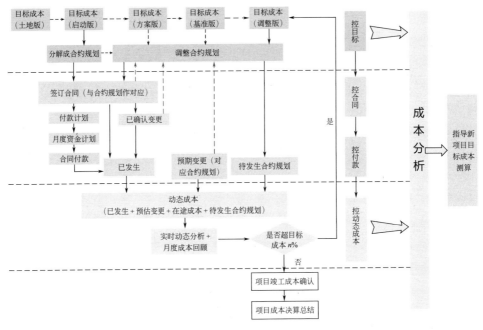

图12-1 通过"目标成本+合约规划"事前控制项目成本

合约规划编制完成后，可根据合约规划进行成本控制，主要通过以下两种方式实现。

（1）通过合约规划控制定标金额和签约金额

基于目标成本分解的每个合同的目标成本，应作为招标定标时该合同的控制价。控制严格的企业，超出目标控制价的标将作为废标；控制宽松的企业，超出目标控制价的投标价要特别提示，如果定标金额超出控制价，则需要走特殊审批渠道。

（2）通过合约规划控制动态成本

合同签约、变更签证发生时，将合同与合约规划、动态成本进行关联，实现动态成本的准确控制。关联的方式有两种。

① 将未签约的合约规划目标成本作为动态成本中待发生成本的一部分。

② 合同签约后，将合约规划目标成本剩余的金额，一部分作为未签约的金额计入规划余量；一部分作为合同的预计变更签证预留给合同使用；剩余部分可视为节省金额，导致动态成本降低。

将合约规划与动态成本关联是合约规划较为高阶的应用。受制于目标成本的准确性、合约规划的规范性和成本人员的专业度与责任心，在合约规划的编制和控制招标采购等业务娴熟后可考虑运用合约规划控制动态成本。

财务部门需要以税筹为切入点，积极参与到合约规划的编制过程中。

案例12-3 例如，结合合约规划税务指导建议书及项目自身特点，充分考虑成本对象化。玻璃幕墙、门窗工程、栏杆工程、外墙砖、外墙石材、精装修工程、电梯工程、公区装饰等合约需分业态签订合同；精装修工程与总包合同分开签订，并成本对象化到楼栋。一行合约规划对应一个合同，分几类业态签订合同需分为几行编制合约规划，并分别注明对应业态。如电梯采购合同，分高层、叠拼、商业、售楼部签订合同，则需编制四行合约规划：高层电梯采购合同、叠拼电梯采购合同、商业电梯采购合同、售楼部电梯采购合同。在供应商选择方面，为尽可能多取得进项税额，原则上均应选择一般纳税人。不同类别纳税人参选时，应以不含税成本作为评标标准。若小规模纳税人在不含税成本上报价具有优势，需出具情况说明，经批准后方可选择使用小规模纳税人，并需要小规模纳税人提供税务局代开的增值税专用发票。

2.动态成本的过程跟踪、预警是成本控制的关键

从关注"超支事后追责"到关注"成本超支预警机制"是成本控制的趋势。

以合约规划为核心，通过及时获得已发生成本、预估变更、待发生成本，及时汇总形成动态成本，确保动态成本的及时、准确。并通过实时分析项目动态成本，为目标成本的执行提供精确的指导，再通过动态成本进行预警与控制，实现以目标成本为基础的动态过程控制。

通常将动态成本定义为实时反映的即时成本，而非实际发生成本。

动态成本=合同性成本（含已结算和未结算）+非合同性成本+待发生成本

通过明确动态成本构成、进行动态成本回顾和固化动态成本月报等手段，可以准确、及时地掌握动态成本的变化趋势。当任何一个业务环节发生异常时，动态成本可以实时监控并预警，从而实现对各个阶段的成本进行管控，最终达到成本管控的目的。

案例12-4 某房企要求，在每月成本汇报前，项目合同责任人负责对未发生合同进行清理、预估，对已发生合同的金额调整（如合同预算调整、合同变更调整）进行确认，并汇总提交给项目成本经理审核，确保当期实施的合同所发生的金额、变更、签证，以及预估变更和待发生的合约规划，必须及时反映在《项目动态成本汇总表》中。

成本经理在每月最后一个工作日前，编制《项目成本月度回顾报告》，并将分析报告向项目管理层汇报。以最新经过调整审批的目标成本作为对比基准，成本回顾时，对比、考核均与该基准值比较。《项目成本月度回顾报告》需要在企业内部设立相关审批流程，报相关领导审批确定，并在公司的月度运营会上就成本回顾情况进行汇报。

财务部门在会同成本经理进行月度回顾时，需要时刻思考如下几个重要问题：已发生的合同是否都已归集？已发生的变更是否都已归集？动态成本有没有超标？未来发生的合约规划是否需要刷新？已经发生的合同成本会不会变化？是否有需要及时开展的预算或结算工作？是否已进行产品动态成本分摊与核算？是否需要追加目标成本？

概而言之，通过建立动态成本的月度回顾机制，可以让全员参与到成本检查和回顾中来，使公司上下达成一致意见，形成全员成本意识，提前发现成本风险，及时暴露成本异常，从而快速洞察成本问题并针对性解决。

3. 动态成本的纠偏是成本控制的保障

从专业管控角度而言，动态成本超支的原因主要就是量和价，需要具体情况具体分析。

量的原因一般是与当时的测算指标不准有关。历史经验数据很重要，实际发生如果超了，只能跨科目费用调剂。可采取措施为：项目定位、方案的经济比选及优化、推行限额设计及设计索赔、合同约定设计产生无效成本的奖罚。如果是价超了，通常是与材料配置标准变动有关，可在不影响销售的情况下，组织营销、工程、设计进行讨论并优化。对大宗材料的变化或者规范的相应调整，如钢筋、混凝土、人工、铝型材等的市场价波动，在动态成本回顾时要有预估。材料调整幅度在合同中要约定清楚。认价材料，多渠道询价，充分考虑采购量、付款方式、运输成本等因素，确定合理的市场价格。凡事要在实施前确定，避免事中被动。

一般来讲，在目标管理型的成本管控模式下，为确保项目动态收益不偏差，目标成本一般会被视为不可突破的红线，很多公司还会就目标成本设定"成本管理红线"制度。例如某房企规定，由项目公司按《成本细项超支预警的范围和要求》填写《项目成本细项超支预警表》，并以书面形式报集团备案或审批。首先，不使用不可预见费，拟采取降低成本措施补救，由城市公司总经理审批；其次，拟使用不可预见费弥补，调整细项成本，报集团相关中心、集团主管副总裁审批；再次，需要突破项目目标成本时，必须经集团相关中心审核后，呈集团主管副总裁、集团总裁审批。

因此，作为成本管理人员往往视"目标成本超限"为"高压线"，不敢越雷池半步。思维惯性、本位主义、对运营知识的缺乏，这都因素都极易造成很多成本管理人员抵触增量成本的发生。

但从大运营管控的角度而言，成本管理人员需要围绕项目核心指标的达成，以运营思维，从项目收益的视角看待增量成本，并灵活加以处理，收放自如，具体说来有以下两点。

（1）根据项目定位，灵活选择成本

从关注"成本视角"到关注"收益视角"，根据项目经营定位，理性判断、灵活选择成本策略。如前所述，房地产项目有三种经营定位：现金流型、均衡型、利润型。在不同的经营模式下，三大运营指标（利润率、内部收益率IRR、现金流回正时间）的表现形式也不尽相同。

① 现金流型项目追求的就是项目高周转下现金流的贡献，现金流回正时间要求越短越好。所有的成本管控动作都是围绕着缩短现金流回正时间来进行的。例如，成本采用模拟清单或带价清单以实现快速定标，缩短报批报建流程；通过抢工实现提前开盘；在合同付款条件中约定垫资，利用供应链融资方式以延缓资金拨付时点等。这些都是缩短现金流回正时间的常用办法。其中，抢工产生的抢工费、施工方垫资产生的资金成本会反映到建安成本中。此时大运营部门要清晰地认识到：在现金流型项目中，合理的成本增加换来的是更大价值的现金流贡献，不要在该部分增量成本上过分纠结，要算大账不算小账。

② 利润型项目追求的是项目利润的最大化。常用的方法有：通过方案比选实现货值最大化；通过部品部件的档次或精装修提升项目溢价等。货值最大化的实现需要成本专业前置，并积极与营销部门分析产品配比和建造成本之间的关系，与设计部门沟通尽量提升项目的可售比；在部品部件档次提升和精装修选择方面，利用价值工程原理做好对标、做好适配、做好与竞品的差异化，该投入时应舍得投入。

③ 均衡型项目是介于现金流型和利润型之间的项目类型。现金流型和利润型两种项目，对于运营要素和成本策略的选择相对比较清晰明确，大家比较容易达成共识。但在均衡型项目中，是最考验各专业能力的。往往在均衡型项目的运营过程中，会出现一些盲区，如抢了不该抢的工、增加了客户不买账的配置、增量成本未对IRR产生贡献等。在这个过程中，各专业间的博弈较多，需要大运营部门更多地做到信息对称，做好不同方案的测算比选，以数据为依托，用大运营目标的达成来凝聚共识。

（2）以"先策后控"的管理思路来控成本

在当前市场背景下，因为限价导致的项目利润水平下降，触发了企业"降本增效"动作频频。

"降本"就是要在不降低品质的前提下降低成本。如果降低了品质、减少了配置、取消了功能，虽然可以挽回一些利润，但却损失了品质形象与品牌价值，这显然不是降本的根本目的。

"增效"就是在不大幅增加成本的前提下大幅增加效益。这就需要项目公司精准抓住客户需求，特别是在客户价值敏感点上做足功课，在观感质量上严格把关，虽然成本增加不多，却可以在市场资源有限、企业竞争更加激烈的环境中脱颖而出。

> **案例12-5** 成本，是一种价值的牺牲，成本损耗越多，价值损耗就越大。它本身就是整个商品价值的组成部分。能否让价值牺牲得有意义，体现了成本管理的水平。例如中海集团（以下简称"中海"）的利润不全是省出来的，而是溢价出来的。除了土地和营销上的溢价，具有"工科"血统和产品情节的中海，在提高产品溢价方面也是高手。比如很多洋房、别墅都有坡屋顶，但没有几家房企有相应的产品标准；中海不仅有标准，而且还知道多大坡度能做到成本最低、溢价最高、施工最快、观感最好！

增效的重要途径是提高可售比。因为在建筑面积不变的情况下，可售比越低，可售单方成本就越高。可售比计算的要点是抓住核心指标：停车配比、地面停车率、可售面积、建筑面积。

例如，车位配比不能少，因为配比偏少会导致规划无法通过；但也不能多，因为配比偏多会侵蚀项目利润。在车位配比不变的情况下，地面停车比例越高，则可售比越高，因为在总车位配比不变的情况下，地面车位停车率增加则地库面积降低；在地面停车率不变的情况下，停车配比要求越高，则可售比越低，因为在地面停车率不变的情况下，停车配比要求越高，则地库面积越高。

此外，对配套用房的面积合理性进行评审与复核的过程不能少，因为少了会导致规划无法通过；但也不能多，因为配套用房不可售，配置多了会侵蚀项目利润。某房企规定，配套用房（包括综合楼、法规规定配套用房等）要合理最小化，并尽量提高地面停车比例，减少地下室停车位（建独立多层车库）。一般来说，所有户型都要设置样板房，因此要控制规划户型的数量；新项目都要设置豪装别墅及公司通用标准装修别墅样板房；高层要做好首层架空层的展示和体验，多层要避免设置首层架空层。

> **案例12-6** 为合理分配项目成本，提高销售利润率，规范项目方案审查流程，世茂集团研发设计中心发布了集团住宅可售比标准，如表12-1所示。

可售比指标编制的目的是提高货值、降低成本、提高集团产品利润率：①控制地下车位比例，控制单车位指标，控制地库设备用房面积，降低地库总面积，降低地库土建成本。②控制地面不可售面积，包括非必要的架空层面积、配套用房面积，减少此部分建安成本。③控制住宅内部不合理的偷面积，避免过度赠送。高层产品遏制过度偷面积造成的非常规户型；别墅及洋房产品避免过度建造地下室，变相拉低单方售价。

表12-1　住宅可售比标准表

地面停车率/%	停车配比/（个/100m²）								
	0.6	0.7	0.8	0.9	1.0	1.2	1.5	1.8	2.0
0	81.98	79.80	77.74	75.77	73.91	70.44	65.81	61.75	59.31
10	83.35	81.31	79.38	77.54	75.77	72.48	68.05	64.12	61.75
15	84.05	82.09	80.23	78.45	76.74	73.55	69.22	65.38	63.05
20	84.76	82.89	81.10	79.38	77.74	74.64	70.44	66.69	64.40
25	85.48	83.69	81.98	80.34	78.76	75.77	71.70	68.05	65.81
30	86.22	84.52	82.89	81.31	79.80	76.94	73.01	69.46	67.29

注：1.此表中数据为住宅可售比，不考虑商业及公建配套部分。

2.停车配比计算法则：停车配比＝100×住宅车位数/可售住宅面积。

3.当万平方米住宅塔楼投影面积在1500～2000平方米之间时，可售比指标允许在上表基础上下降1.4%；当万平方米住宅塔楼投影面积在2000平方米以上时，可售比指标允许下降1.8%。

可售比计算说明如下。

①业态氛围：可售业态和不可售业态。可售业态分为住宅、连体商铺、独立商铺等；不可售业态分为地下室、集中地库、地上公建配套等。

②可售比分为：住宅可售比和总可售比。此表中限定值试用于住宅可售比。

③住宅可售比计算＝住宅可售面积/（住宅地上建筑面积+住宅地下室+分摊的集中地库）×100%计算住宅可售比时，不考虑公建配套的分摊，仅考虑集中地库的分摊。

住宅可售面积为产证面积。

住宅地上建筑面积为规划证中的地上建筑面积。

集中地库的分摊方式如下。（目标成本明细表中未明确各业态分摊的几种地库面积）

在一个地块或分期内，无独立可售商业时，集中地库的面积全部由住宅部分承担。

在一个地块或分期内，包含非别墅公寓类物业和超高层物业时（不包含

> 别墅类物业），集中地库按各业态的地上建筑面积占比分摊。
>
> 在一个地块或分期内，包含别墅类物业、非别墅公寓类物业和超高层物业时，别墅类物业地下分摊面积按（每户2个车位×50平方米×地下室层数）计算，剩余集中地库按非别墅其他各业态的地上建筑面积占比分摊。
>
> 无论车位是否出售，均不算入可售面积。

三、大运营部门要通过流程设计、指标设计介入成本过程管控

1. 有效控制每笔付款

"自知者明"，就是立足于岗位职责，通过项目合约规划控制合同签约，通过资金计划对每笔付款进行有效控制。

合同的签订审批、付款审批流程都要经过财务部门，财务部门应以已审批的合约规划、项目年度经营计划中的资金计划为准绳，进行把控。项目经营计划具有严肃性和权威性，同时，合约规划也如同进度计划一样不允许随意调整（房企一般会要求在合约规划调整完毕后方可发起相应合同，或者在合同签约时调整合约规划，调整结果随合同一并审批）。

合同签订、变更发生时，财务部门在审批流程的时候，只要通过把实际合同的范围及金额与合约规划的范围及金额进行对应，实现成本控制点前置，就能及时地反映项目成本是否和预期目标有偏差，从而降低成本失控的风险。

合同的付款该不该审批？首先审核月度的资金支付计划是否控制在项目经营计划中的年度资金计划里面（这是制订月度支付资金计划的参考标杆）。其次，以相应的业务计划进度完成为依据，当工作项真实完成达到付款条件时，就可按规定进行款项支付；而当工作项任务完成推迟时，如果合同款项支付时间受到影响，此时就需要特别提醒合同经办人关注此合同对应的工作项的实际情况，然后再决定是否调整相应的付款计划。业务计划是否完成一般由与发起部门相关联的业务部门或上级单位进行认定，财务部门仅承担形式上的审核责任。

2. 深度参与成本管控

"知人者智"，就是在做好本职工作的前提下，根据目标成本预警、强控指标，深度参与成本管控。

如何才能对动态成本的执行与目标成本的差异进行实时监控并干预呢？那就需要从总量上将动态成本与目标成本的基准值进行比对，比对指标主要使用"预警"和"强控"指标。

① 预警指标：当该级别动态成本超过目标成本预警指标一定范围（比如2%或者某个具体金额）时，需要向相关负责人（如项目成本经理）发出报警，但可以继续签订合同。

② 强控指标：当该级别动态成本超过目标成本强控指标（如3%或者某个具

体金额）时，需要向相关负责人（项目负责人）发出报警，并且必须经过审批流程调整目标成本后，方可继续签订合同。

企业一般可以采用"绝对值"和"相对值"两种维度对成本超额进行双重监控。就相对指标而言，大运营部门应主要抓目标成本变动率［目标成本变动率＝（动态成本−目标成本）/目标成本×100%］。另外，大运营部门还需要关注产品动态成本单方指标，通过对比历史项目和行业同类产品的成本值来判断产品成本的合理性。从成本控制的策略来看，成本管理绝非目标成本越少越好，而是讲究目标成本变动率的偏差越小越好。在行业内，±1.5%的浮动偏差率往往代表了成本管理的优秀水平；±5%的偏差则意味着良好。而后是针对成本结构的深入分析，发现成本问题后也可逐层追踪各级科目，进行更加精细的分析。大运营部门要通过报表、月度运营会等途径，用运营的思维，以收益为视角，倒逼相关部门不断提升成本管控水平。

第二节　利析秋毫，向费用精细化管理要效益

一、通过人均效能管控，加强管理费用控制

管理费用的管控思路较为简单，具体来说分为以下几点。

（一）通过预算总额控制

比如根据年初管理费率预算来设置预警、强控指标。若实际费率触及预算费率预警指标，则需要及时向预算主体发出报警，若实际费效比超过强控指标，则停止费用发生，等待上级领导严格"审查"，待经过专门的审批流程（如调整预算目标）后，方可继续支付费用。

为强化预算的刚性执行，也有企业采用管理费用包干的方式，从根本上较大力度地驱动高效能组织的形成。例如，某企业规定，按下属事业部所辖项目销售额的一定比例（销售规模越大，提取比例越低）作为控制标准：节省20%以内，事业部可分享节省部分的30%（上有封顶，即节省幅度超过20%的部分不再参与分享）；超出部分，事业部承担30%，从后续奖金中扣除。实行包干制之后，大家都不敢乱花钱了，因为超出的部分就要从区域自身的奖金池里面扣，使得区域不敢滥用自己手上的权力。

（二）明确各项开支的标准

例如，某企业发布了《关于全集团全面开展"开源节流、瘦身行动"工作的通知》，在差旅费、招待费、办公消耗等方面进行"节流"。例如，在差旅费方面，要求全集团全员经济舱出行、全员住宿标准降低一个等级、次年差旅费人均降低10%；在办公租赁方面，要求各单位本着艰苦创业、减配增效的办公租赁原

则，自主控制及缩减人均面积标准、单位面积租赁标准与装修标准不低于20%。

（三）明确管控的重点

房企管理费用里，比较大的一块就是人力成本，因此，按照"二八"原则，大运营部门需不断提升人均效能，把人力费用作为重点来把控。

管理最大的魅力就是将同样的人，同样的资源，交给不同的管理者，产生的绩效不同。对于各级管理者来说，仅仅通过增加人手来解决组织业务、业绩规模增长，应对由其带来新增工作量的挑战，是最没有技术、专业含量，最不能体现管理者能力的决策。

业内的共识是，不要把人力投入看作成本消耗，这是一种投资，是可能比拿地更重要的投资。碧桂园前高管曾回忆："老板年初的时候问我，说什么东西比你买地还更赚钱？我一下子没回答上来，他说'买人'最赚钱。"在碧桂园官网上，杨国强主席在2017年元旦致辞中写道"有人才有天下！"。

评价人力投资回报的方式就是"人均效能"。人均效能是衡量企业经营结果的重要指标之一，是企业经营水平和管理水平的晴雨表。而提高人均效能的主要思路就是扩规模、提质量、控数量。

1. 扩大业务规模是提升人均效能的根本途径

市场集中度的快速提升、由聚合产生的规模效益，使得房企能够用更少的人干更多的事，行业的人才水分正在被挤干。

从房企发展规模（人均流量金额/面积）与发展效益（人均净利润）的维度来看，房企规模效应明显。龙头企业（3000亿元以上）的人均效能约为中小企业（100亿元以下）的5倍。

从标杆房企的经验来看，1个人、3倍薪酬、2倍产出，高激励与高效能效果明显。对于规模房企而言，已经完成全国化布局，且在多个重点城市均有多个项目同时开发，通过优化组织管控，乃至人员调配、兼任，可以在不增加编制的情况下实现就地拓展，完成100亿元的新增销售额，从而通过规模集中效应来提升人均效能；而对于中小型房企来说，"将欲取之，必先予之"，人均效能不高是阶段性需要承受的阵痛。例如，在扩张规模时，要完成100亿元的销售额可能要进入多个城市，且都要组建完整的团队，这样人数会大量增加。

2. 提高人员质量

（1）提高人均效能，重用高效能员工

地产上半场，人海战术或许很有用；但在下半场，是质量的时代，是精细化的时代，体现在人的问题上就是兵不在多，而在于精。人才是幂律分布，优秀的人总是少数，可他们带来的价值巨大。

必须要认清的是，廉价劳动力无法带来低成本。一个平庸的员工，不仅不会为组织创造价值，甚至会阻碍组织价值实现，制约组织效率的进步，成为拖累组织发展的短板或瓶颈。因此，要加大末位淘汰力度，通过优胜劣汰，提升管理人员平均能力，保障组织效能的提升。马云讲过，小公司的成败在于你聘请什么样的人，大公司的成败在于你开除什么样的人。任正非也指出，公司大到一定程度，有些南郭先生就掌握了行政权力，带来的后果就是更加僵化，因为只有僵化，他才好管理。因此，要放弃平庸的员工。

> **案例12-7** 某知名互联公司要求，公司部门领导和人力资源部门要定期清理"小白兔员工"，否则就会发生"死海效应"。大公司里有很多"老白兔"，不干活，并且慢慢会传染更多的人。而所谓"小白兔员工"，是指工作态度不错，价值观也匹配，但个人能力和业绩不行。公司发展到一定阶段，能力强的员工容易离职，因为他们对公司内愚蠢行为的容忍度不高，他们也容易找到更好的工作；能力差的员工倾向于留着不走，他们也不太好找工作，年头久了，他们就变成中高层了。这种现象就叫"死海效应"，好员工像死海的水一样蒸发掉，然后死海盐度就变得很高，正常生物不容易存活。

而高效能员工的特点是，自己激励自己，自己解决困难，勇于任事，敢于担当。通常来说，一个高效能员工的工作效率和创造的价值，可能是普通员工的2~3倍，甚至更高。

"善武重，兵者也；善用兵者，将者也；善将将者，王者也。"找到高效能员工，"简能而任之，择善而从之，则智者尽其谋，勇者竭其力，仁者播其惠，信者效其忠"。找人而不是招人，对降低成本，让成本更有效率非常重要。

"用师者王，用友者霸，用徒者亡。"在行业利润空间逐渐压缩，有勇有谋的"将才"队伍建设价值愈加凸显。碧桂园所招聘的博士有一个共同点是情商与智商同高，人际互动能力强，较少愿意投入科研工作，而希望快速实现人生价值。他们属于学术派博士中的另类，这也正是碧桂园的博士选拔标准，"我们要的都是'奇葩'"。

历史上的韩信曾说过一段有名的话，"臣得事项王数年，官不过郎中，位不过执戟，言不听，画策不用，故背楚归汉。汉王授我上将军印、数万之众，解衣衣我，推食食我，言听计用，吾得以至于此。"这段话充分体现了刘邦事业留人、感情留人、薪酬留人的思想。高效能员工需要给他高价值，至少要有高薪、高岗、高奖励、高机会，要从动力系统等机制层面上，解决团队有没有意愿或者动力去高质量完成工作任务。中建总公司在2000年初即提出，要将总公司建成一流的跨国建筑地产集团就必须要有一流的规模品牌效益，也就是要有一流的业绩。这就需要有一流的人才，要留住一流的人才就要有一流的文化、氛围和薪酬。有功则奖，有过则罚，形成以业绩论英雄的良好文化。

（2）把高效能人才放到前线

我们希望成本合理又具有竞争力，最好的方法就是让优秀的人直接做业绩。绩效来源于一线，所以资源就要去一线，只有资源在一线的时候，优秀的人才会在一线。以华为为例,所有人必须到业务部门才能被提拔,在职能部门是不能被提拔的。所以所有人都会跑到业务部门去证明自己优秀。这样一个提拔过程就会让优秀的人都在创造价值,其成本肯定就会降低。

"海阔凭鱼跃,天高任鸟飞。"企业也要根据每个员工的专长,为其提供宽广的事业平台,让每一位员工都有一个奋斗的目标,激发其努力实现人生价值,培养出明星员工队伍,培养出国内国际优秀的职业经理人队伍以及各方面的专业队伍,实现贤者居其上、能者有其位、干者有其劲、功者有所得,使个人的成长与企业发展同步。为企业创造效益的队伍不断壮大,企业自然就能兴旺发达。碧桂园某区域坚持明星员工制度,在员工中执行无记名投票,选拔人才。那些工作能力低下,擅长对领导溜须拍马的人,想要晋升,难上加难。有的普通岗位员工通过票选,最终连升三级。

(3)系统地培训员工

除了"让业绩说话"的考核导向外,成体系地持续培训员工,对于加快磨合、增强协同性、提高单兵作战能力也非常重要。可以说,培训是风险最小、收益最大的战略性投资。只有持续发展的人才培养体系才能带给企业无穷的创造力,提供给客户更优质的产品和服务,实现更高的业绩。针对不同层级的公司员工,依据胜任力素质模型开展策划不同的内外部培训是关键,通过扩大职责边界和轮岗是培养出复合型人才的终南捷径。例如,碧桂园在最近的人事调整中,常务副总裁不仅负责营销,而且开始负责投资业务,同时设计与成本负责人轮岗换防等。

(4)营造简单务实的组织氛围

营造简单务实的组织氛围和企业文化,减少沟通成本、达成共识的成本。能践行平等开放、协同无边界、对事不对人等文化的组织,能营造高战斗力、兄弟齐心、使命必达等氛围的组织,必将获得更高的人均效能。例如,在从外部引进的职业经理人中,碧桂园最为青睐有中海、中建系工作背景的人。其人力负责人坦言,双方企业文化高度契合,都崇尚简单务实。

3.控制人员数量

(1)以岗位定编管理、专业管理替代专业操作

> **案例12-8** 岗位定编管理是对人均效能过程控制的有效手段,通过合理高效的岗位设置,将部分职能合,实现人员配置优化;通过合理的岗位编制标准,有效控制人员数量。
>
> 某房企提出,首先要求各单位查找无用工,其次是合并岗位,重新定岗定编,减少岗位,可谓直指要害。
>
> 某房企集团除关键层级干部外,并不干涉下属单位内部的人员招聘和配置使用,而是通过《人力资源配置评估办法》,对各下属单位的总体合理适配规模进行控制评估。在评估办法中,将各下属单位现状的核算配置人数与

基于施工面积、预售金额测算出的基准配置人数，以及再叠加利润系数和自销团队规模等测算出的适宜配置人数进行比较，得出目前配置规模的评价。

核算配置人数＝目前在编人数＋目前试聘用人数×x%

基准配置人数＝施工面积/万平方米×y%＋预销售金额/亿元×（1－y%）

适宜配置人数＝基准配置人数×考核利润系数＋一线销售人员＋管理支持系数

经测算出的核算配置人数对应到五档，用于规模评价和监控。

而专业管理替代专业操作是通过将基础业务外包，来降低管理成本并提高管理效率。如万科某城市公司人力资源部将日常人事运营等价值提升空间较小的基础工作外包，将人力资源管理人员从日常基础操作业务中解脱出来，专注于组织变革、管理创新等价值更大的工作。近年分析显示，万科在人均效能指标上一直处于行业领先的原因在于其对人员编制的极端控制。其人员数量的控制，除了较高的管理效率外，大量岗位的人员外包也是重要的方式，从多年前开始的工程维修、部分客服岗位的外包，到现在初级的人事行政、出纳收银外包，甚至主流的工程管理人员外包。

（2）从结果指标入手通过考核倒逼编制数量

考核方式主要是对所有下属公司的人均效能表现进行排名，将人均效能纳入对下属区域公司考核的指标中。人均效能表现可以通过外部对比、内部对比及自身对比进行评估。

① 外部对比是指与行业水平或对标企业进行对比，如人均销售额、人均销售面积。

② 内部对比是指与内部单位进行对比。

③ 自身对比是指与自己的效能表现进行对比。

除总体人均效能指标分析外，也可对各专业效能指标进行分析，可使效能分析更加精准聚焦，锁定效能薄弱环节。比如在招采体系中，可以看人均签订的合约数；人力资源体系中，可以看员工服务比，即一个HR可以服务多少员工，以此类推。

案例12-9

目前中南正从区域性布局向全国性布局纵深扩张。按照传统思维，战区需要定编制、定岗位，很多事项都要一层层审批，效率就慢下来了。但目前中南总部将人才权力下放给战区，总部只是提供战区组织人才结构、标准编制参考，但没有固定编制的概念。总部转化为只管人均效能。总部奖金包就给战区一个总数，比如1亿元，用多少人去分配，用强人还是普通人，这些都由战区自己选择，如果战区一线用人不行，或是人多奖金被稀释没有激励度，战区也要自己承担后果。

事实上，之前集团对一线人才都是亲自审批。一线都是等着总部给钱、给人、给编制，但总部又不对一线业绩负责。所以现在给一线放权，总部只是负责管控人均效能。这就使战区人才的权与责关联起来，避免了用权不担责，担责没有权的问题。

（3）简政才能精兵

管理，不能成为制造工作的工作；持续地增长，才是管理的意义和目的。

帕金森定律对组织发展的经典描述是：在管理过程中，管理机构会像金字塔一样不断增多，人员会不断膨胀，每个人都很忙，但组织的效率越来越低下。奥卡姆剃刀原理给出的解决方案是"如无必要，勿增实体"。其意为做事要追求简单高效，减少层级，直达目的。

权责不清、流程烦琐往往会造成组织效率低下，让高效能的人为流程工作，不是为业绩工作，无法聚焦于业绩提升，很容易造成没有功劳只有苦劳，甚至没有苦劳只剩疲劳，最终造成人才浪费。

案例 12-10

一切皆要流程，一些房企对此习以为常，并认为这是正确的做法。例如，本来两个人交流之后半个小时就可以马上解决的问题，却选择了借用流程来解决。一个流程走下来要经过至少三个人，同时还要三四天的时间。为什么不马上解决？回答往往是"流程的需要"。同时，流程做得越严谨，浪费就越大。例如，如果很多的流程要逐级审批，一路审批到总裁，总裁不在公司就要打电话审批，一位领导有意见就要打电话给另一个领导去协调，这中间浪费的成本和机会是巨大的。

再举一个真实的例子。将一个纸箱从二楼搬到三楼要花多长时间？十分钟还是半小时？如果你去问IBM员工，他的答案肯定是"三个月"。由于IBM长期处于计算机产业的金字塔顶端，从上到下，所有的领导和员工都躲在舒适区内。对于搬箱子这个问题，大家首先考虑的就是自己不能承担责任，于是先申请再汇报，把所有的责任都推出去，这就造成了层层审批、层层下指令，最后再通知搬运公司，之后还得等搬运公司的排期。从搬箱子这件小事可以看出来，IBM内部体制已经僵化到令人发指的程度了。也正是因为僵化的体制、僵化的执行力、陈旧的商业理念使IBM每次都硬生生地把伟大的战略做成了先驱"炮灰"，每次都是起个大早，赶个晚集。因此，在郭士纳临危受命后，他做出的第一个决定就是"裁员"，砍掉冗杂机构，裁员人数高达4.5万人。

当韦尔奇执掌已经有117年历史的GE公司时，该公司等级森严，机构臃肿，对市场反应迟钝，在全球竞争中正走下坡路。韦尔奇首先着手的就是改革内部管理体制，减少管理层次和冗员，加强公司的执行力。他对执行力的看法就是"把妨碍执行的一些官僚主义的做法以及徒具外表的空壳子统统摒弃"。

作为万科、碧桂园的对标对象，华为基于流程的组织运营，实现了组织的高效运作。任正非说："公司的文件是导向产生乖孩子的，乖孩子最容易符合公司的文件，但它不创造更多的价值。"他也一再强调："一切向'作战'靠拢，让所有形式主义的不增值管理都消亡……过去看不见，所以要求员工写日志；现在看得见，为什么也要写？这就是浪费了我们作战的宝贵弹药。"所以任正非提出，干部队伍要有使命感与责任感，要具备战略洞察能力、决定力，要富有战役的管控能力，要崇尚战斗的意志和自我牺牲精神。主官要对发出的命令承担决策责任，职员对命令执行的符合度承担责任，而不是对结果负责，这就减少了沟通成本。如果总在沟通，一是延误了时间，大量占用资金；二是增加了人力编制，没有必要。

目前很多企业都在进行组织变革，推行扁平化的管控模式，简化流程，加大对下属公司的授权，以期达到提升组织效能的目标。授权的大小和充分程度决定了组织能不能跑起来，效能能不能高一些。

"大道至简至易"，管理要善于化繁为简，以简制繁。

二、通过精细化管理，实现营销费用受控

"营销费率"是营销管理水平的集中体现。如果费率是一个支点，那么谁能撬动更大的销售额，谁就能赢得更多的生存空间。

案例12-11 从房企年报公布的数据来看，碧桂园、恒大、万科、龙湖、旭辉这些标杆房企在规模高速增长的同时，都实现了营销费用连续3年降低。2017年恒大实现净利润370.5亿元，从规模之王摇身一变成为利润之王！同期恒大的营销费率，从2016年的4.3%降到了3.4%，下降了0.9%。对比恒大5009.6亿元的销售额，节省出来的营销费用高达45亿元。而2017年恒大净利润为370.5亿元，相较2016年176.2亿元的净利润，增长了194.3亿元。可以说接近1/4的利润增长来自营销费用的缩减！

1. 驱动营销费用降低的最主要因素是营销打法的变革

（1）自建销售团队，降低对销售代理公司的依赖

因为销售佣金作为营销成本的大头，是直接和销售金额挂钩的。房价大涨之后，目前销售佣金的支出已经远远高过了自建团队的人力成本。房企自建销售团队对于营销费用的缩减，效果是非常显著的。

> **案例12-12** 目前大量房企开始尝试去代理化，减少销售代理佣金部分的支出。核心动作就是建起一支有战斗力的团队。例如通过大团队整体对比，实现优胜劣汰。在案场实际的团队组成上来看，少数"领头羊"完成大部分的团队任务，剩下的销售能力参差不齐，就算团队完成整体的销售目标，还是会造成项目整体的客户浪费。
>
> 强化对内场团队的控制，整体内部竞争，末位销售员停岗加上带单上岗，让各团队成员保持动态波动，在竞争中产生危机意识，避免销售力弱的销售人员拉低整体项目转化率。通过管理，促进内场销售团队进行内部激励和销售能力提升，保证项目整体转化率的提升。

（2）自建渠道团队，降低对外部中介的依赖

房地产市场在变，营销方式也在变。但永远不变的是营销核心——客户。在地产市场下行或僵持阶段，找到客户的能力无疑是营销的核心竞争能力。

从众多房企的实践经验来看，"渠道拓客"成为其客户召集的主要方式。在对项目目标客群需求进行精准分析后，以客户触点为核心，以客户日常活动区域、所在行业等为拓客点位，进行点对点沟通，直接输出项目信息。相对于常规客户召集，渠道拓客将客户召集做得更加有效果；同时相对于传统分销，渠道拓客也有利于节约费用。

> **案例12-13** 渠道营销是永不落幕的地产营销基本式。通过对上访、成交客户的工作、生活、娱乐等轨迹的分析，制作客户地图，进行竞品拦截、大客户陌拜、重点区域举牌、派单等，这几乎是融创、恒大、碧桂园营销取胜的法宝。
>
> 孙宏斌曾说，营销的本质之一就是"所有的人知道我们客户是谁，在哪里，如何能够找出来，然后成交"。如何找到客户，融创主要靠渠道营销。融创在渠道拓展上非常彪悍。一方面是平时积极整合各类资源，打开所有可用渠道，做好渠道资源的积累，随时为项目输送客户；另一方面围绕项目节点，进行大量人员覆盖，对竞品进行直接抢掠，表现得狼性十足。

（3）自建广告团队，降低对广告公司的依赖

某房企规定，合作类预算不再外聘广告创作及新闻输出外聘代理，由区域统一招聘相关创作或文案执行。摆脱代理商、削减广告预算、整合媒体资源，说到底，都是为了两个字——省钱，让营销预算的ROI（投资回报率）更高效地提升。

2.营销标准化实现费用强管控

拥有一套标准化的营销体系，能够减少项目的试错成本，同时，集团能够进行标准化的预算强管控，根据项目的节点就能够计算出来应该发放的费用预算，

避免营销费用失控。2017年上半年,恒大就在半年报里将销售费用的大幅降低归功于严格实施标准化管理的运营模式。

案例12-14 碧桂园推进"营销标准化"模式的时间更早。早在2014年,"标准化"就成为了碧桂园营销中心的关键词。碧桂园将项目营销管理全流程分为7个阶段(图12-2),每个相应的大节点下面,又建立了若干个工作集群和数百个工作节点,同时还有上千个具体模板和六百多个案例的营销标准库。到什么阶段干什么活儿,按部就班,每个节点要花哪些钱,一目了然。

营销标准化全流程时间轴与节点

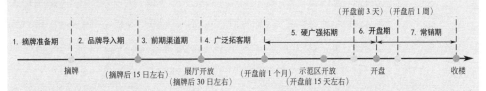

严格按照项目开发全过程划分7个阶段,64个工作集群包,257个工作节点

图12-2 碧桂园营销标准化"7步曲"

旭辉的三级管控体系,则在强管控的基础上,增加了灵活性。能够避免"一管就死、一放就乱"的情况出现。首先,集团根据事业部各个项目所处的节点做出预算,细化到每个项目、每个科目的费用预算,当然这些都是以营销标准化体系为基础的。给到事业部的预算费用是固定的。然后,事业部内部再具体根据各个项目的实际情况来做平衡和灵活调配,让营销费用分配能够适应具体项目所处的市场环境。这样既能够自上而下地强控住整体费用,又能够保持一定的机动性和灵活度,如图12-3所示。

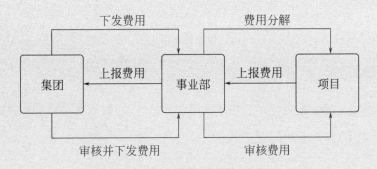

图12-3 旭辉的三级管控体系

世茂集团(以下简称"世茂")自2015年就开始着手打造"营销全流程"体系。整个体系分为售前、售中和售后三个阶段,涉及拿地、定位、启动、推广、储客、强销、签约、回款、交房、结算等全过程的每一个重要节点。这种全程化、系统化、节点化，使得其能够做到打通全局、精细管理、目标导向。针对相同或类似的产品线，世茂推行宣传和营销动作的标准化，60%的营销动作标准化，40%根据当地市场情况区域自主，并通过集采降低成本。通过营销标准化，世茂在销售额基本持平的前提下，将2016年的营销费用降低到2014年的30%！

3.管控精细化程度

财务部门要通过比较分析等手段加强对营销费用的管控。例如，在全盘费率、年度费率预算等方面，要结合对标企业同口径下的费率水平，验证营销部门提报预算费率的合理性；在过程管控中，要对不同阶段的销售费率进行切分管控，防止营销费率实际使用表面上看与销售节奏相吻合，但难点业态或尾盘阶段费率预留不足；对营销部门上报的月度单位到位成本、来访转成交率、单位成交成本等指标进行对比分析，将营销费率与业绩达成率形成关联，避免营销率使用强度超过业绩完成度，并将分析结果及时通报公司领导，以督促营销部门对营销方案做出调整。

案例12-15

碧桂园的营销费用从此前一个营销中心独立管理，左手管右手，改为5个中心共管，要和集团相应的业务部门及信息管理部协同，让信息与费用更加透明。

为了实现精细化管控，旭辉专门成立了一个综合管理部门来负责营销费用管控，并且和营销专业条线切分开来。和其他房企不同的是，旭辉的管控是以月为单位来进行的，预算、评估、费用下发都会细化到每个月。针对营销费用体系中占大头的推广类科目（如销售推广费、销售代理费、品牌推广费等），由集团费控专员、事业部费控专员，按照年度预算综合分析，按月下达，按月来强控，并且不滚动。这样细化到每个月的精细化管控，可以实现费用跟着销售做动态的调节，能够控制到每个月、每个项目、每个科目能够领多少费用，如图12-4所示。

例如，A、B项目年度预算批了推广费每个月100万元，但上半年A项目卖得好，B项目卖得不好，那么A、B项目在7月份的推广类科目费用额度可能会出现160万元和40万元的区别。

而且通过营销费用管控系统，集团管理部门能够实时地对各个项目的营销费用使用情况进行及时监控和反馈，不需要人工上报、统计、数据分析，大大提升了数据分析的效率。花出去的每一笔钱，集团都非常清楚，甚至是表外的电商费用也是按房源逐笔录入和管控的。这种情况下，营销费用根本没有可能失控。

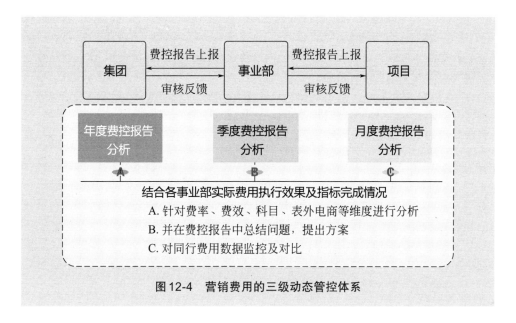

图 12-4　营销费用的三级动态管控体系

部分房企采用费用包干制控制，简单但有效。某房企考虑到不同地区价格因素的差异，将费用的计提比例与销售均价进行负向挂钩。比如均价在1万元以下，按销售额的3.2%提取销售费用；均价在3万元以上，按销售额的1.8%提取销售费用。这样既能保证不同地区不会因为销售均价的差异导致费用的绝对值偏差过大，又能保证去化量所需的资金支持。

在营销费率管控方面，不能孤立地就管控而管控，而是需要结合项目核心指标综合考量。例如有房企明确提出：营销费率多1个点，回正早1年，IRR提升30%。

三、通过资金使用价值控制，降低项目财务费用

无论是股东投入资金的计息还是外部的融资成本都非常高（为促使自有资金尽快回正，股东投入资金的内部结算利率往往大于外部融资计息），这么贵的钱压在项目里，拖得越久，项目赚得越少，甚至有亏本的可能。这也是为什么碧桂园的杨国强主席会要求"提前每一天"，要求"项目总对项目每天的利息、费用和效益等了然于胸"。对项目财务费用的控制实际是对资金时间价值的控制，核心是降低贷款和自有资金的占用时间；主要手段是通过高周转来加快回款，减缓支出以及用成本低的资金替换成本高的资金。

案例12-16　为了建立全员成本意识，全力回款，旭辉把所有经营团队所花的钱都折算成资金占有成本，并与考核挂钩。比如，很多房企对团队的激励按照签约来提取，但是旭辉很早就把激励改成了回款，另外年底绩效很大

> 一部分要根据当年创造的管理利润来计提奖金，而这个利润就要减掉所占用资金的成本。通过这种方式，所有的经营团队就有了一般房企团队所没有的"全员成本意识"。

1. 财务成本应放在项目收益的视角下考量

未来的长周期典型的表现就是平稳增长、低频波动。它带来很多行业经营模式的改变，包括对自身整体经营节奏的把握会改变。过去高频波动的时候，拿错一块地，过两年资产快速上涨，成本就会回来。但是在2016~2018年，如果拿错地，成本可能就不容易回来了，每年房价的涨幅可能不够付10%的利息，也就是说亏损是注定的。因此在观望还是行动比较纠结时，需要通过敏感性分析，测算拉长销售周期换取的增量利润能否覆盖由此增加的财务成本，从而做出正确的决策。

2. 提前做好融资规划的顶层设计

例如，提前摸排当地银行的开发贷发放意向。摸排的内容应该包括融资金额、融资利率、担保方式、审批权限及流程、操作实现和贷后监管等。同时缩短"四证"的办理期限，以尽快获得开发贷款，降低自有资金投入，从而降低财务成本。又如，在做抵押贷款前需与营销部门核对近期此资产的销售计划，原则上近期内销售的资产不做抵押，以避免因提前解压打乱融资节奏而造成财务成本增加。再如，在收并购协议的签署中，关于控制权移交、融资配合、兜底条款的设置，尽量要能够明确，并且提前。比如，控制权可以在完成50%付款时才移交，但是应该加一条：在完成第一笔25%付款后，被收购方必须配合完成收购方所要求的融资抵押、董事会成员增加等。

四、通过合法纳税筹划，降低税费支出

"人无远虑，必有近忧。"

1. "远虑"：做好税筹的"先策后控"

在选择低税负方案方面，要在拿地时即制定税务筹划策划书，在拿地后即时起草税收筹划分解表，内容包括但不限于规划分期、售价定价区间、成本分摊方式、车位销售政策等方向性建议和措施。税筹方案应在项目启动会上做好专业交底，经各相关部门达成一致后，由相关责任人签字确认并纳入绩效考核。同时，随着影响税筹变化的最低层业务条件变化，及时更新数据，确保过程受控。在滞延纳税时间方面，收并购的交易模式一般可分为两类：资产收购与股权收购。从收购方角度来看，选择股权收购模式，前期税负较低，交易资金占款较少；从现金流角度来看，选择股权收购模式则比较划算。当然也要综合考虑资产收购涉及很多手续证书的变更，这会增加前期的时间和成本。

2. 也要处理好"近忧"

各项业务活动都要用税筹的视角加以检视，提前做好测算，要以项目整体税负最少、节税收益最大、综合收益最大化为目标。例如，土增税的筹划可分为应清算、可清算、临界点统筹、增加开发成本、拆分合同、增加扣除项目、土增税加计20%扣除几个方面综合考虑。以临界点统筹为例，因为股东合计实际利润指标是个抛物线，利润最高极限点才是税筹恰到好处的点，一旦增值额跨进高一级税率，那么有可能项目售价越高收益反而越低。"价格陷阱"可通过增加投入来避开，比如通过加大精装修来降低增值率，通过加快产品的去化速度，及时回笼资金来对冲成本的增加。

税务筹划能力主要通过"税负系数"（净利润/税前利润）来评价。对于地产企业来说，税务筹划能力是需要长期培养的能力之一。

总之，成本、费用是衡量企业管理水平的关键元素；成本费用管控的能力也是企业实现经营绩效的基础。但是，企业不应追求最低成本，而是要让成本既合理又有竞争力。

第十三章 早收

房企回款主要由以下两部分组成

一是营销端的回款,包括首付回款、一次性回款、分款分期回款等;

二是按揭端的首付款之外的银行按揭回款。正常情况下,这部分回款约占到九成。回款的快与慢决定了房企管理水平的高低。

第一节 全情投入,加快销售端的回款速度

提升回款速度是硬道理,具体措施有以下六点。

一、早开盘、早蓄客

从财务角度来看,要实现现金快速回笼,首先就是要开发加速,同时示范区先行,为开盘前的蓄客留足时间,通过体验式营销激发购买冲动。只有更快开工、更快开盘才能更快地进入销售回款环节。

时间就是金钱,效率就是生命。能够比其他房企提早开盘,"毕全功于一役",不仅可以使资金的利用效率大幅提升,而且可以更加自如地应对市场变化,如图13-1所示。

当整体市场存在较多不确定性时,房子肯定是卖得越快越好。对于营销来说,如周边有竞品楼盘,也是开盘越早越有利于截客。例如有一个项目,前期规划得很好,按照当时的市场行情来看完全能畅销,但是却在施工进行一半的时候,遭遇了调控政策,客群发生改变,于是滞销,几年都卖不出去。因此,快开、快回,

是将变化的风险降到最低的一种方式。房子卖光的那一刻,风险消除,种种不确定性都不存在了,如图13-2所示。

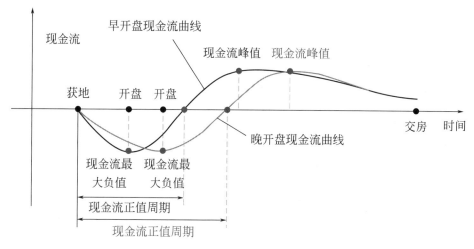

图13-1 加快开盘周期对项目现金流的影响

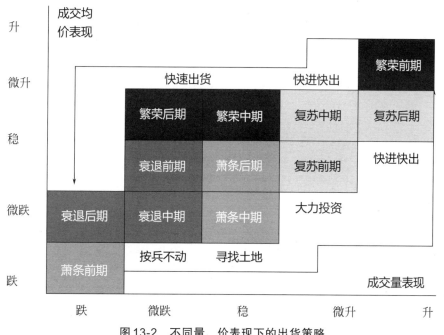

图13-2 不同量、价表现下的出货策略

1.重点抢展示区,以实现早蓄客

一般展示区要在开盘前1个月做完,如果拖得太久不能按时开放,就会打乱销售节奏,影响开盘,从而影响到项目的现金流回笼。因此,对展示区明确具体时间节点要求是各房企的管控重点。

> **案例13-1** 某房企要求聚焦展示区，力保提前每一天，并提出了"123"原则："1"代表的是售楼部和豪装样板房，必须放在第一位，保证首先完成；"2"代表的是样板区、展示区内的非样板房、室外市政、园建、园林等工程，应作为第二重点来抢工程进度；"3"代表的是首期货量区，需达到预售条件，应放在第三位来赶工。具体做法如下。
> ① 在项目临近城市道路、最有利的、能马上动工的位置安排销售展示区。
> ② 展示区尽量不要做地下室，样板房要采用标准户型，这样可以套用原有土建、安装施工图纸和装修图纸，节省设计、采购和招标时间。并要求经审批后的展示区红线（包括样板房、核心景观）不得擅自更改。
> ③ 明确各部门职责，各部门配合要到位。展示区要确定选址、设计、施工安排等事项，需要协调的工作非常多，因此，在主路径大节点的约束下，各专业线应同步开展相关工作。
> ④ 早启动，早规划，灵活操作，在土建施工的同时，装修工程、园林工程可以同步穿插进行。要按照24小时满人工作的原则来组织样板区的抢工，流水作业，人山人海地去做，每一个工作面都要有人要求施工单位每天上报人员材料和机械使用计划，实现精细化管理。在向过程管理要结果的同时，还要重点考虑关键工序的施工组织。

2. 示范区的品质要求因城、因时有所不同

一二线城市房价高，客户也相对成熟挑剔，对于项目的品牌形象和产品体验要求都很高。为了保证去化速度，很多房企不得不花重金设计和打造示范区。示范区建设本身也成为开盘的制约因素。而三四线城市的售楼处能够在标准化的前提下来做，能够明确具体的时间节点要求。例如，某房企能够做到拿地75天后售楼处投入使用，预留一个月的蓄客期，基本能够实现三个半月开盘。甚至可以跳过展示环节，直接开始进行蓄客。

在市场上行时，有不少房企为了节省这个环节的时间，会突破常规手段，比如不做示范区直接开盘，或者用集装箱来做售楼处。这样对售楼处的场地和时间要求都比较简单，达到预售条件就能开盘。

二、快速销售

高周转的真正难点在于高去化；回款率首先取决于去化率。能否迅速将已经盖好的房子卖掉，仍然是房企面临的最重要的问题。

1. 房企必须以销售为中心推动工作

整个公司要树立"销售为王"的共识，有销售才有发展，才有未来；没销售，一切都等于零。一切为了销售，当局部利益与销售冲突时，都要给销售让路。其

中精准营销、快速蓄客、快速销售、正向激励和追加投入都是实现高速去化的典型措施。

很多房企明确提出,销售为客户服务,公司其他所有人为销售服务。某房企在2014年销售压力增大时,集团领导不停地开会、不停地调整战术,"有关营销的激励机制像雪花一样不断地从上飞下来"。甚至一个区域公司竟然成立两个营销部,如果营销一部业绩不佳,营销二部业绩出色,那么营销一部就要"靠边站",并且被营销二部领导。某房企在市场下行时,要求全体员工要完成60个名额的"到房看房"指标,即带人实际到楼盘现场签到访问。以增加销售现场的到访量。因为到访量的大小决定成交量的大小,同时项目体量越大对于到访量的要求越高。

2.通过快速产品定位、营销标准化确保卖得快

能否卖得快,很大程度上取决于项目定位,项目定位是否精准非常重要。一旦出现定位偏差,很容易会造成产品积压、去化速度降低,前面抢的时间全部白费。营销前置的核心就是要快速做好产品定位,依据"去化率＞利润率＞容积率"的原则来进行产品选择,确保产品适销对路、开盘实现倾销。产品定位一旦定案,原则上不得颠覆式地改变,以防止设计反复,影响工期。

案例13-2　绿城强调,营销要充分考虑到产品定位以及后期销售时可能遇到的所有问题。例如,判断这块地是否符合公司的战略需求;判断地块是否在框定的战略城市范围之内;判断这块地的可操作空间在哪里。从营销的角度做一轮预演。比如这块地是做高端、改善、还是刚需项目?做高端的话怎么做,可以卖到什么价格?当然,预演结果是否准确,要看对当地市场情况的了解是否足够充分。绿城的营销前置策略对市场和客户需求的预判,与最终的销售情况,互为印证。绿城在拿地的时候,营销深度介入,并有一票否决权。

祥生的营销前置策略提出,在拿地之前就要做好以下三点。
① 做好市场精准定位,前期先定位再定案,不允许反反复复。
② 确定产品类型,做好定案,即做什么产品体系,配置标准如何等。
③ 做好"营销三宝",即售楼处、示范区、样板房的各自标准全部确定好,并让设计单位在祥生标准化前提下套图。

再比如碧桂园要求新项目的首期出货量要达到八成,所以对项目定位尤其重视。碧桂园要求,区域、项目、投资、营销都必须亲自参与市场调研,在对当地市场有深刻理解的基础上,再和营销一起,提出项目定位策划建议。

产品定位的关键是做主流市场的产品,以保证产品快速去化,加快现金流回正。高周转的前提一定是产品能适应市场,匹配消费者的需求。无论主流市场如何变化,不变的是"适销对路"的产品策略。

在多业态情况下，大部分项目产品定位都围绕"开盘快、销售快、货量足"来定义首开产品，即首开产品尽可能以现金流型产品为主。比如通过低总价、低单价的产品来实现高去化、高回款。所以，很多项目的首开产品都是高层。首先，高层产品总价低，单价相对而言也低，更能确保去化速度；其次，高层产品货量比较大，建几栋楼就能基本满足要求；再次，将洋房等产品放在后期能实现更高溢价。

"适销对路"要结合市场进行判断。在市场下行时，刚需型产品往往优于改善型产品，现金流型项目往往优于利润型项目，因此，属于刚需型产品的中小户型往往成为楼市的产品选择。例如，在市场下行时，刚需和改善型产品才好卖，如果还坚持所谓可以盈利的产品定位，把高端产品做出来，销售周期长、资金成本高，项目可能会被现金流拖垮，利润将被资金成本吞噬。

对于实行产品标准化的房企，为缩短设计周期，新项目首开产品还要尽量选取产品库中的产品，要把工期短、能快速预售的产品放在首期供货中，实现产品快速入市。

想要实现快速销售，还需要打造一套营销标准化的模式。营销标准化的好处在于，使营销"傻瓜化"，形成按部就班的制度，降低决策成本和对人才及其经验的依赖。新人入职可以迅速按部就班地开展工作，保证每个环节高效率衔接，形成快速开发、快速销售的套路。例如，某房企将营销标准化分为六大阶段，每个阶段都有标准动作，环环相扣，逐步推进，最终引爆实现快速销售。某房企从拿地到销售，积累客户的时间非常短，但营销的常规工作和营销道具并没有减少。能做到这一点，关键就在于推行了很多标准化动作。比如在营销道具上，要求售楼处设计和建造标准化，原则上不允许创新；而在营销动作上，由于产品线聚焦刚需和首改型产品，因此对地块选择、客户分析、营销套路都相对标准化了。

三、提高首开货量和去化率

为了保证项目经营性现金流能够更快回正，现金流型项目普遍会要求首开产品的货量必须覆盖土地款或项目的资金峰值。通过现金流策划倒推进行开工铺排、产品铺排是加速现金流回正的普遍做法。我们说要以销定产，那么以何定销？过去是市场，现在是大运营的核心指标。

首开推货量要求现金流回正的货量比率大于资金峰值比例，具体货量、产品、去化、回款的要求可以通过如下公式进行循环对比测算。

$$首开产品货值 \times 产品去化率 \times 产品回款率 > 资金峰值$$

从高周转的角度来说，首次开盘货量去化即实现现金流回正比单纯追求"早开盘"更为重要。例如，在市场平稳期，A项目按照"频推快跑"的推货节奏，四次开盘，每次卖1万平方米；而B项目按照"集中爆破"的推货节奏，一次开盘就卖4万平方米。虽然B项目第一次开盘时间可能晚点，但实际上，B项目的现金流回正要快于A项目。

提高首开货量，重点要把握好首开去化率，避免首开供销比过大，从而加大资金峰值、延迟现金流回正。很多房企在"双规"（即在规定时间内开盘，规定的推盘量及去化率）的强管控下，通过设定更高的去化率和更高的回款率考核指标，开盘即实现现金流回正。营销需要以此倒排工作计划和营销打法。比如不少企业都明确要求开盘一个月内去化率达到90%以上。更有甚者在三四线城市，往往连车位和商铺都要求快速去化，对于去化缓慢的产品则坚决降价，以实现快速资金回笼，并滚入下一项目。某房企通过8～9个月实现现金流回正，自有资金每年周转1.5次，两年三收，依靠极致高周转，快速扩张规模。

四、灵活使用付款方式

在市场上行时，可在标准付款方式的基础上缩短付款节奏，如一次性付款可输出签约当天一次性付清楼款以加快回款。特别是在市场火爆、房源供不应求时，就可通过提高客户付款比例来加大回款额，比如只接受全款支付客户。对于一般的项目，也优先卖给首付高的，按照首付成数高低决定购买顺序，并且一定要先搜集客户的基本资料、购买实力，去除信用差的客户，为正常回款提供好物质条件。某房企在开盘前通过付款方式筛选优质客户（按照贷款手续办理难易程度及周期长短）。支付方式中，全款支付优于商业贷款支付优于公积金贷款支付，而首付成数高的客户优于首付成数低的客户。

在市场供求平衡时，要通过折扣等手段，积极引导客户选择回款最快的付款方式。各项目应综合市场情况，尽量少使用非标付款方式，严控中长期及低首付付款方式的使用比例，对非标付款方式设定合理的价格拉差，通过付款折扣引导客户选择有利于快速回款的付款方式。

而在市场进入下降通道时，如何让售楼中心不冷清？如何让项目实现高周转，最终吸引购房者下单？其办法除了首付分期付款，更多的是将折扣和付款方式相挂钩。某房企在促销方案中规定，根据付款方式的不同，可享有的优惠政策也不同：在3个月内付清全款的购房者可享受93折优惠；采用商业及公积金按揭贷款的购房者可享受94折优惠；首付采取优惠按揭，且在两个月付清的购房者可享受95折优惠；1年内付清全款的购房者可享受97折优惠；若2年内付清全款则享受的优惠力度最小，为99折。

五、确保整体推盘节奏行云流水

除了确保首批供货，还要做好后续分期分批策划，以快速实现各批次的供货。某房企明确提出"123"的要求，即第二批最好在第一批开盘后1个月推向市场，一般情况下两个月推向市场，间隔最多不能超过3个月。该房企利用快速的推盘节奏，尽量利用前期的客户资源，加快回款，获得现金流投入下一个项目。

大运营部门要站在"投—产—供—销—存"视角，找到影响推盘节奏的瓶颈环节，并采取措施推动瓶颈的消除，提升企业的资金周转效率。

例如，在土储转生产环节，要关注土地资源进入开工的效率，特别是从拿地到开工的周期究竟要多长时间。如果大量项目都出现拿地之后，土地在"晒太阳"，迟迟不能开工的问题，也需要具体分析究竟是在产品定位，还是报批报建等环节存在瓶颈，然后集中力量去针对该瓶颈进行赋能。

再如，在生产转可售环节，则需要关注预售条件和预售证的获取情况。同时也要关注高库存项目、高库龄项目、认购未签约的项目，防止资金占用和应收占用。特别要关注重点难点业态去化，从营销费用倾斜、价格策略、专项考核等方面多措并举，实现均匀去化，防止"靓女先嫁"，将好卖的先卖了，后期通过增加新货来完成销售目标，最后项目清盘时剩下的全是难点业态。

此外，要评估为顺应市场变化，改变原有开发节奏的依据是否充分。大运营部门需要对销售去化速度密切关注，预判市场行情，把控推盘节奏。一般而言，对于低迷的行情，推货速度越快，溢价越大；对于高涨的行情，推货速度越慢，溢价越大；对于平衡的行情，速度溢价应以资金的时间价值，计算现值的方式进行衡量。

在市场暂时遇冷或遇到调控限价时，如果判断项目产品力强，有区位和资源依托，则可以放缓开发和推售节奏，但需要比较以时间换价值的幅度，和等待这段时间付出的财务成本，哪个更多，"两害相权取其轻，两利相权取其重"。区域竞争激烈，产品力一般的利润型项目，把握好行情快速出货才是正确的操作。此外，在当前热点轮动，调控不放松的情形下，单一项目虽然还可以像之前一样蛰伏，等待价格上涨后才启动，但这种策略对于阶段性冲刺规模的房企而言并不是最佳方式。很多时候，项目资金的流动性比盈利性来得更为重要。

六、加大过程专项激励力度

多数企业的各条业务线都设有专项奖，目的是促进项目"快、好"结合。"快"就是要快速开工、快速开盘、快速资金回笼；"好"就是要完美开放、完美开盘和完美交楼。

1. 对快速开盘的激励

一般会通过对开工时间、展示区开放时间等节点的专项考核，来确保开盘时间可控。

> **案例13-3** 某企业对开工、展示区开放、开盘的时间节点做了明确规定：摘牌即开工，奖项目总20万元；每推迟1天，奖励递减1万元；20天开工，奖励为0元；21天开工罚款1万元，逐天递增；40天开工，罚款20万元；41天开工即撤职；如果35天内实现展示区开放，奖励20万元；开盘工期≤3个

月，奖励20万元；3个月<开盘工期≤4个月，奖励10万元；4个月<开盘工期≤5个月，不奖不罚；5个月<开盘工期≤6个月，罚款10万元；6个月<开盘工期≤7个月，罚款20万元；开盘工期>7个月，项目总撤职。

某房企为了促进拿地快开工，要求：一手新项目交地进场后5天内基础全面开工且可连续施工的，奖励50万元；15天内开工的，奖励30万元；二手、新模式、小股操盘新项目交地进场后10天内基础全面开工且可连续施工的，奖励50万元；20天开工的，奖励30万元；新项目延期开工的，延期15天内，不奖不罚；延期超过15天，当月扣罚3万元；延期超过45天的，当月扣罚5万元；延期超过75天的，当月扣罚10万元；延期每再超过30天的，当月扣罚金额在上月基础上增加2万元，直至开工为止。

2. 对快速回款的激励

为实现资金快速回笼，很多房企的考核指标都会和首开货量的去化时间、去化比率相挂钩。

案例13-4 某房企要求在开盘3天内，按签约计算，去化率达到70%以上的，100%计发销售奖，少于70%的打7折，而低于50%取消奖励；在开盘30天内，去化率达到80%以上的，以超额部分的1%～3%作为追加销售奖；开盘90天内去化率少于95%的，扣减50%～100%的套数奖及提成奖。对于首次开盘项目，一些企业将首开货量和土地价款挂钩，比如某标杆房企根据启动区开盘一个月内签约金额与去化率设计了奖励条件。土地价款总额≥20亿元，销售额占土地总额比例≥20%时，奖励标准是：去化率≥80%，奖励80万元；70%<去化率≤80%，奖励40万元；60%<去化率≤70%，奖励20万元；去化率≤60%，不予奖励；销售额占土地总额比例=10%时，不予奖励（完成率在10%～20%之间采取插值法）；销售额占土地总额比例<10%时，处罚40万元。通过严格的去化率要求和对应不同的奖罚制度，促进项目开盘后的快速清盘和回款。

3. 任务层面的专项激励

（1）目标牵引

专项激励的侧重点要与企业当前的业务重点相匹配，很多房企将会转向激励与项目目标挂钩。如果追求高周转，那么专项激励就可以与项目进度挂钩，如最快开盘奖；如果追求好产品，那么专项激励就可以和产品精细度挂钩，如最优精装房奖等。某房企的激励体系是"13+1"，即项目跟投加上13项专项激励。奖项设置非常细致，覆盖全过程全专业，包括开工奖、开盘奖、交房满意奖、按时交房奖、楼栋封顶奖等。项目开发的重要节点基本都有相对应的专项激励。此外，还有各式各样的专项奖励，其目的就是为了及时地调动人员的积极性。

（2）重奖重罚

为了保障专项激励的实施效果，提高组织执行力，专项激励都是采用正面激励和负面激励相结合的方式。工作任务达标了，则给予奖励；没达标的话也要惩罚，甚至严重的话负责人要直接下岗。重奖重罚的考核措施可以保证团队的活力。某房企对区域内项目进行开盘工期绝对值强制排名及处罚，加大开盘逾期考核的执行力度。在集团高管会上通报各区域开盘工期绝对值排名及处罚结果。每一个业务的进度都被设计了红绿灯的预警时间。当出现3个红灯时，业务相关人员就会被职能中心负责人约谈，一旦出现4个红灯，就要被集团总裁约谈。

（3）简单务实

"质胜文则野，文胜质则史。文质彬彬，然后君子。"意思是质朴胜过了文饰就会粗野，文饰胜过了质朴就会虚浮。考核制度既要做到适度精细，如根据不同情况设置合理的梯度，更要简便易行、可操作，不必设置过多参数和指标。只有考核制度易理解，易执行，才能变为全体管理人员的行动，特别是针对一线的考核，越简单越实用越好，甚至"约法三章"即可。例如，据2017年华为《荣耀品牌手机单台提成奖金方案》显示，荣耀品牌手机将按销售台数提成，不同档位、不同型号的手机单台提成相同（员工的奖金值=单台提成×销售台数×加速激励系数×贡献利润额完成率）。只要在内、外合规的边界内达到目标，抢到的"粮食"越多，分到的奖金就越多，13级就可以拿23级的奖金。

第二节　全力以赴，加快按揭回款

销售签约额只是一个数字，按揭回款才是真正影响现金流的因素，同时按揭回款也是最便宜的融资渠道。万科董事长郁亮就认为"唯有能迅速回款的销售才是真正的销售"。

按揭回款在整个回款中的比重最大，要借用高周转的管理思路，围绕"早起跑、串改并、控周期"的原则加快按揭回款。

一、早起跑

就是尽可能地将能前置的工作前置，提高认购转签约的效率、速度和额度，尽快将客户资料进入银行审核状态，尽快将客户审核进入待放款状态等。

> **案例13-5**　某房企要求在集中开售前要完成签约资料准备、物料设置、员工培训，利用认筹客户到访节点，向客户派发签约须知，提前向客户输

出认购当天签约的要求、需带备的资料和资金，宣贯认购当天签约的相关信息。

集中推售认购当天签约各时间节点必须完成的工作如下。

1. 派筹前2天

① 资料准备：制订《购房温馨提示》《按揭须知》《按揭流程》《公积金贷款政策及操作流程》《金融工具审查流程及资料清单》。

② 与各合作银行确定查征信操作方式。

③ 培训、考核：完成全体人员认购、签约、贷款政策及注意事项的培训，规范对客输出口径，并进行上岗考核。向全体人员贯彻集中式推售认购当天签约的指导思想，制订销售顾问按时签约奖惩措施并进行宣贯。

④ 确定合作银行派筹、签约期间驻盘时间，按揭合同签署时间。

2. 派筹期间

① 向客户派发并解释《购房温馨提示》《按揭须知》，解释按揭政策和要求、签约流程及注意事项。

② 指引客户查征信、查册、查公积金缴存。

③ 收齐客户按揭资料，确定银行公积金初审结果：确定客户的征信结果、收入证明、婚姻证明、银行流水等资料是否符合银行及公积金贷款要求，指引不符合贷款要求的客户转自付或通过金融工具解决资金问题。

④ 针对公积金按揭客户，了解公积金意向客户的占比，做好付款方式的输出及引导。

3. 推售前2天

① 签约准备：准备签约资料包、合同附件，售楼系统及网签系统设置及测试。

② 票据：与项目财务资金部确认楼款缴交账户、开票方式，制订对客输出口径。

③ 面签及公证：若当地签约要求面签或公证，应提前邀请当地房管局人员或公证单位在集中签约期间驻销售现场面签或办理公证，为客户提供一站式服务。

4. 集中推售认购当天

① 签约当天必须交齐应交首期楼款方可签约。

② 选择金融工具支付首付的客户，与金融公司办理借款手续，签署借款合同。

③ 客户签署《商品房买卖合同》当天指引客户到银行办理按揭手续，签署按揭贷款合同、相关贷款文件，收取按揭贷款申请资料。若客户的按揭资料不齐全，则应请客户签欠资料的《承诺书》。

二、串改并

回款工作涉及环节多，牵涉业务部门多，因此要建立回款专项小组，进行"并联式工作"，例如，明确关键流程节点的责任人及办理时限，在快到流程节点前，下游部门要提前做哪些准备等。从认购转签约、按揭放款到资金监管及回笼，每个节点都要有标准动作来实现"交圈"，动态进行沟通协调，避免互相推诿，确保各业务部门分进合击，形成合力。所谓"串联式工作法"是把每一个环节的具体工作都变为前置要件，很容易因为"排队串联"把工作拖入"龟速运转"的状态中；而"并联式工作法"则是通过统筹兼顾，尽可能利用现有条件，同步着手、迅速推进后续各项工作。此种方法无疑是减少"排队串联"、突破"效率瓶颈"的对症之举。

> **案例13-6** 某房企在集团成立集团追款协调工作组，由集团财务资金中心、集团营销中心联合组成；在区域成立区域追款工作组，由区域总裁任组长，区域财务总、区域营销总任副组长，组员由营销团队、财务团队（含区域法务）及项目团队组成。区域总对区域的追款工作总负责，区域财务总负责统筹日常追款事宜，区域营销总协助区域财务总开展工作。在奖罚的分配上，区域财务总占比25%，区域营销总占比10%，区域总占比10%；财务团队（含区域财务总）占比不低于45%；集团追款支持团队占比5%；其余30%的分配由区域财务总提案，区域总审批（区域财务总奖罚的7.5%由集团财务统一分配）。区域法务除配合对逾期客户进行日常跟进外，还要在法院受理追款起诉后，即承担主要追款责任，在规定时间节点内按收回欠款的一定比例进行奖励，反之；按涉诉未收回金额的一定比例进行相应处罚。

三、控周期

主要是要控认购转签约的周期、从资料到达银行到银行审批完成的周期（关键是客户资料齐全）、从银行审批到银行放款的周期（关键是银行额度）。某房企要求集中式推售单位原则上认购当天签约、散卖单位认购3天内签约。签约当天完成购房合同整理，次日移交银行审批放款。原则上，项目凡集中推售必须实施认购当天签约，认购当天必须具备签约条件，如受限制导致认购当天无法实施签约须报批后方可操作。因此，要控周期，就要以销售合同为单位，实现全过程的状态跟踪，特别是针对按揭办理进程的异常情况进行跟进。

1. 管控客户的回款周期

（1）前期对客户支付能力进行验证

客户的资产情况、购买能力和能否积极配合回款工作，都会对销售回款影响很大，因此客户资质验证是必不可少的环节。与此同时，置业顾问还要建立客户信用的动态跟踪管理。

（2）通过严格执行准时签约折扣，提高客户履约意愿

各项目根据实际情况制订按时签约优惠差异方案，未能按时签约或按揭资料不齐全则不能享受按时签约优惠。若是客户没有提供完整资料，置业顾问就要联系客户尽快处理。比如融创为了尽快办理按揭业务，如果客户没在本地，置业顾问可以公费去外地找客户签字。

（3）制定标准化催款流程

重视回款的房企都会对置业顾问的回款能力进行全方位的培训。培训标准化说辞和动作。某房企对于款项类型的未回笼原因进行统一分类，基于不同的原因进行逾期跟进动作标准化，比如通过小礼品赠送等方法催缴欠款。

> **案例13-7** 某房企对按揭业务办理过程进行有效监控和跟进
>
> ① 针对分期付款方式，提前通知客户缴交楼款：通过系统设置提前发短信、销售顾问电话通知、寄发信件等形式通知客户提前准备交款。
>
> ② 按标准化追款节点对欠款进行追收：欠款1个月寄发欠款通知书，欠款3个月寄发律师函，欠款达6个月则要求退楼或诉讼解除合同。针对零首付、低首付等付款方式，若客户实际已缴交楼款（不含垫付、首付贷、第三方支付等）低于总楼价15%的，销售中心可视欠款性质在欠款发生3个月内采取诉讼处理。为保证诉讼时效，对长期欠款单位，必须每间隔1年9个月补发催款函。
>
> ③ 利用系统分析欠款原因，监控欠款情况：销售中心在每月1日前完成售楼系统"欠款管理"数据的录入，销售中心、区域营销管理部通过售楼系统报表分析欠款原因，监控楼盘欠款情况，总部通过售楼系统数据录入及相关报表监控项目欠款情况。
>
> ④ 根据欠款追收的操作要求，由区域定期自检、总部抽检，并按处罚方案扣罚。

2. 管控银行放款周期

银行放款主要受按揭资料是否齐备和银行关系的影响。

（1）按揭资料清单的提前通知与准备

例如某房企根据不同银行定期梳理按揭签约资料准备清单，这样客户就能很快到银行办理按揭业务。

> **案例13-8** 某房企办理按揭资料的管控
>
> ① 集中式推售当天严格执行交齐首期款签约：签约前或签约当天办理按揭手续，签署《按揭合同》。欠按揭资料客户签署欠资料《承诺书》，确认所

欠资料的补交时间。

② 及时追收按揭资料，责任到人：对欠按揭资料的单位，及时追缴，对跟踪不力人员按逾期份数和天数处罚。对签购房合同后7天内仍未签按揭合同或欠按揭资料7天内未补交的客户寄发《催签/催交资料通知书》。

③ 加快办理合同备案及抵押备案手续：对于需备案后放款的商贷、公积金按揭单位，优先办理合同/抵押备案，确保快速放款。

④ 每套按揭单位制作跟进情况表：每天与银行、客户核对按揭办理进程、审批进度，详细记录银行接件、客户按揭资料提交、客户补交资料情况。

（2）定期评估按揭银行的放款效率，及时淘汰放款效率慢的合作银行

银行的放款效率非常重要，可以适当引入竞争机制，尽量选择配合度高、有利于销售放款快的银行进行合作。比如万科会根据不同银行的放款效率给予贷款合作的倾向，同时与省行、市行达成快速贷的合作协议，确保能够在同贷后7天内放款。

案例13-9 某银企合作的跟进要求

① 按揭合作协议的签订：区域财务资金部根据项目的销售需求提前引入适量的按揭银行，必须优先选择可做快贷的银行，并在开盘前15天完成按揭合作协议的签署，在开盘前10天完成按揭银行的开户手续。

② 要求合作银行配置足够的按揭业务骨干驻销售现场办理业务，确保开盘当天银行工作人员全力配合，按揭银行与销售中心无缝衔接。

③ 建立银行竞争机制：区域财务资金部引入多家具备快速放款能力的银行进行竞争，与银行确定快贷操作，约定签约后按揭资料齐备者可在当天或3天内放款，做到先放款再办理合同备案、抵押备案。

④ 统一各银行的利率及优惠：区域财务资金部引入按揭合作银行的按揭利率需统一，不允许银行低价抢单，一旦发现，立即停止接单。

⑤ 保证贷款额度充足：提前向银行争取足够的额度，落实到位，保障额度均衡，对银行形成额度分配激励机制。

⑥ 制订快捷的放款流程：区域财务资金部、销售中心联合银行在开盘前模拟放款流程，摸索最快捷的放款流程。

⑦ 将按揭放款速度与银行业务挂钩：区域财务资金部、销售中心对按揭银行进行接单未放款总额限制，接单未放款额超过一定金额后不允许接新单，待银行消化未放款单后方可接单，以此促使按揭银行间的良性竞争，提升银行的审批及放款效率。

⑧ 定期评估按揭银行的放贷速度：按放款时效分配业务，并每月召开银行、财务部、项目部、营销部的联席会议，总结合作情况，嘉奖配合快速放贷的银行。

3. 对回款相关责任团队和个人进行专项考核

"在雪崩时，没有一片雪花觉得自己是有责任的。"考核机制设置的前提是厘清回款各环节的对应责任人，做到责、权、利明晰，避免管理中的"林格尔曼"效应。

（1）对于置业顾问的佣金管理方案持续优化

有的房企对于签约周期超过一个月的置业顾问进行佣金打折的考核方式，约定只有准时签约才能获得销售额100%的全额佣金，延期一个月内佣金为80%。有的企业规定置业顾问不仅仅只有卖房的佣金，还有及时催回款的提成，当回款达到销售总额的85%时，置业顾问可以获得已回款部分销售额的万分之一的回款提成；如果回款没有达到销售总额的85%，则将扣除未回款部分销售额千分之一的销售佣金。以此倒逼置业顾问来引导客户选择对企业最优的付款方式。

（2）对于营销团队的考核

如根据商业贷款、公积金贷款等不同，设定不同的标准回款周期，将回款奖励与此挂钩。

4. 制定奖惩机制

对于公司回款团队可以针对影响当前回款速度的主要因素，设定若干考核指标并制定相应的奖惩机制。

> **案例13-10** 某房企为同步激励各区域提高回款效率，针对超额完成年度回款率的区域进行定额奖励。若区域全年实际回款率$R-$全年目标回款率$R_0 \geq 3\%$，则在年末兑现年度挑战目标回款率的激励，不同档位的区域依据回款总额分布区间分别按照以下金额进行奖励，如表13-1所示。

表13-1 不同档位区域奖励金额标准

单位：万元

区域分布档位	回款总额<40亿元	40亿元≤回款总额<80亿元	回款总额≥80亿元
第一档	20	30	40
第二档	12	20	30
第三档	8	12	18
第四档	6	10	16

注：回款总额=以前年度签约本年度回款+本年签约本年度回款。

第三节 全始全终，对回款相关指标的管控

与前述管理思路一脉相承，大运营部门要善于将对业务的监控切换成对指标

的监控，高度关注回款目标的合理性和对回款的动态预测。通过一系列指标，可以直接将集团所关注的销售规模和销售回款显性化、数据化，层层落实到公司、项目的销售部门和财务部门，成为相关部门核心工作的考核依据。

一、销售指标管控

（一）从集团层面、项目层面两个维度设计相关监控指标

集团级评价指标包括销售去化率（包括开盘去化率、年度及月度去化率）、销售去化周期、销售回款率、销售溢价率、营销费率、客户满意度等。

项目级营销评价指标的颗粒度更细，一般以项目为单位，也可以进一步分到物业类型，以周、月、季、年为周期，不同指标的适用周期不同。

1. 对营销费率控制的指标

如单人来访成本（合同口径营销推广费用与初次来访总户量的比值）、单套成交成本（合同口径营销费用总金额与成交套数的比值）、单一媒体来电/来访/成交成本、来电转来访率。

2. 适用于集中开盘阶段的指标

如蓄客充足度（有效客户积累量占计划推售套数的百分比）、有效客户到访率（有效客户开盘到访量占认筹客户量）、蓄客转筹率（实际认购套数占认筹客户量的百分比）、到访转筹率（实际认购套数占有效客户开盘到访量的百分比）。以上几个指标集中反映的是客户落位与客户引导的精细度、价格策略的有效性。

3. 客户维护指标

如老带新比率（当期老业主推荐客户来访量占当期初次来访总量的百分比）。

4. 反映对案场管控水平的指标

如来访转成交率、来访成交周期（客户初次来访至认购的平均天数）、退定退房比例、大定逾期比例、应收款逾期比例、营销部人均签约套数等。

（二）大运营部门要重点关注影响现金流的销售指标

1. 销售资源定期盘点

主要包含：在建面积、可售套数和可售金额，这也是房地产企业在确定和审视销售目标和销售计划时的必备动作。

2. 销售计划完成情况

包括年度销售目标、月度销售计划、销售计划完成率。为确保项目年度经营计划实现的过程可控，众多房企一般按季度考核，例如年度目标分值占比40%、每季度目标分值占比60%。当实际值≥目标值时，（实际值/目标值）×该指标权重标准分即为考核分值，最高不超过标准权重分的120%；当实际值<目标值时，（实际值/目标值）×该指标权重标准分即为考核分值。

3. 开盘去化率

开盘去化率是指以开盘当天、一周、一个月、三个月为统计周期,汇总和统计分析销售情况,用来考察和评价项目开盘的好坏。

4. 退房情况

该指标汇总近一段时间内的退房数据,包括退房套数、面积和金额。有不少房企还特别制作专门的退房原因分析报表,以满足企业进一步深究的要求。由于退房会直接影响到销售业绩,而且往往退房数据背后可能隐藏着种种风险,例如外部市场的剧变、客户的群诉事件,甚至是内部的不规范销售行为等。大批量退房也会引发业主的恐慌,影响公司的品牌形象。现在越来越多的公司会将退房审批的权限进行回收,甚至有的公司要求上报集团审批。

5. 已认购未签约情况

通过对这个异常指标的关注,就可以帮助房企管理层快速地发现问题,规避相关风险。很多房企将其也纳入应收款的管理范畴中。

二、回款指标管控

1. 回款指标主要指年度回款目标、月度回款计划、回款计划完成率

年度回款目标的设定是关键,由运营管理部门牵头,结合企业的年度经营发展目标、公司的运营标准、当地市场情况,在"盘家底"的基础上,在内部达成清晰的销售预算编制规则。某房企在内部达成共识,根据当年新开盘物业的销售回款计划,提出了"7654"的销售预算编制规则,规定当年新开盘物业需要遵循以下销售原则。

① 一季度开盘项目,当年可售面积的回款比例不得低于70%。
② 二季度开盘项目,当年可售面积的回款比例不得低于60%。
③ 三季度开盘项目,当年可售面积的回款比例不得低于50%。
④ 四季度开盘项目,当年可售面积的回款比例不得低于40%。

案例13-11 月度回款目标的设定

某房企根据历史回款经验判断不同产品的回款经验指数,并结合销售签约预算滚动刷新,汇总计算销售回款。其内部根据不同的产品类型,结合当地的市场环境、金融机构亲密度、项目及产品的去化情况,形成清晰的系列规则。以普通住宅应用"40321"规则为例,假如普通住宅从1月开始销售,则其当年签约当年目标回款金额要求如下。

① 1月回款=1月销售额×40%
② 2月回款=1月销售额×0%+2月销售额×40%
③ 3月回款=1月销售额×30%+2月销售额×0%+3月销售额×40%

④ 4月回款=1月销售额×20%+2月销售额×30%+3月销售额×0%+4月销售额×40%

⑤ 5月回款=1月销售额×10%+2月销售额×20%+3月销售额×30%+4月销售额×0%+5月销售额×40%

并对提前收回或当月到期当月收回的回款给予奖励（按自然月取数），计算公式为：回款奖励=有效回款金额×0.1%×档位调节系数（P）×目标完成系数（K）。

① 有效回款金额为当月到期当月收回金额或当月未到期提前收回金额。其中，有效回款需扣除当月签约当月退楼款以及当月退以前月份的楼款。

② 档位调节系数（P）：根据各项目的回款难度不同设置不同的档位调节系数。回款较易的项目$P=1.05$；正常项目$P=1$；回款难度较大的项目$P=0.95$。

③ 目标完成系数K：$K=$ 实际回款率R ÷ 目标回款率R_0（$R/R_0 \geq 1$时，均按照1计算）。

根据各项目实际签约金额、实际回款金额和项目的目标回款进度，动态计算目标回款率和实际回款率，如表13-2所示。

实际回款率$R=$ 当年签约当年回款的实际金额 ÷ 当年销售目标额（签约口径）

目标回款率$R_0=\Sigma$ 每月当年签约当年回款的目标金额 ÷ 当年销售目标额（签约口径）

表13-2 销售回款动态汇总

回款指标	1月	2月	3月	4月	5月
销售签约目标额/亿元	4	1	3	8	9
每月当年签约当年回款目标金额/亿元	1.6	0.4	1.68	4.3	5.1
目标回款率R_0/%	40	40	46	50	52

2.进行应收款账龄管理，不同账龄专门催收

面对诸多的项目以及项目中的销售欠款数据，众多房企会对"大额欠款项目"这个指标重点关注，并以自然日为单位（如0～15天、15～30天、30～60天等）进行结构分析，及时发现回款问题。

同时，由于销售回款中的大部分是银行按揭放款，因此房企往往会就按揭款进行单独的账龄分析，提升内部回款跟进意识与力度，每月确定重点款项跟进并锁定责任主体。某房企以"每月"为单位，统计出超过欠款额度标准的项目，项目负责人需要就欠款情况和跟进措施进行详细汇报，并针对超期欠款分账龄每月

进行跟踪处罚，处罚金额=Σ超期欠款余额×处罚比例。在这样的压力下，欠款的追缴成为全公司都必须重视的事情，而非仅仅财务部门的事情。

案例13-12　某房企对资金回笼指标体系的分析

某房企非常关注资金回笼，因而把资金回笼分成了两个维度进行分析：本年已回和本年未回，如图13-3所示。

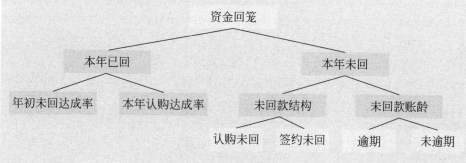

图13-3　回款相关指标体系

① 本年已回：针对年初未回达成率和本年认购达成率做考核，规定年初未回达成率在第二季度必须在95%以上，以确保上一年的资金尽快回笼；同时对于今年认购的金额要求全年回款率达到80%以上，以促进已售部分资金尽快回款。

② 本年未回：未回部分从两个维度进行分析，一是未回款结构分析，需要分析认购未回和签约未回分别是多少，重点关注签约未回，以及未回的原因，从而能够针对性地进行管理，快速将认购转成签约，以签约促进回款；二是未回款账龄分析，比如逾期的有多少，未逾期的有多少，其中特别关注签约逾期未回的原因，以及到了什么阶段，从而落实到具体的责任人，针对性催款。

3. 要站在项目核心指标达成的高度，统筹回款工作

大运营部门需要"知己知彼"。所谓"知己"就是充分了解企业的项目运营目标（利润型还是现金流型）、当前财务状况、项目产品力等；所谓"知彼"就是对市场预期、竞品动态等清晰掌控，以达到销售速度（影响现金流）、销售价格（影响利润）、风险三者之间的动态平衡。管理者常常面临着种种艰难抉择，必须有选择地放弃，才能找到利益和损失的最佳平衡点；优柔寡断，举棋不定，一心想着"既要……又要……"，最终可能什么也得不到。

例如，在市场预期转变时，与维持原有价格策略相比，降价可以带来销售速度加快，占用资金的时间短，财务成本就低。虽然项目销售的净利率会下降，但

IRR会较大地提升，现金流回正时间提前。再如，很多三四线城市项目最后利润全都在车位上，车位卖得不好等于项目白干。有一些死盘，车位就是卖不动，业主不愿意花7万元钱买一个车位，但愿意借10万元钱给房企5年，5年后房企把10万元钱还给业主，同时房企用车位抵5年的利息，这样客户就很愿意接受。这时大运营部门不能抱残守缺，要算大账。

三、以高周转的视角统筹价格策略

高周转不只是一句口号，还是一种随行就市的态度。

现在很多房企都在学习高周转，但是都没有学到位。具体来说就是，高周转的内涵里没有不能亏本的说法！有些房企在战略上奉行高周转，但在战术运用上，却不由自主地转向利润导向。比如拿了几块高价地，发现可能会亏本，为了向股东负责到底，宁愿被融资成本压垮也不愿便宜卖掉，以致资金压力越来越大，现金流无以为继。

因此，高周转真正的奥义，就是随行就市地卖，就是拿地、融资、卖房，回款之后继续投资，充分利用现金流，不纠结一时一地的得失。壮士断腕，亏就亏了。特别是在市场下行时，每个项目都能赚钱的日子已经一去不复返了。现金为王，"留得青山在"，先"活下去"再说。例如某房企在市场不景气时敢于降价，与一般房企宁愿等一等也不愿打折的心态不同，该房企只要不亏本或者有薄利就愿意卖房，资金回笼后再以很低的价格去拿地，为楼市回暖做准备。

案例13-13 如图13-4所示，x表示时间，y表示价格。如果在买点1买入，卖点1卖出，就是很舒服的高周转。但在市场急剧趋冷时，在买点2买入土地的话，如果在卖点2卖掉，还能有自有资金回正的机会，用卖房拿出来的钱再去买地的时候，地价也便宜了，低卖低买，进行资产置换；而如果硬生生苦熬到卖点2'，现金流就枯竭了。

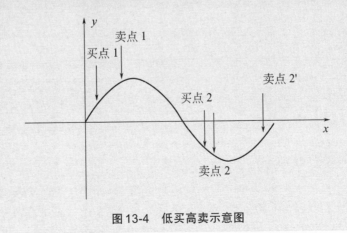

图13-4　低买高卖示意图

价格始终是决定销售速度的关键因素。有"速度"的价格策略是弱市营销的支点。特别是在市场下行压力加大时，面对融资和偿债的双重压力，房企实行"现金流"管理尤为重要。以价换量、加紧回笼资金、确保财务稳健，是面对行业短期调整风险的首要举措。

大运营部门需要会同营销部门，科学决策降价的时机和幅度。

在降价时机方面，要在对市场有准确预判的基础上，踩准降价时点，面对市场可能到来的降价风潮，不要与大势对抗。如果要降价，就要动作快，不要犹犹豫豫，错失先机，最好能抢先降价。而在别家降价后再跟进，会非常被动，而且效果不彰。因为先降价者面临的竞争最小，房屋销量最好，资金回流也最快，能够为新一轮的土地储备提供资金，从而赢得主动。

在降价幅度方面，必须从以价换量的角度对降价幅度进行科学的预测。即通过营销等部门，对客户可迅速成交的心理价格进行摸排、调研，根据降价后的销量预测，制订相应的价格调整决策。可以先通过特价房去试探客户。例如某项目第一期推出四栋楼，前期卖得一般，剩下200多套，如果降价10%，可以获得80%以上的销售率，那就可以降价；如果不能获得相应的销售率，那就干脆不要降价了。

历史经验是，抢先降价的，降幅大的，基本上都能快速聚拢客户，等到别人跟进时基本就卖完了。如果未能一步到位，再来个二次、三次降价，会更卖不动。历史教训是，降价潮一旦到来，直降促销更具诱惑力，小折扣或者简单的特价房对继续观望的购房者的吸引力不足。降不降，降多少，关键看现金流能否撑得住。

"兵贵胜，不贵久。"众多房企通过高周转的手段，尽可能缩短从拿地到开工再到开盘的时间，以尽快实现现金流回正。但是开盘不是终点，高周转的本质是提高资金的使用效率；快拿地、快开工、快销售，说到底，都是为了快回款。把钱变回钱，一个周转才算是结束，所以回款是高周转战略的重中之重，回款决定高周转的成败！哪怕付出一些代价，也要全力保证。在回款速度上不同规模房企是没有很大代际差异的，抓回款是每个房企都能做的。所以有业内人士认为，回款抓不好，就不要做地产了。

第十四章 缓支

项目开发阶段的财务管理核心是围绕现金流对项目进行策划,在经营计划编制时应尽量推迟开发阶段的款项支付,并采取手段加速现金回流。因此,项目的现金流出管理从来不是孤立的,需要站在现金收入的角度上加以统筹,更需要站在项目现金流早日回正、IRR最大化的角度统筹。

在项目收入、成本相对稳定,改善空间不大的情况下,提升IRR的思路是,以"缓付早收""以收定支"为原则,通过供销存管理减少库货的资金沉淀,通过资金计划管理提高资金使用效率。

第一节 知行合一,强化供销存管理

所谓"知行合一",就是在对货值心知肚明的基础上,做好供销存的动态管控,确保供销节奏流畅,以达成项目经营目标。

一、货值的动态盘点

对货值"知之愈明,则行之愈笃"。

供销存管理的核心是以销定产,通过监控去化率,引导供货端策略,控制存货保持低位,实现弹性运营,确保产销平衡,减少存货的现金流占用。

1.在明确货值分类的基础上"盘家底"

不同的视角下有不同的货值分类:待建货值(项目已获取但未开工)、在途货值(开工未达预售条件)、达预售未取证货值、取证未开盘货值、开盘未认购货值、认购未签约货值、竣备未售货值，如图14-1所示。

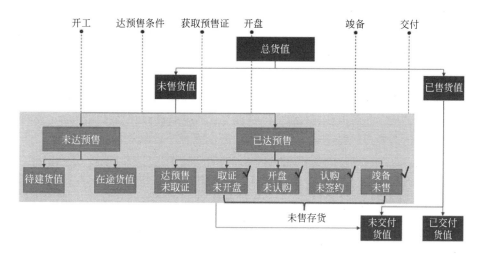

图14-1 货值的分类

盘点出需要统计的货值状态后，就可以根据相关节点的达成时间、可售面积、价格等信息，将各阶段的货值数量盘点出来。同时，货值的分类确定之后，也可以展开对公司层级、项目层级、分期层级及各业态下各项分类的数量盘点。

"盘家底"涉及部门多、数据精度要求高，需多次采集，因而经常出现财务、营销、运营等部门分别找下层组织要数据的现象。有时候，基层统计了很多数据，但是基本上没有派上用场，决策层却经常反馈没有数据可以用。货值管理对此要进行标准化处理和弹性处理，以支撑决策为主要考虑，否则一味追求高精度会带来较大的管理成本。

案例14-1 华为如何减少报表数量

明确一线需要上报给机关的责任报表/报告数据，是一线必须承担的责任，必须由一线报表。要从经营有效的角度去定义合理的报表/报告数量。

分析类的报表不要再由一线提供，为他们真正减负。改变机关向一线随机索要报告的习惯。分析类的报表机关可以自己在系统中提取数据，进行分析，确实不懂时，可以请求一线帮助，而不是指令。

要明确向各层经营组织提供报表的清单，按时、按需提供。同时，也给经营组织开放系统权限，允许其在系统中提取数据做更详细的分析。服务双方要有报告约定，明确报告的清单，超过约定需求时，双方均有权不提供。财经的大量数据都在系统中，需要数据的，可以通过系统权限获取数据、编制报告。

在实践中，主要是通过构建供销存管理信息化系统，实现货值数据在线编辑、业务数据自动获取，以及实时查询和导出，帮助企业管理层看清企业的家底，掌握每月、每季度、每年的产品供应情况、销售情况、存货结构等，根据货值的供货、推货、存货、销售情况进行开发节奏的调整，同时能够快速进行试算，从而让"项目-总部-集团"决策层及时了解动态货值情况，对何时卖完，何时该补货心中有数，进而指导经营计划的制订和高层决策。例如可以根据货值的分布调整相应的供给，一方面可以砍掉低效开工；另一方面可以降低低效土地储备。需要强调的是，供销存管理信息化系统只是工具，是工具就不可能取代管理，因此，不要对信息化抱有不切合实际的期望。信息化只能做到锦上添花，而不能扭转乾坤。

对于暂时没有建立信息化系统的中小房企而言，大运营部门要在明确口径的基础上，根据管理关注点，厘清货值统计范畴，优化货值表维度。其中，厘清应用场景是货值管理的关键环节，可以设计涵盖整个销售、供货、库存、折损情况的大而全的统计表，上至集团下至项目的所有部门、所有岗位人员，均通过该报表取数，确保各部门的货值口径一致，且互相督促。

在存货动态盘点时，要结合企业的运营决策场景来设计相应的数据指标及相应的模型口径。

例如，营销部门更关注"已推未售货值"，并设定相应的运营指标，在每一个月的指标中都会包含对存量部分的去化情况，也会针对已推未售部分设定货龄。比如6个月未去化的项目将被定义为"滞销品"。

大运营部门则更关注未来三个月能达成预售条件的货值，便于做年度经营目标达成的预测。比如有企业会在运营例会上强调未来三个月每一个月可以达成供货的货值量、每个月可以进入开工的货量值，同时和企业通常的开发周期、存销比、年度目标的分解进行比对，并考核供货比例达成率。

投资部门则更关注未开始规划或正在规划设计的货值，便于制订来年或者未来多年的经营目标，并比对对标房企的销售额，结合城市公司和产品结构两方面货值情况，以及企业的运营标准，确定土地和城市拓展的风向标。

2. 做好货值分析

货值分析的前提是对货值的分类监控。分类监控的目的就是及时掌握开发各阶段货值的状态，为进行供货、存货、现货等货值分析提供依据，如图14-2所示。

一般而言，对货值的分析分为供货分析、断货分析、存货分析、现货分析四个方面。

（1）供货分析

供货分析主要分析供货的及时性，即供货能否满足销售的需求。

（2）断货分析

断货分析主要从产供及供销两个方面进行分析，即供货节奏能否跟得上销售节奏、生产节奏能否跟得上供货节奏。

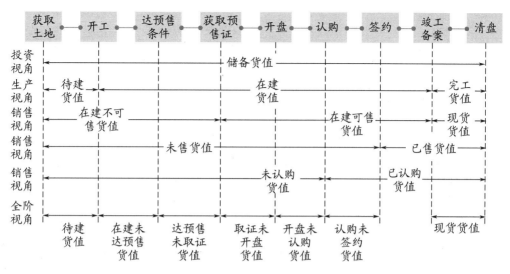

图 14-2 对货值的分类监控

（3）存货分析

存货分析主要是对存货进行滞重分析，通过对不同滞重期存货的统计，可以清晰地了解存货积压的时间，再对每类滞重期下的产品结构进行分析，从而结合公司的发展战略及年度目标制订差异化的营销策略，如图 14-3 所示。

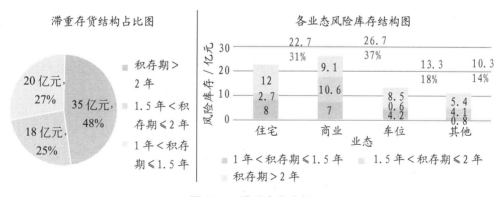

图 14-3 滞重存货分析

（4）现货分析

现货分析主要对现货及准现货进行分析，现货分析需结合公司三年经营计划及市场情况进行分析，并合理去化，因为现货一旦销售就可以马上结转利润。如今年的利润还未达标，则可以通过销售现货马上获得利润（前提是产品有利润空间）。而准现货的结果可作为销售的预警指标，如果今年的利润目标已经达成，且预计未来一段时间现货产品会走俏，那么就需要等待合适的时机对现货进行销售。此外，如果企业想尝试租赁业务，也可以选择性地自持现货。

当然，货值分析不是一成不变的，需要结合企业发展战略、经营目标、市场政策与销量等具体分析。开销比、供销比、产销比、存销比等具体指标的控制值也需要结合各类因素来制订。

二、供销节奏的动态平衡

"盘家底"的目的是确保供销节奏的动态平衡，可以借鉴诗文写作结构章法方面的术语"起、承、转、合"来详细阐述。

1. "起"：建立起年初供销平衡的控制基准

通过对土地、在建、在售、存货的相应货值的"盘家底"，并结合企业的经营目标，通过项目年度经营计划的编制和审批，固化开发节点排布和销售节点排布，做好全年度产销匹配，避免产品积压、或旺季无货。

（1）分析供应与销售计划是否匹配

对各部门上报的可售资源的供应与销售计划是否匹配进行分析。如年度销售计划明显高于生产供应，则销售预算就有无法达成的风险；如销售计划大大低于生产供应，则存在存货积压的风险。

（2）做好各部门"交圈"

大运营部门需要会同营销、工程等部门，结合自身的生产能力、销售能力，就年度、季度、月度等不同时间段供货的业态、楼栋、体量等生产计划以及销售计划达成一致，并将供、销计划纳入考核，作为过程监控的依据，避免业务计划目标失守，导致供销失衡。某房企在"交圈"时，通过上下互动，规划好项目的开发节奏，确保项目持续供应。在项目策划阶段就尽量推动货值的合理分布，项目三分之一的货量具备销售条件；三分之一的货量处在桩基施工阶段；另外三分之一的货量处在设计阶段，这样在年度供销回顾时就有了依据。

案例 14-2 某房企供货节点的管控

① 区域公司在上一年度 11 月份完成下一年度全年供货需求的计划提报，之后以季度为周期进行动态调整，基本延续当年供货需求的计划评审机制，由区域营销总牵头，区域总裁主导，区域运营负责人、各项目总经理及项目营销负责人共同参与，做好季度动态供货需求计划。每次只调整下一个季度的供货时间，当月的供货时间不予调整。

② 区域总裁对区域项目的供需合理性及可行性承担责任；运营管理部门须协同项目区域各职能部门，对供需合理性严格把关。

③ 集团将对各区域公司提交的供货需求计划的合理性及可行性进行专业评审。

④ 对于项目、营销部门在供货时间上无法达成一致的苑区/批次，由集团召开专题会议，共同明确供货时间（必要情况下与区域公司召开电话/视

频沟通会)。

⑤ 最终确定的各苑区/批次的供货需求时间点将纳入里程碑计划考核，严肃计划的调整。集团运营中心将监督区域项目按时供货，如表14-1所示。

表14-1 某房企供货节点的管控

节点类型	调整原则（调整审批流程与编制审批路径一致）
里程碑节点	开售节点：以季度为周期，依据每季度集团供货需求计划评审会确定的供货时间同步调整 交楼联合验收节点：原则上不予调整，如因特殊情况要进行调整的，以每半年为周期调整一次 其他里程碑节点：根据开售或交楼联合验收节点调整情况进行匹配性调整 新项目首次开售后一个月内可对里程碑计划进行重新梳理调整
一级节点	原则上只能与里程碑节点同步调整
二、三级节点	区域可按区域内各项目情况，每月回顾，按照区域制度规定每季度调整一次

2. "承"：设定相关指标

"上承"对控制基准进行监控；"下启"为调整策略指明方向。

在企业快速扩张过程中，要以高周转为核心，以精准的数据作支撑，梳理并搭建一套针对企业自身特点的完整的供销指标分析体系，这样才能够在复杂的环境中快速做出决策。

除了在过程中通过监控节点来关注企业的供货达成率，促进销售和供货的供需匹配之外，还应通过结果性指标如存销比（在售房源/过去的月平均去化量）、产销比等来分析供销失衡的幅度。分析的重点是通过设定的存销比指标进行开发节奏的控制，防止产品积压或旺季无货。如果发现未来三个月的供货或者库存太高或太低，就要调整相应节奏。比如当存销比达到6的时候，大运营部门就需要考虑，项目后面批次是否可以放缓；当存销比达到2的时候，后面批次则需要加速。另外，大运营部门也要通过统计每月产销比、未来三月开工货值、未来三月供货货值等数据，对开发节点进行合理调整。

案例14-3 某房企搭建的"供销回"平衡指标分析体系

1. 存销比

某房企通过存销比分析当前去化压力，从而来推导开发节奏的公式，如图14-4所示。

当前存销比小于3时，表示当前项目去化压力较小可以加快推盘节奏，

图14-4　存销比公式

同时也可以分析项目可推盘量，如果项目可推盘货量已达预售条件的面积但仍然不满足市场需求，就可以考虑通过销售提价等手段，达到销售目标。

当前存销比大于6时，表示当前项目去化压力较大。为了保证全年的销售目标完成，项目下阶段的销售去化指标就要往上调整；或者通过加强市场营销活动、进行价格调整等营销手段，加大去化力度。

通过存销比的预测和分析，在销售目标固定不变的情况下，重点分析本年生产的面积是否满足销售目标，也就是说生产的节奏该如何排布才能达到销售的需求，这就是该企业以销定产的逻辑。

每个月通过对该指标进行刷新、监控、分析，就能有效地指导项目的推盘节奏和去化节奏，支撑运营决策。

2. 产销比

同样，该房企也有安全生产系数，通过产销比衡量为了达到销售目标，需要提供多少货量才是合理的，以此做到产销平衡。衡量的区间阈值为1.2～1.5。其目的在于保障平均销售1套房子，就有1.2～1.5套房源供客户选择，如图14-5所示。

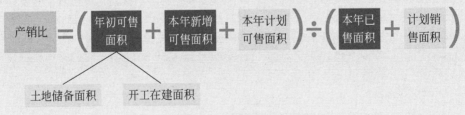

图14-5　产销比公式

从数据公式逻辑角度考虑，假设分母（本年截至当前已售、本年剩余计划销售面积）不变，那么分子中本年剩余达到预售的面积就是需要生产的面积。如果该项目的产销比小于1.2，则表示当前项目货量不足，无法满足销售的需求，那么区域将加大生产力度，提高项目的货量，并需要在资金、人力等方面做出资源倾斜和调整。如果该项目的产销比大于1.5，则表示当前项目货量比较充足，那么集团在生产节奏上需要做总体把控，区域做好每个项目的生产节奏安排，同时重点紧盯该类项目的施工方扩建。

3."转"：采取业务策略扭转供销失衡

分析问题是为了解决问题。如前文所述，项目经营计划是将业务计划下的操盘方略和财务预算有机结合；上一版经营计划中的财务预算是此前业务策略的"倒影"。"牵一发而动全身"，业务策略的变动也会立即反映出经营计划中财务结果的变动。因此，可以通过业务策略对经营计划影响的模拟测算来验证业务计划和动作调整的合理性。如果合理，则可以在动态经营计划审批后，用新的动态项目经营计划去管控相关业务部门的业务动作。

因此，大运营通过存销比、产销比等指标的监管，在发现供销失衡后，要会同成本、工程、销售等相关部门对供、销、回计划进行检讨，采取措施实现供销的再平衡，并据此调整项目经营计划。

例如，当发现供销失衡的原因是开盘延后，则需要对开盘延后的原因进行分析，是设计滞后、工程进度滞后还是报建原因，并查找相关责任部门给予处罚。同时，提出需要采取加大推货量的措施，要进一步分析此措施能否实现供销再平衡，对现金流回正时间、IRR能否产生纠偏作用，并对营销部门提出专项激励方案。

再例如，如果相关指标的动态监控显示存货高企的趋势。最主要的原因是供货量和销售量发生了错位，按经营计划执行的供货速度大于销售去化速度，即销售情况不及预期。进一步分析，存销比指标发生异常，从市场方面来说，对政策变化等导致市场需求总量下降的预判不足。一方面，开工依然按照原有节奏进行；另一方面，由于市场容量不足，导致销售速度与原计划偏差较大。还有就是为了掩盖对难点户型的销售能力不佳。例如，每次推盘销售率不高，通过新推的业态来吸引客户完成销售计划；或者在价格策略上，没有对畅销户型和一般户型拉开价差，导致好卖的先卖了，剩下的都是问题户型等。

主要解决办法一是提高销售速度，即倒逼营销部门通过产品的二次定位、价格引导、重难点户型或业态的专项客储计划、专项激励措施等增强销售去化能力。二是与此同时，对外部市场进行研判，实行弹性开工，减少在建工程支出。当预期销售量与市场预期出现偏差时（也可能是预测不准确），首先调整后期批次的开工量，再考虑通过后期停缓建和动用价格手段控制销售周期，来增加现金回流和减少存货的资金占用。

4."合"：将供销存体系化的管理能力进行升华

供销存动态平衡管理要"风物长宜放眼量"，不能走一步看一步，头痛医头，脚痛医脚。对于供销平衡的管理，大运营部门要善于举一反三，要具体分析导致供销失衡原因是孤案，还是带有普遍意义的，其他项目会不会重蹈覆辙。通过找出影响全局的主要因素、关键变量和薄弱环节，体系化地对造成供销失衡的相关部门进行管控、赋能，才能避免到处救火，顾此失彼；才能建立起竞争壁垒，有效地提升企业未来竞争力。一个企业最核心的能力是什么？是做同样的事，比别的企业做得更好，更有效率。这才是最重要的能力。

案例14-4 龙湖为打赢下半场准备的秘密武器——供销存管理体系

在大运营体系下对项目全周期供销存进行动态管控，指标化地进行供货、存货、去化管理，令存货水平保持低位，实现弹性运营、健康增长，并在过程中充分利用先进的IT技术。

一言以蔽之，这就是提高精准市场定位保持盈利能力的利器，也是切割库存"癌症"提升运营能力的一把"柳叶刀"。

1. 统一思想

龙湖提出了要"把存货当癌症看待"的口号。在龙湖看来，地产行业的库存分为两个级别：一个是期房存货；另一个是现房存货。前者风险较小，因为相对投入少（只投入土地成本和部分建造成本），拿到预售证就可以开卖了；后者则被龙湖视为"癌症中的癌症"，不仅占用资金多，价值折损风险大，同时在房子已经建成的情况下，很难进行大幅度修改。

2. "以销定产"作为主要策略

以精确定位为前提，强调有效供给，在运营端减少无效供给，平稳开工，但同时也保证一定的销售增速。

（1）供给方面

龙湖一方面砍掉低效开工，一方面降低低效土地储备。在运营端，龙湖减少或平稳开工，以销定产。同时，在入口端龙湖让土地储备结构更加安全合理，拿地主要聚焦于一线领先城市与二线城市的核心区域。

（2）销售方面

龙湖大力清退不良合约客户，不去过度追逐合约销售额，而是在保证签约的基础上聚焦回款率指标。2014年和2015年，龙湖的回款率均保持在90%的高位，确保卖出去的房子绝大部分都收回了现金。同时，龙湖要求不能用堆货实现销售，要用去化率来考量。事实上，这两年龙湖获得的项目以及老盘新推的项目，去化率都能达到70%以上。

3. 通过供销存管理信息技术平台进行动态体检

要治库存的病，就要根据详细的体检数据找到病灶。龙湖的库存体检数据神器是供销存管理信息技术平台。如同制造工厂一样，以良性去化、健康库存为导向，指标化地进行供货、去化、存货等项目管理，提升项目供销存管理能力。在龙湖内部，把这套系统形象地比喻成给每个项目发了"身份证"，进行全生命周期管控。具体而言，供销存信息管理系统对龙湖所有项目通过四个维度进行管理：身份管理、类别管理、货龄管理、收益管理。

① 身份管理：项目自"出生"起，就拥有一个"身份证"建档。其管理的时间轴从项目拿地一直跨越到项目售罄的全周期。指标涵盖了项目的基本信息、供货时间、类型、供货量、供货偏差、去化率、去化周期、存货、签

约及回款等。项目信息能够全面、及时地在系统中查询，并作为阶段性考评管理的基础。

② 类别管理：随着项目的不断"成长"，系统将项目按照不同的口径在不同的"货架"上分类摆放好，对项目进行存货管理。

③ 货龄管理：依据时间轴线，每一套不同阶段的房子在系统中还有自己对应的"年级"。龙湖按照货龄将存货分成6个"年级"。

④ 收益管理：无论类别还是货龄，均是静态的管理，而收益管理则是动态的。每批房源价格的调整，都伴随着动态经济指标的提示。通过系统，地区及集团管理人员能够随时知道项目收益和之前的预设目标有没有偏离，这是一个非常关键的工具。

拥有这个数据神器，龙湖在集团、地区、项目层面都可以看到每一套房子的当前情况，以全面、及时地对项目进行体检。体检报告则为决策提供基础支持。

4. 对标预算，及时给出方案

龙湖预算的精细度行业闻名，从集团到地区再到具体项目，只要在体检中发现项目的销售情况与预算出现偏离，就可以进行解构发现问题，确定解决方案。

龙湖的供销存管理体系还不仅只是一个大数据IT信息平台，更是一个体系，针对各个职能部门设置明晰权责、有刻度的管理办法，做到"每一套房源的回款都能说清楚，都能对应到具体的负责人"。还包括以解决供货、存货和去化为导向，项目层级、地区层级、集团层级等在内的多达10类的多层次供销存会议。

针对不同的项目，龙湖将其分门别类地划分为新盘新做、老盘新做、库存绽放等。通过供销存系统对项目体检后，联动客研、营销、研发等部门，结合客户导向和客储逻辑，针对性地实施不同的"治疗"方案。其中，新盘新做、老盘新做主要针对期房，这也是去化相对容易的产品。龙湖内部对期房健康库存的目标是：良性去化率达到60%~70%，弹性供货20%。对货龄较长的强压力现房龙湖则奉行清晰管控、预警提示，目标是争取现房零库存。"龙湖老盘新做的去化率提升非常明显，基本接近甚至超过部分新盘新做的去化率，成为龙湖去化的一大驱动力。"一位龙湖内部人士称。

在不同的药方中，为达到健康库存，龙湖的供销存管理系统有一个总原则，就是"小步快跑"和"以销定产"。在"小步快跑"上，龙湖将单个项目组团控制在较小规模。一旦开完一个组团，一个月就把项目定位重新回顾，根据快速变化的市场、政策对下一个组团做出调整，可能是项目户型调整，也可能是项目业态调整。这里还有"开工令"的硬性要求：同分期中的

> 相同业态，若前序组团的业态去化未达到要求，则后序组团不得开工。这和传统地产企业的生产模式不同。过去房企都是"以产定销"，以生产来决定销售，这种模式往往使得房企在面对不断变化的市场时，处于被动地位；同时，也容易导致企业大量开工，市场需求突然减少时，产品销售无路，只能变成库存。
>
> 可以说，龙湖的做法深得戴尔公司去库存的精髓：精确度量，动态跟踪，快速反应，准确预测，增强流动。基于供销存管理体系强大的管理能力，龙湖存货周转率保持行业领先，与高周转的房企相比毫不逊色，甚至超出。

第二节　以道御术，强化资金计划管理

管理资金"道""术"结合，就是以项目经营计划为载体，策划好资金与业务的和谐共振之"道"；并强化月度资金计划管理之"术"，及时回笼资金，延缓资金流出，"先策后控"，实现项目经营计划中预定的收支同步节奏。

一、资金管理之"道"

"不谋全局者不能谋一域。"项目现金流管理要放在实现项目核心指标的大背景下进行统筹、策划，而项目经营计划是确保项目核心指标实现的最重要的管理工具。具体来说，就是"以正治国，以奇用兵，以无事取天下"。

1."以正治国"：编制项目现金流计划

以项目经营计划为载体，以业务计划为底本，来编制项目现金流计划。计划就是现金流！现金流收支兑现的背后是计划管理的兑现。

如上所述，项目现金流计划与业务计划高度相关，业务计划必然涉及大量资金的支出和回笼，项目计划的编制节点设置与执行调整，将直接影响业务的节奏和资金收支的节点，也必然会直接影响企业未来现金流的波动和变化。

因此，管好了业务计划，也就等于管好了现金流的进出平衡，整个现金流的管理也就成功了一半。而一旦现金流计划发生了偏差，就要以"围魏救赵"的逆向思维，通过业务计划的调整，确保现金流计划重新走上正轨。

财务部门需要向前迈出一步，和运营管理部门深度融合，以IRR最大化和现金流尽早回正为核心诉求，通过排布、管控项目的业务计划节奏，实现资金"吐纳"有道。在此视角下，所谓"缓支"，不是在实际支付时拖延不付，而是在经营计划（考核版）编制时，通过约定合同支付方式等就已经见事在先、谋事在前了。现金流策划的核心是提升高占款能力。高占款作为房企价值链的中枢，包括两个部分：一是上游供应方的土地款、工程款；二是下游购买方的定金、预收款。这

些占款属于无息负债，对于房企价值较高，应该充分挖掘。在编制全周期、年度项目经营计划中的现金流计划时，应充分挖掘潜力，提前进行谋篇布局，将这一能力尽量放大。

将单纯的资金管控转变为业务计划管控，是"跳出财务管财务"理念的具体体现。

2. "以奇用兵"：双向互动编制业务计划

在以业务计划来规划现金流计划的基础上，以大运营相关要求，来反向指导业务计划的编制，进行双向互动。

例如，在编制年度经营计划前，集团大运营部门需要根据年度战略规划下的全面预算，对项目按正常业务计划上报的现金流计划，针对公司的战略发展需要和市场变化，以及公司的资金现状，提出调整业务计划以更好地吻合年度发展目标，例如加快开盘、加快回款等，以此更好地支撑企业目标所需要的财务资源。在多轮沟通后，将调整后的业务计划中的关键节点计划，上升为集团管控的关键节点。前期研判、沟通工作做得扎实，就不会因为市场的波动和公司的特殊需要，匆忙打乱业务节点计划。

正如古人所说"得其大者可以兼其小"，大运营部门要善于通过各项目年度资金计划，有保有压，在集团层面进行有计划的资金需求与分配的统筹安排，支持集团层面内的资金高效运转与调剂，防止资金沉淀或短缺，从而降低集团的资金运转费用，增加全集团的资金链抗风险能力。

需要强调的是，调整业务计划只是权宜之计，大运营部门要充分尊重项目原来的业务计划节奏，调整的理由一定要充分，才能让大家相向而行。如果过程中，集团频繁调整项目层面的业务计划来确保现金流，一般是由于两种原因，一是项目的供销回失衡，导致承诺的净现金流贡献打折；二是集团层面的融资、投资、开发所需要资金的管理失衡。

3. "以无事取天下"：理顺管理关系

为了避免来回"折腾"，需要在项目层面、集团层面理顺管理关系。

（1）项目层面

最主要的是将各类业务的过程指标与经营结果指标在不同的时间维度内，通过信息化手段进行关联，将业务计划与现金流计划这一"任督二脉"完全打通，实现关联化、动态化，从而可以实时、动态地监控到利润、现金流的变化。

例如，在合同签订时，就100%分解为付款条件，每一个付款条件关联对应的进度节点，而这个进度节点则具体关联到相关主项或专项计划的工作项，实现与资金直接绑定的合同执行与项目计划一个或多个工作项的关联。由此开发企业通过业务工作项与合同付款相互关联，实现了资金与业务"两条腿"并驾齐驱、协调共进的效果，最终实现资金的最大化利用和现金流的规范管控。

> **案例14-5** 某房企规定成本支付与开发节点相关联,形成成本支付区间。建安成本在拿地到开盘累计支付到20%,在开盘到交付累计支付到70%,在交付到质保期完成累计支付到10%。当开发节点变动时,成本支付随着关联变动,并且开发节点关联时间,成本支付通过开发节点就可与时间维度进行挂钩。
>
> 又例如,某房企确定了影响现金流的6个节点,即开工时间、±0时间、预售时间、封顶时间、建筑竣工时间、交楼时间。查看项目不同业态、不同分期的这6个节点,节点不变则认为现金流不变。运用"模糊的准确",基本能满足运营部和战略采购部排兵布阵及领导决策的需求。

又如,将销售计划与开盘节点相关联,即可关联生成开盘后各月的去化面积,通过销售均价即可生成签约额,通过设定当月签约额在后续各月的回款比例,即可关联计算每个月的回款金额。

另外,将税费的计算与销售回款的节奏相关联,当销售节奏变化时,各项税金也随着发生变化。

通过以上数据的关联,构建联动的经营计划监控模型。开发计划、成本支付节奏、销售去化、回款节奏等发生变化,均能实时监控利润、现金流指标的变化。"兵马未动,粮草先行",提前做好这些准备,就能最大限度地减少"扰民",提高资金管理效率。

(2)集团层面

为确保资金的高效使用,需要建立资金管理体系。集团管到什么颗粒度?如何分级授权?这在某种程度上是在考验资金计划管理者的"情商",要么公司上下和乐融融;要么在资金计划管理的强压下,"民怨沸腾"。

对于中小房企来说,在资金管控方面主要是利用"二八原则",抓大放小,用最小的管控成本换来最大的管控效果。例如在资金支出方面,一般而言,80%的日常业务操作在区域公司,但这些业务只涉及20%的资金需求,可由集团分配总额到各区域、城市公司,由其再分配到各项目、各部门。正常的生产经营应严格按照计划支付,除非有计划之外的绝佳投资机会。另外20%的重大业务却涉及了80%的资金需求,则由总部操作或者审批。如土地款、贷款利息、大额工程款(根据额度而定)等大额款项由集团直接分配;集团直管业务也由集团直接分配,如集团品牌营销、设计等。同时,要求集团的月度资金计划限期审批完成,从制度层面确保了资金计划的规范性和执行力度。

> **案例14-6** 在与业务联动的视角下,对供应商垫资的再认识
>
> 1. 不能为垫资而资垫
>
> 要站在项目核心指标实现的高度来审视垫资,平衡好项目现金流提前回

正和利润最大化。

在垫资期限上，首开回正的项目要求将现金流回正前的成本支出均垫资到现金流回正之后进行支付。如果仅仅由开盘前垫资到开盘后，垫资前后的时间点均在回正之前，则垫资不会加快现金流回正，因为现金流回正前的累计投资总额没变。

因为垫资需要支付供应商一定的利息，因此，垫资的前提是项目有足够的利润空间。如果项目利润空间过小，垫资有可能会加大项目的经营压力；相反，则可以使资金周转加快，现金流充足，支付乙方费用及时，乙方愿意让利，可大幅减少项目成本。

2. 培养"神一样的队友"

主要方法是建立战略供应商机制。通过建立战略供应商机制，可以让企业的开发效率和品质得到提升，更重要的是通过战略供应商的阶段性支撑，为企业在规模冲刺阶段降低前期的资金支付。主要做法有以下几种：培育施工单位形成战略合作，要求开盘前施工方垫资，修订合同，将付款条件商定为按照节点付款，付款与计划节点绑定，节点与预售形象正相关。其本质是尽可能多地寻找战略合作供应商（能垫钱的供应商）。

此外，某些房企尝试将分包商纳入合伙人计划也是一种有益的尝试。

3. 由己推人，换位思考

另外，尽可能多地利用供应链融资的金融手段，降低开盘前的资金支付也是不少企业采用的手段。这种方式对开发商而言，可以拓宽融资渠道、优化财务结构、降低融资成本；对施工方来（供应商）说，可将应收账款快速变现、获得充裕现金流；对于项目公司整体指标表现而言，可以优化现金流，更快实现回正，获得跟投收益。当然这个需要开发商推动，同时开发商也需要承担其产生的利率和费用。

4. "先说断，后不乱"，要有契约精神

要在招标及合同条款上下功夫，需要做好前期策划，在合约规划时要考虑清楚各种因素，比如垫资、房屋抵扣工程款等，控制好合同付款条件，尽量规避风险。通过延长付款周期，降低付款比率，尽可能占用下游分包商之后，在付款时点就要作为刚性支付，即便特殊情况下，也需要和对方沟通好。

5. "攘外必先安内"，不能将销售去化速度未达预期的后果随意转嫁到合作商

如果销售指标回款未达预期，大运营部门本能的反应应该是通过供销回的平衡实现资金的再平衡，而不是通过削减工程款的支付比例，来确保项目现金流的"正常"运转。

将以收定支、早收缓支混同于向合作方拖欠款项，其负面影响至少表现在以下三个方面。

① 可能会造成优秀供应商的流失，最终带来企业竞争力的下降。现在是合作共赢的时代，对于企业而言，竞争已经不再是单打独斗，而是供应链和供应链之间的竞争。合作伙伴强，才能居于市场领先的地位。而如果拖欠甚至克扣合作方款项，长此以往，必然造成"劣币驱逐良币"的情况，或造成以后合作的时间成本等提高。

② 可能会对计划节点造成影响，使公司面临的法律风险加大。合作伙伴的垫付资金能力是有限的，付款信用的丧失会造成合作伙伴失去信心，不愿意或不能够再加大投入，反噬项目进度，甚至影响工程质量。

③ 掩盖了自身管理能力的不足。例如有些企业给每个城市公司设置一个经营性款项支付比例，回多少款就付多少钱。上海土地占比较高，一般就20%的水平；四线城市可以用到50%的钱。每个城市设定一个比例，如果没有回款就不要大手大脚地花钱。对此，不能静态地、孤立地去执行。实践中，项目收支比率甚至项目净现金流贡献看起来较为正常，符合年初经营计划的标准，但却是依靠无底限地占用分包商的款项，实际上是掩盖了供销存管理不力。

二、资金管理之"术"

财务部门日常资金管理的两大抓手是项目月度资金计划的管理，以及年度资金计划达成率指标的跟踪。

1. 通过月度资金计划，将"早收缓支，以收定支"相关的业务要求落到实处

年度项目经营计划的刷新费时费力，财务部门的终南捷径就是依据经营计划中的年度现金流计划，按"以月保季，以季保年"的原则，进行按月滚动更新的月度计划，以此加强对业务的支持和监管，并同步更新项目IRR指标，作为项目经营计划执行监控的风向标。

其中，月度资金计划是资金支付控制的关键。只有经过审定的付款计划才会形成月度资金计划，企业对资金计划进行合理分配之后才能实际支付。

案例14-7 某房企要求各项目、各职能部门及时提报下1个月的资金计划和下月后2个月的资金预测（对于还未签订合同但预计会有付款的，需要预测合同签约时间，同时编排资金计划）；同时，适当体现款项账龄，暴露"卡资金、拖资金"等问题，从源头上规避资金计划管理风险。资金计划上报的准确性体现了各专业条线的专业度，只有充分掌握业务信息流，才能提高资金流预测的准确性。例如在对项目进度、市场情况、房源充分了解的情况下，预测和判断销售、回款情况；又如工程款支付需要对项目进度、成本情况有深刻了解，才能相对准确地确定工程款支付。

各项目、各职能部门应根据项目工程进度、合同约定付款条件或根据招标\合约进度预计需要的资金汇总形成资金计划上报各级财务、成本等相关部门以及相关领导进行汇总、平衡与批复。批复通过后锁定资金计划。

然后，各项目、各部门负责人根据调整、分配后的月度资金计划情况，在项目、部门内部进行付款计划的调整（二次分配），形成最终的下月付款计划。原则是调整后的总金额不能超出集团审批金额，计划外的付款需经集团审批。

到了当月付款时间，由各经办人上报付款申请单，走付款审批流程。财务部门对资金支付如何控制？下面以工程合同支付为例进行说明：首先，考查支付依据是否合理、合同完成的进度是否已经达到要求（满足预算的需要）；其次，考查支付的计划性，看本次支付是否在事前进行付款计划的申请之内（满足资金的需要），计划外资金支付应采取严格流程进行管理；再次，考查审批流程及要件是否满足要求。

每月定期进行资金计划偏差率分析、排名。对项目常规的收支强调责任到部门，最大限度降低突发性支出的发生，强调计划性和前瞻性。同时，对资金使用情况进行有效监管，更新资金计划与实际执行的对比分析表，作为考核的依据之一。

月度考评指标：月度资金计划偏差率＝（现金流出计划与实际偏差＋现金流入计划与实际偏差）/（计划现金流入＋计划现金流出）。

财务部门若要真正做好月度资金计划管理，则需要做好"三堂会审"。

（1）一审有多少钱可以给

"蛋糕"有多大？企业该如何结合自身资金情况进行合理的总额分配？一般企业都会采取"以收定支"的总额分配方式，这需要对未来回款目标的实际达成进行准确预测。

"一切从实际出发"，回款预测要务实，不能掩耳盗铃，自欺欺人。月度实际回款预测不能简单地使用下达给营销部门的月度回款考核目标，而是需要大运营部门与营销部门充分沟通，结合预计供货情况、去化情况，得出大概率能够实现的实际回款，以此作为月度实际回款预测。因此，很多房企除了对营销部门有业绩的回款考核指标外，也会给营销部门单独下达回款预测准确度的考核指标。

一旦发现预测结果和此前"1+3"（即下个月和未来三个月）滚动资金预算偏差较大时，就需要及时采取应变措施，如调整付款节奏，以保证项目资金平衡。这里有一个标准，即现金流平衡、收支平衡是总体调控的一个目标。

案例14-8 下面是两家企业的操作案例，其财务部门扮演的角色分别是主动型和被动型，如图14-6所示。

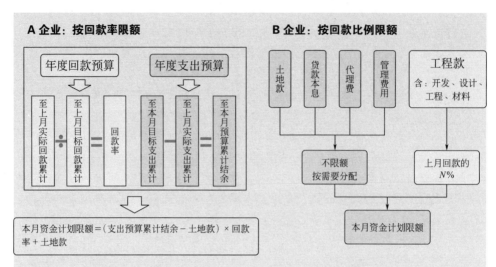

图 14-6　按回款率限额、回款比例限额实现现金流动态平衡

其中，A 企业以回款率作为调整系数，回款率是根据年度回款预算计算当期累计值，土地款必须按要求满足。A 企业月度资金计划限额的方法是建立在严格的项目经营计划执行的基础之上，是一个逐级细化的过程，也是管理精细化的体现。一般企业可能难以达到。B 企业除土地款、贷款本息、销售代理费与日常管理费用不做控制外，工程款（含开发、设计、工程、材料）按销售回款额的一定比例（40% 左右）进行限额分配，把回款额的一定比例拿出来用于工程款支付。这种策略适用于绝大部分企业，只是分配比例各有差异，比例高低可以参照历史经验值，并由集团决策层以及财务部门最终确定。

（2）二审有多少钱要给，核实真实的资金需求

① 业务部门提出的资金需求必须符合项目工程进度、符合合同约定的付款条件，或是根据招标、合约进度预计需要支付的资金。

② 资金计划的审定一定要有对应的控制程序，必须经过成本等部门的审定，而不是单方面凭一线业务部门上报。在审核责任划分上，财务部门需对相关附件的完整性、一致性承担形式上的审核责任；成本等部门对业务资金需求的真实性、合规性承担实质性的审核责任；各守其责。

③ 在资金计划的审定方法上，有"产值法"与"节点法"。"产值法"相对更精准，但管理精细化要求高；而"节点法"则相对粗放，也会存在一定的超付风险。很多房企对于暂定价合同按产值法进行付款，而不是按合同总价固定比例付款，防止由于变更等原因而导致的超付风险。

（3）三审给谁最有必要，正确安排优先级

财务对所有现金流的收、支会进行梳理和排序。尤其是对支出部分的排序，只保证优先顺序的现金流支出，在匹配收入回流资金的前提下，尽量从总控的角

度降低流出金额。

排序的合理性充分体现了财务部门对业务的熟悉程度。财务部门不能闭门造车，要和业务部门多交流，多下工地，才能避免"排排坐，分果果"或"会哭的孩子有奶喝"等现象出现。结合行业内众多标杆企业的实践经验，通常会参考下面所示类别进行优先级分配。

① 按款项类别：一类包括土地款、贷款本息、管理费等；二类包括营销费、设计费、前期规费等；三类包括材料款、工程款等。

② 按款项性质：先首期款、再进度款、再结算款、后质保金。

③ 按乙方单位：影响关键节点的优先，战略合作单位优先，押款额高的优先等。

需要强调的一点是，企业在进行资金计划的制订时还需要考虑长期应付而未付的情况。这主要是考虑到企业诚信与合作风险的问题。比如，有些企业规定对于遗留应付款账龄超过3个月的必须满足。

从集团统筹层面来说，在跨区域、多项目并行运作的情况下，要根据年度计划情况对资金进行安排，重点监控各项目现金流回正时点，留有余量以应对计划外的业务需求，兼顾集团整体资金链和项目现金流的安全。

2. 建立年度资金计划达成率定期回顾机制

年度项目经营计划中的年度资金计划达成率的回顾，要立足于对影响该指标的关键业务环节的分析和改进。例如从项目开发计划、销售回款、成本支付、税金支付和费用支付等角度回顾分析。通过对造成偏差的具体因素的分析，反向驱动业务部门提高自身业务管理水平，这比单纯的指标分析本身更为重要。通过解决资金计划的源头——业务计划过程控制，从而实现该指标的精细化管理。

在实际操作中，也有中小房企在年初时，根据各项目上报的项目经营计划中的回款计划、支出计划，经过审核后，结合集团资金安排，以"年度资金支出比"（项目经营性支出/销售回款）这个指标，以收定支，来动态管控项目月度资金计划，倒逼项目管理者为减轻支付压力，采取措施来加快回款。

此外，企业一定要建立一个以现金流为管理标尺的运营会议体系，所有开会的决策标尺都要瞄准现金流等核心指标。现金流管理还需要一整套完整的体系，基于影响现金流的基本因素去分析，在各业务条线中分解，并配制相应的管理措施，在各业务条线的具体工作中贯彻实施，以达到项目的经营目标。很多房企往往通过建立周报、月报等各类型的项目资金运营简报，供领导及时掌握情况；并根据资金计划实际执行的报告，召开相应的运营会议，对业务计划执行的实际情况进行针对性回顾和分析，由此保证计划自身执行的严肃性和应对外界环境变化作出调整的灵活性，最终保障业务计划能够真正监控和适应资金管理的需要。

"以道御术"，通过项目经营计划，将资金管理与业务计划相关联；"道在术中"，强化月度资金计划管理，不断提高资金效率，使财务创造价值的能力得以进一步彰显。

"物有本末，事有终始。知所先后，则近道矣。"

后 记

一个非典型财务人员的自我修养

"醉里挑灯看剑,梦回吹角连营。"

1996年大学毕业后,我进入中建系统从事财务工作,有收获,更有困惑,但只限于用财务手段去思考、去解决问题。

在2000年,我读到时任中建总经理的孙文杰同志的一篇文章。该文章旗帜鲜明地提出,要强力推行以集中人、财、物为内涵的"法人管项目"的管理模式。孙文杰针对大量资金沉淀在工程项目、项目经理具有劳务发包权和材料采购权而导致企业资金大量短缺等弊端,在全系统内强力推行以"资金集中管理、大宗材料集中采购、劳务集中招标"为主要内容的集权管理,以更宏大的视野来解决企业规模扩张与资金短缺之间的矛盾。

我读罢深受震撼,思想上受到了一次强烈的冲击。很多习以为常,见怪不怪的管理行为和业务策略正是造成财务被动的源头。财务的问题,完全可以通过经营管理的手段,从根本上加以解决。因此,一个卓越的企业领导人往往也是高明的财务管理者。就像田忌赛马一样,同样的资源在不同的整合方案下,结果可能完全不一样,顶层设计很关键。

2003年,我担任了中建八局某子公司的副总经理。随着眼界的开拓,我进一步体会到,一个好的财务,应该坚持底线,敢于说"不",成为各种风险的防火墙;但优秀的财务人员,不能只满足成为一堵墙,还要做一扇门,在满足风险监管要求的同时,要把解决业务问题作为思考的原点和工作的落脚点。财务更多地体现了"果",而业务才是"因",需要通过对财务结果的把控,将财务融入业务中,倒逼业务的升级。CFO需要在管家、运营者、战略家和催化剂四种角色之间找到平衡点。

2006年,我调入中建总部工作,有幸能够经常近距离得到曾肇河同志耳提面命。虽然他是中建原财务最高领导，但从不仅依赖财务数据和报表进行决策，对业务运行，他有着敏锐的洞察力，善于分析财务数据背后的业务逻辑。他常引用"竹外桃花三两枝，春江水暖鸭先知"这句诗来教育财务同仁，要深入经营活动，获取第一手信息，这样才能提出有针对性、可操作的解决方案，才能做到见事早、行动快。在管理实践中，他非常注重调查研究，经常带队深入基层，倾听一线人员的想法和建议。简单务实、一抓到底的工作作风，常让我感佩不已。此外，他深厚的哲学修养表现在工作上的举重若轻，既有雷厉风行的作风，又有闲庭信步的定力，也给了我"润物细无声"的影响。例如，他经常引用曾国藩的名言"有福不可享尽，有势不可使尽"，来引导下属企业经营者量入为出，节余现金和贷款能力，为未来留有余地，同时要加速应收款项的回收，将收回资金用来支持主业的发展和投资需求，降低外部融资依赖度。

  2011年，我调入中海工作。做好财务工作的同时，在中海重庆公司原总经理石波云先生的指点下，携笔从戎，开始分管营销管理。一方面运用财务知识，通过定价策略、应收款、营销费用等管理，让营销活动更聚焦、更富有效率、更符合财务管控目标；另一方面，营销管理实践也对我的财务管理思维产生了潜移默化的影响，例如在税筹、资金等管理方面"先策后控"的策划思维，以服务业务为财务工作出发点、针对业务痛点进行赋能的客户思维等。在激烈的市场竞争中，分析、学习标杆房企的动向、打法也成为我每日的必修课。偶有所得，总结成了《房地产营销实战兵法：思路·案例·工具》一书。

  在2016年以后，我在负责财务工作的同时，开始接触集团层面的运营管理，再一次感受到趋势的力量。运营管理已不是我原来认知的工作模式，正在从计划管理迅速进化为大运营管理。我所理解的大运营管理，就是要以老板的视野，最大化公司的价值。在实践中，我深感财务和运营互相跨界的必要性。财务虽胸怀鸿鹄之志，却手无缚鸡之力，缺少实现公司价值最大化的具体手段；而运营"力拔山兮气盖世"，但缺少方向感，也常常"拔剑四顾心茫然"。业财双向融合后，财务借助运营的管控、赋能等手段，自可长缨在手，苍龙可缚；对于运营而言，有了财务目标的引领，自可运筹帷幄，决胜千里。

  因时间仓促、水平有限，书中难免有疏漏错误，敬请各位专家和读者批评指正。"野有蔓草，零露瀼瀼。有美一人，婉如清扬。邂逅相遇，与子偕臧。"在业财融合之路上，"德不孤，必有邻"。在此，非常感谢众多业内人士实战经验的分享，以及"明源地产研究院""博志成""赛普咨询"等戮力提高地产运营能力的微信公众号，同时也特别感谢李政先生、蔡凌云女士给予的专业指导。

  顾城有一首诗："一切都明明白白，但我们仍匆匆错过，因为你相信命运，因为我怀疑生活。"而我更喜欢另外两句诗："走着走着，花就开了。""陌上花开，可缓缓归矣。"只要在路上，就一定会遇见未来，遇见美好。

郭仕明
2019年2月12日夜